课程思政建设探索教材

21世纪高职高专教材·财经管理系列

网店运营与推广

（第2版）

主　编　胡泽萍
副主编　高书文　高紫荆　周　俊

清 华 大 学 出 版 社
北京交通大学出版社
·北京·

内容简介

本书是以淘宝平台为例，以电子商务岗位工作过程为主线，系统、全面地介绍开店、装修、客户服务、推广等方法和技巧，并结合"1+X"网店运营推广初级和中级考试大纲开发的"课岗赛证"融通的一体化教材，对网店的运营和推广进行全面、细致、深入的讲解，以满足学生多层次、多元化的学习需求。本书共9个项目：网店开设、网店设计与装修、商品运营、网店客户服务与管理、网店促销活动与营销工具、网店搜索引擎优化、淘宝直通车推广、利用淘宝客推广产品、网店运营数据分析。

每个项目都设有实训任务、知识拓展和课后练习，一方面能帮助读者强化网店运营能力并掌握运营技巧，另一方面能为读者提供拓展性的学习资料。

本书既适合作为高等职业院校和中等职业学校电子商务、跨境电子商务、网络营销等专业的教材，也适合作为其他专业的选修课教材。

图书在版编目（CIP）数据

网店运营与推广 / 胡泽萍主编. --2版. --北京：北京交通大学出版社：清华大学出版社，2024.4

ISBN 978-7-5121-5201-4

Ⅰ.①网… Ⅱ.①胡… Ⅲ.①网店–运营管理–高等职业教育–教材 Ⅳ.①F713.365.2

中国国家版本馆CIP数据核字（2024）第072179号

网店运营与推广

WANGDIAN YUNYING YU TUIGUANG

责任编辑：吴嫦娥

出版发行：清华大学出版社　　　　邮编：100084　　电话：010-62776969　http://www.tup.com.cn
　　　　　北京交通大学出版社　　邮编：100044　　电话：010-51686414　http://www.bjtup.com.cn
印　刷　者：北京时代华都印刷有限公司
经　　　销：全国新华书店
开　　　本：185 mm×260 mm　　印张：16　　　　字数：410千字
版 印 次：2018年8月第1版　　2024年4月第2版　　2024年4月第1次印刷
定　　　价：49.00元

本书如有质量问题，请向北京交通大学出版社质监组反映。对您的意见和批评，我们表示欢迎和感谢。

投诉电话：010-51686043，51686008；传真：010-62225406；E-mail：press@bjtu.edu.cn。

前 言

本书第1版自2018年8月出版以来，得到了国内诸多院校和社会各界读者的认可。其强化操作、突出实用的特点，受到很多教师和学生的欢迎。本书以淘宝平台为主要依托，以网店运营和推广为核心，系统、全面地介绍关于开店、装修和推广等方面的基本方法和技巧。几年来，国内网店运营理论和实践有了飞速发展，特别是淘宝平台的实践应用有了很大的变化和提高，为了紧跟学科发展，适应行业发展和人才需求，我们在广泛收集用书院校师生意见的基础上，对本书进行了全面、细致的修订。

1. 修订说明

本版在保留了第1版原有部分理论知识点的基础上进行了优化，主要体现在以下4个方面。

（1）对整体和局部应用知识进行了拓展。如增加了淘宝网平台规则、网店设计与装修、网店促销活动与营销工具、网店运营数据分析等内容。

（2）融合了"1+X"网店运营推广初级和中级考试内容，集"教、学、做、考"于一体，强化了岗位职业技能的训练。本书严格对照《网店运营推广职业技能等级标准》进行内容升级，强调对网店运营操作的训练，紧紧围绕满足工作任务的需要来诠释理论知识。

（3）抛弃了知识体系为线索的传统编写模式，采用了以工作过程为主线，任务驱动下的项目化编写模式。教材包括9个项目，每个项目都强化了对应用知识的梳理，尤其是对岗位技能的延伸和补充。

（4）平台规则和应用流程革新。对分析工具应用、网店推广等内容，都进行了更新。

2. 本书编写特色

（1）理论知识和实训结合，采用了项目的方式组织教材内容。本书以任务的形式导入学习内容，以实训任务引领理论知识和技能的学习，有效提升了学生学习效果，增强了学生学习兴趣。

（2）以工作过程为主线，依据《网店运营推广职业技能等级标准》，构建科学合理的网店运营推广核心知识和技能体系。

（3）按照网店运营的完整流程组织内容，思路清晰，逻辑性强。

本书系统全面地介绍了网店运营过程中的相关知识，内容涵盖网店运营的所有流程，包括网店开设、网店设计与装修、商品运营、网店客户服务与管理、网店促销活动与营销工具、网店搜索引擎优化、淘宝直通车推广、利用淘宝客推广产品、网店运营数据分析。

（4）课程资源丰富。本书提供电子课件、课程标准、习题参考答案、模拟试卷、实训资料等教学资料。

本书在编写过程中，查阅了大量国内已出版的相关著作、教材及相关网站上的资料，并引入了其中的某些观点和案例，在此对这些文献和资料的作者一一表示感谢。为了更客观、真实地设计教材内容，编者利用自己经营网店多年的经验，反复斟酌、操作相关内容的步骤和规则，力求为广大的读者朋友们呈现最实用、最真实的素材和范例。由于编者水平有限、编写时间仓促，加之淘宝平台管理规则及平台界面更新的时效性，书中难免存在疏漏和不妥之处，恳请广大读者批评指正。

与本书配套的课程标准、电子课件、实训资料、视频、单元测试、阅读材料等，有需要的读者可以登录智慧职教http://www.icve.com.cn点击资源库，搜索"临空经济管理（北京经济）"资源库，即可看到"网店运营与推广"课程。

本书由北京经济管理职业学院胡泽萍任主编，北京众英泰科能源科技有限公司高书文、百度时代网络技术有限公司高紫荆、北京经济管理职业学院周俊任副主编，胡泽萍主要负责策划全书的架构、目录的组织、内容的选取、最后的统稿和审稿工作；高书文、高紫荆、周俊负责部分项目的撰写及全书的审核。具体分工如下：温州职业技术学院的林来杰负责编写项目1，常州工业职业技术学院金薇负责编写项目2，周俊负责编写项目3、项目4和附录A，长治市太行职业中专学校刘俊萍负责编写项目5，长治市太行职业中专学校杨志伟负责编写项目6，高书文、高紫荆负责编写项目7、项目8、项目9，以及所有实训任务的设计和编写。

编者

2024年7月

目 录

项目1

网店开设

知识框架

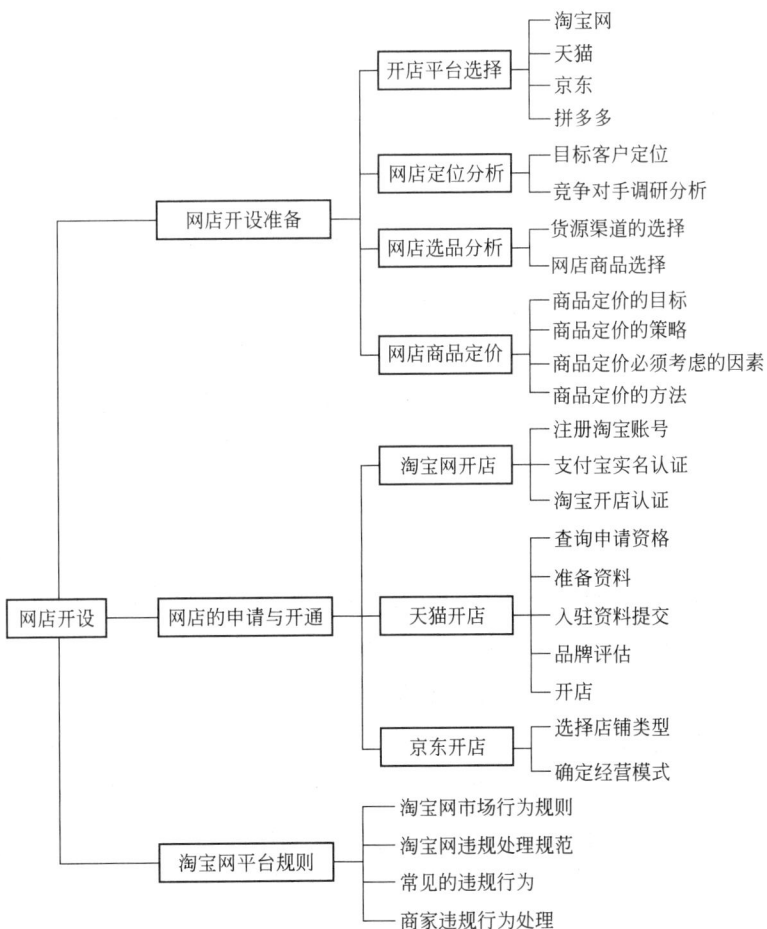

学习目标

了解国内主流电商平台的优势及特点，熟悉网店选品的主要货源及渠道，掌握网店选品的方法，掌握网店商品定价的方法，了解淘宝网平台规则。

思政目标

通过对国内电商平台的发展情况、网店平台的了解，让学生树立民族自信；通过选品的讲解，培养学生"三农"情怀，具有报效家乡的意识；在电商运营中严格遵守电商平台规则，遵纪守法，诚信经营，培养学生创业意识和创业精神。

理论知识

任务 1.1　网店开设准备

1.1.1　开店平台选择

目前，国内主流的电商平台有淘宝网、天猫、京东、拼多多等。选择合适的开店平台，对网店经营者至关重要。在选择开店平台之前，网店经营者必须要了解电商平台的特点及优势，以便结合自身情况，选择合适的平台开店。

以淘宝网、天猫、京东、拼多多等为代表的国内主流电商平台，提供了几乎无所不包的海量商品，满足了亿万买家的在线需求。网络零售的快速发展，吸引了众多品牌企业及个人用户参与。

1. 淘宝网

淘宝网成立于2003年5月，由阿里巴巴集团投资创办，在20多年的发展历程中，淘宝网一直在生活方式上影响并改变着消费者、商家的流行态度和风尚趋势。淘宝网已经成为网购潮流的开创者与引领者，并从单一的C2C网络集市变成包括C2C、B2C、团购、拍卖等多种电子商务模式在内的综合性零售商圈。

淘宝网门槛低、创业资金少、风险低、压力小，是从事电商创业的首选平台。淘宝网的店铺类型有个人店铺和企业店铺两种。目前两种店铺开店都是免费的，但为了保障消费者利益，开店成功后部分类目需缴纳一定额度的保证金，保证金在不开店之后可以申请解冻。

2. 天猫

天猫（tmall）原名淘宝商城，成立于2008年4月，属于阿里巴巴集团旗下业务，是中国最大的B2C购物网站、亚洲超大的综合性购物平台。作为阿里巴巴集团全力打造的B2C交易平台，它整合数千家品牌商、生产商，为商家和消费者之间的交易提供一站式解决方案，提供100%品质保证的商品、7天无理由退货的售后服务，以及购物积分返现等优质服务。天猫商家入驻的资费由保证金、软件服务年费、软件服务费三部分组成。

天猫店铺类型包括以下三种。

（1）旗舰店。以自有品牌或由商标权人提供独占授权的品牌入驻天猫开设的店铺。旗舰店分为以下几种：经营一个品牌的旗舰店；经营多个品牌且各品牌归同一实际控制人的旗舰店；以服务类商标开设且经营多个品牌的旗舰店（也称"卖场型旗舰店"）。

（2）专卖店。以商标权人提供普通授权的品牌入驻天猫开设的店铺。专卖店分为：经营一个品牌的专卖店；经营多个品牌且各品牌归同一实际控制人的专卖店，同时商标权人出具的授权文件不得有地域限制（个别类目除外），且授权有效期不得少于半年。

（3）专营店。同一天猫经营大类下经营两个及以上品牌的店铺。

天猫门槛较高，是大众品牌和量贩型商品商家的首选，品牌商可以很好地管理自身的服务品质和品牌形象。但是针对非天猫热招品牌，天猫将会评估企业品牌的实力是否允许开店。因此，时下品牌商入驻天猫，可以通过接手转让店铺的形式开店，这样做既可以延续客流量和店铺粉丝，又可以适当拓展店铺类目。

知识拓展

天猫店铺入驻资费标准如表1-1所示。

表1-1 天猫店铺入住资费标准

收费项	入驻资费标准
保证金	商家在天猫经营必须缴存保证金，主要用于保证商家能按照《天猫服务协议》经营业务，意在保护消费者合法权益不受侵害，有利于规范市场。商家有违规行为时，根据《天猫服务协议》及相关规则规定，保证金将用于向天猫及消费者支付违约金。 ①旗舰店、专卖店：带有TM标的10万元，全部为R标的5万元； ②专营店：带有TM标的15万元，全部为R标的10万元。 缴费方式：保证金为一次性费用，无须每年交付。续约商家在续签规定时间内补齐差额，新签商家在入驻审核通过后一次性缴存。 返还方式：保证金只有在商家主动退出天猫时，同时满足以下三个条件，才能予以返还： ①店铺不存在维权期的交易； ②没有正在处理中的投诉/售后记录； ③没有延长/限制保证金解冻的处罚。

续表

收费项	入驻资费标准
软件服务年费	年费根据不同类目分为3万元和6万元两档。 此费用针对不同类目有不同的收取标准。为鼓励商家提高服务质量，扩大经营规模，天猫每年会对所有天猫店铺的销售额及基础服务分进行考核，有条件返还软件服务年费的商家，天猫将对商家返还此费用。《2021年天猫商家考核标准》已经发布，主要分为人民币3万元和6万元两档。 缴费方式：一年一缴，每个二级类目收取的年费标准不一样。 返还情况：返还情况因店铺具体情况而异，大致分为以下三种： ① 主动申请退出天猫且基础考核分达标的，按实际经营月份比例返还未经营月份服务费； ② 销售额、基础考核分均达标的，将在结算时视销售额完成情况进行比例返还； ③ 因违规、资质造假等被天猫清退，有虚假交易等违规行为的，销售额达标也不能返还。
软件服务费	这个费用相当于"佣金"，即商家每成交一笔订单，天猫会实时按照其销售额的一定百分比（简称"费率"）划扣相应比例金额的费用作为软件服务费。不同类目扣点不一样，一般为2%～5%。此费用是按照实际销售额进行缴纳的，因此无法返还。

R标为register的缩写，用®表示，是"注册商标"的标记，意思是该商标已在国家商标局进行注册并审查通过，成为注册商标。

TM标为trademark的缩写，既包含注册商标®，也包含直接使用未经商标局核准注册的未注册商标，即：标注TM的文字、图形或符号是商标，但不一定已经注册。

3. 京东

京东创办于2004年1月，是中国最大的自营式电子商务企业。京东的店铺类型有旗舰店、专卖店和专营店三种。旗舰店是指以自有品牌或由商标权人提供独占授权的品牌入驻京东开店的一种网店类型；专卖店是指卖家持他人品牌授权文件在京东开放平台开设的店铺；专营店是指经营京东开放平台相同一级类目下两个及以上他人授权或自有品牌商品的店铺。

京东以"产品、价格、服务"为核心，致力于为消费者提供质优价廉的商品，同时推出"211限时达""售后100分""全国上门取件""先行赔付"等多项专业服务。在众多B2C电商平台中，京东的客户体验、产品质量和物流速度相对优势比较突出。京东强大的渠道实力、良好的品牌口碑及给力的招商政策，也吸引了广大商家的进驻。

针对国内网络零售市场，京东提供了三类入驻平台：一是针对POP商家的第三方零售平台，二是针对京东自营供应商的自营零售平台，三是针对拼购兼社交渠道"玩家"的京喜平台。目前入驻这三类平台都要求商家须具备企业法人资质，但不同平台对不同店铺类型、经营类目（所属行业）入驻的资质内容和标准也不同。京东不同平台类别的经营模式如表1-2所示。

表1-2　京东不同平台类别的经营模式

平台类别	针对商家	店铺类型	经营模式
第三方零售平台	POP 商家	旗舰店、专营店、专卖店	SOP、FBP等
自营零售平台	京东自营供应商	京东自营店	OEM 等
京喜平台	拼购兼社交渠道"玩家"	旗舰店、专营店、专卖店	SOP、FBP等

4. 拼多多

拼多多成立于2015年9月，是一家专注于C2B拼团的第三方社交电商平台。用户通过发起和朋友、家人、邻居等拼团，可以以更低的价格拼团购买商品。拼多多旨在凝聚更多人的力量，用更低的价格买到更好的东西，体会更多的实惠和乐趣。通过沟通分享社交理念，形成了拼多多独特的新社交电商思维。

拼多多店铺包括个人店铺和企业店铺，入驻拼多多平台需要缴纳保证金。工厂、品牌商、品牌代理商等非常适合入驻拼多多，因为这类商家可以自己控制产品的成本和利润，在价格上具备一定的优势。商家通过拼多多平台，不仅可以拓展销售渠道、推广产品，更重要的是可以解决产品生产过剩、库存积压等问题。

1.1.2　网店定位分析

网店定位，是一个网店开店前所要做的第一要务。对网店进行市场定位是寻找网店差异化的过程，也是一个网店在市场中积极寻找自我位置的过程，它确定了网店所要面向的用户群体，确定了网店的风格及后续的价格和运营策略等。

1. 目标客户定位

目标人群就是会购买网店商品的人群，网店应寻找目标人群并做标记，形成消费者画像。目标人群定位是为了寻找目标市场及消费者群体，能帮助网店有目的地挑选货源，更精准地定位消费者。

一般网店可以从消费属性和消费行为两个方面定位目标人群。

从消费属性方面，主要考虑以下这些特征。

① 人口特征：年龄、性别、国籍、所在地等。

② 社会特征：收入、职业、家庭特征、生活方式等。

③ 个性特征：冲动、保守、积极、沉稳、热情、冷静等。

④ 文化特征：受教育水平、民族文化、亚文化、爱好等。

从消费行为方面，主要考虑角色和因素。

① 角色：信息提供者、购买决策者、购买执行者、决策参与者、使用者、评价者等。

② 因素：使用时机、使用意图、使用频率、品牌黏性、用户体验等。例如：某车企对一款30万元的商品轿车的消费者画像大致是：男性；30岁以上；城市人口；年薪30万元以上；拥有稳定的家庭和事业；个性沉稳冷静；既是商品的主要使用者，也是购买决策者；经常开车，有强烈的汽车品牌意识和相关品牌知识。

下面将从三个方面介绍目标人群的定位方法。

1）价格定位

① 低客单价。网店的商品价格采用低价位，这样引流速度比较快，转化率也会比较高，大众接受程度高。新开的网店可以利用低客单价进行引流。

② 高客单价。销售一些高端品牌商品、专卖店商品的网店可以采用高客单价，但这对商品质量、网店装修等会有更高的要求，也更容易吸引那些对商品有着高要求的消费者进店浏览、下单。

③ 统一价。人们经常会在街边看到全场9.9元、19.9元、29.9元这样的实体商店，网店也可以采用统一价，这样价格比较单一，消费者人群会比较精准，但商品种类设置方面会有很大的局限性。

2）年龄定位

① 18～24岁的消费者基本是学生，或者是刚刚踏入社会的年轻人。他们的经济来源一般都是家庭，所以消费能力有限。他们对商品品质不会有太高要求，更多考虑的是款式和价位。

② 25～35岁的消费者基本已经进入职场，有一定的经济能力和消费能力，在商品的品质方面会有更高的要求。因此，针对这个年龄段的消费者，网店在选款时可以挑选一些品质、价格稍高的商品。

③ 超过35岁的消费者有经济基础，但在消费时会更多考虑商品的性价比，而且在选择商品时基本上都会货比三家。因此，针对这个年龄段的消费者，网店要多做前期的市场调查和分析，选择有优势的货源。

3）身份定位

下面从学生、上班族、宝妈的角度分析网店如何进行身份定位。

① 学生。以服装为例，学生更多考虑的是衣服的款式是否新潮，价格是否合适；而且他们的年龄和经验也决定了他们在购买商品时更多会关注第一感觉。因此，网店在选品时，要重点满足学生对款式的追求，这样才能提高转化率。

② 上班族。已经参加工作的消费者基本上都有一定的消费能力，而且他们对商品品

质有一定的要求，所以网店在挑选货源时可以选择品质好、偏向成熟稳重风格、价格稍高的商品。

③宝妈。宝妈并不一定是全职在家带宝宝的女性，也有可能是上班族，她们会关注一些婴幼儿用品。她们在价格方面不会考虑太多，但是会要求商品安全，细节到位，最大限度地关爱婴幼儿。除了婴幼儿用品，一些家居用品、生活用品也是她们关注的，由于去实体店购物不是特别方便，所以她们更倾向于网购。

2. 竞争对手调研分析

竞争对手的调研分析，对网店的市场定位有一定的指导意义。通过浏览竞争对手的店铺、查看网上竞争者的历史交易记录等来分析竞争者，确定其商品组成、价格、销售额等，然后将自己的网店与竞争对手进行综合比较分析，可以为前期定位和后期运营提供大量有效的数据。

1）竞店分析

商家可以使用生意参谋的"竞争"板块进行竞店对比，如图1-1所示。在竞店分析中，系统会根据商家的情况自动匹配商家的竞店清单。商家可以对竞店进行分析，并思考如何对自己的网店进行优化。商家可以从以下几个方面进行竞店分析。

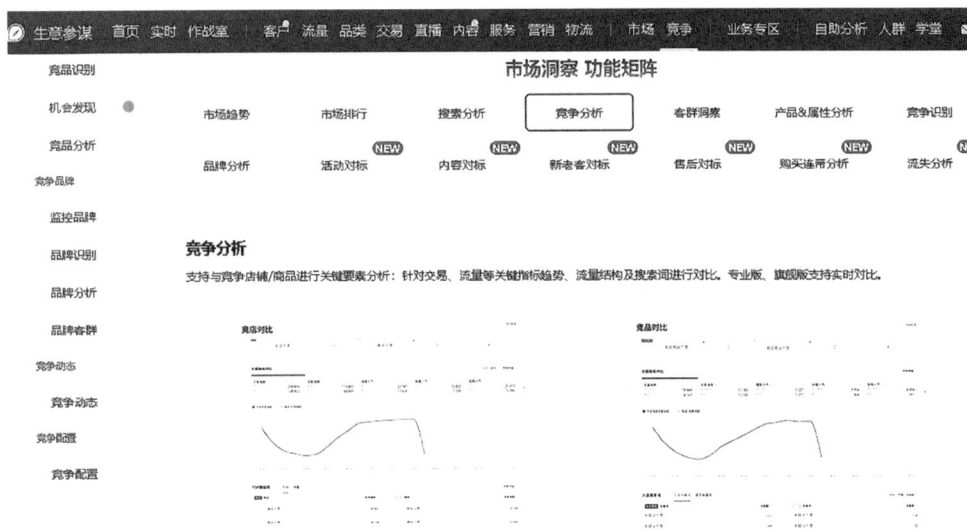

图1-1　生意参谋竞店分析页面

（1）从竞店整体情况分析

分析竞店的基本情况，包括网店地址、入驻时间、类目数、商品数、收藏数、客单价、每日销量等；分析竞店每天做的活动、每天的销量与销售额等。通过对比，找出自己网店的不足之处并进行全面优化。

（2）从商品信息分析

从价格、包邮、优惠方面进行对比，同时对商品细节进行全面分析和对比，如商品SKU（存货单位）的款式和颜色等。通过初步分析，找出网店之间销量和流量存在差距的原因，发现自己网店的优势和不足，并考虑怎样进行改进。

（3）从详情页分析

详情页是影响商品转化率的重要因素。如果流量高但转化率低，一般是商品详情页的设计有问题。商家可将自己网店的详情页和竞店的详情页进行对比，然后进行优化。在对比时，可以关注竞店近期是否有详情页活动海报，对商品的展示是否恰到好处，对买家痛点的描述是否简单明了，更重要的是通过对比找到竞店详情页中值得学习的地方。

（4）从推广活动分析

在淘宝平台上，借助各类营销软件（如淘宝客、直通车等），可以对竞店的推广活动进行全面的分析。以淘宝客为例，商家可以从竞店的营销计划佣金入手，对其30天的推广量及30天支付的佣金进行观察，通过月推广支出推算出淘宝客为竞店带来的销售额，并将自己网店中的热销单品相应的淘宝客佣金及月推广件数和竞店进行对比，并做出相应调整，制订淘宝客推广计划，吸引淘宝客对自己的网店进行推广。

（5）从评论分析

浏览竞店的评论是了解网店类似目标人群需求点的比较好的一种途径。先通过评论了解买家的需求，再分析自己的网店哪些做得不好、哪些做得不错且可以继续保持。在浏览自己网店的评论时，可以看出客户对商品的款式、质量是否认可，在进行优化操作，特别是在编辑商品详情页描述时，就可以将改进之处添加进去。

2）竞品分析

在对竞店进行分析之后，还需要对竞品进行分析。在生意参谋中，可以进行竞品对比，如图1-2所示。

在竞品分析中，可以看到竞品的流量来源，如图1-3所示。分析竞品的流量来源，一方面有助于商家制订自己的流量目标和流量计划；另一方面，可以通过竞争对手的布局情况，找到竞品在推广上的优势和劣势，结合自身优势，找到最适合的引流方式和渠道。

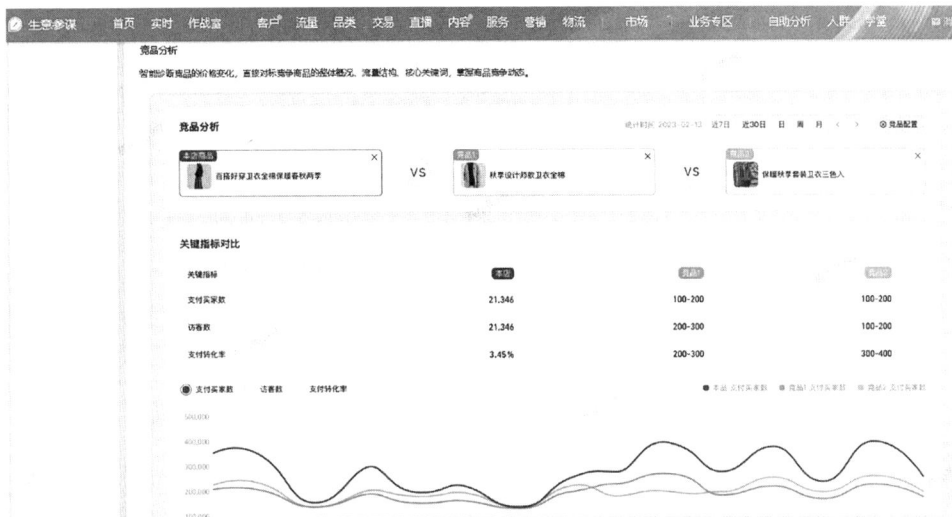

图1-2 竞品对比

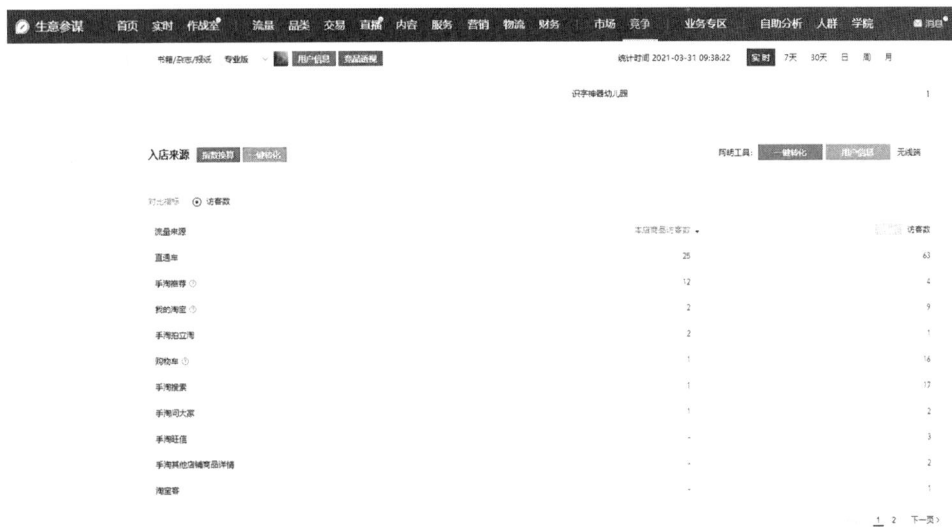

图1-3 竞品的流量来源

1.1.3 网店选品分析

商品是网店的基石。网店运营的第一个问题是网店要上架哪些商品。首先要确定网店的进货渠道，然后使用选品分析工具找到合适的商品，并根据商品的定价策略和方法确定商品的价格。

1. 货源渠道的选择

1）B2B电子商务网站进货

批发网站上的厂家众多，品类丰富全面，商家不仅可以快速选购满意的商品，还可以使用厂家提供的相关图片资料，省去了自己拍摄商品图片等工作。国内批发网站有很多，常见的有阿里巴巴、慧聪网、天下商机网、中国供应商网、中国制造网、敦煌网等。

网络进货兴起时间较短，还处于发展阶段，但网络进货相比传统渠道进货优势很明显。

① 成本优势。网络进货可以省去往返批发市场的时间成本、交通成本、住宿费、物流费用等。

② 选购的紧迫性减弱。由于时间所限，商家到线下批发市场选购时不可能长时间慢慢挑选，有时迫于进货压力不得不快速选购；网络进货时，商家则可以慢慢挑选商品。

③ 批发数量优势。一般网上批发基本都是10件起批，有的甚至是1件起批，这在一定程度上扩大了商家选择的空间。

④ 其他优势。网络进货能减少库存压力，还具有批发价格透明、商品款式新颖等优点。

2）分销网站进货

网络上还有很多提供批发服务的分销网站，如搜物网、衣联网、鞋都网、中国代销货源网等。其中，衣联网主要提供女装批发服务，鞋都网主要提供女鞋批发服务，其与阿里巴巴大同小异。商家需要在对应分销网站上注册，然后选择所需商品，设置订购信息并支付金额。图1-4所示为衣联网首页，在搜索框中直接输入商品关键词即可进行搜索。

图1-4　衣联网首页

通过分销网站进货，可能会存在一些风险，为了降低进货风险，商家可以查询供应商的网站信息及企业信息。网站信息可以通过站长之家进行查询，企业信息可以通过国家企业信用信息公示系统进行查询。

3）线下批发市场进货

线下批发市场也是常见的进货渠道。对于商家来说，最好从自己周边的批发市场进货。选定批发市场后，一定要勤跑多问，与批发商面谈，争取拿到最优惠的批发价格，以保证网上销售的低价位。新店开设初期，网店规模往往较小，销量也不大，因此商家在前期进货时可以选择少量商品进行试卖，严格把控商品的库存；如果商品销售情况较好，再考虑增加进货量。商家从线下批发市场进货的优点如下。

① 线下批发市场的商品价格比较便宜，商家能够亲身接触到商品。

② 本地货源成本低，还可以节约部分运输成本和仓储成本。

③ 商品数量更丰富，品种更齐全，商家可选择范围更大。

④ 进货时间和进货量都比较灵活，补货时间更短。

商家从线下批发市场进货的缺点主要表现在以下几个方面。

① 商品定价不规范，商家需要有一定的议价能力。

② 商品在质量和做工方面非常相似，商家需要有一定的鉴别能力。

③ 有些批发商供货不稳定，对网店销售影响较大。

4）厂家直接进货

从厂家直接进货是非常便宜的一种进货方式。商品从生产厂家到消费者手中，需要经过许多环节，其基本流程是：原材料供应商—生产厂家—全国批发商—地方批发商—终端批发商—零售商—消费者。经过多层次的流通组织和多次重复运输过程，自然会产生额外的费用。这些费用都被分摊到每一件商品上，所以消费者购买的商品价格要远远高于它的出厂价格。商家如果能找到愿意合作的厂家，直接从正规的厂家进货，不仅可以省去很多进货成本，而且货源和产品质量也能得到保证。但是，如果从厂家直接进货，厂家的起批要求一般较高，少则数十件，多则上百件，这无疑增加了商家的经营风险。这种进货方式显然不适合新手商家。

如果选定的商品本身具有一定品牌知名度，并得到厂家的支持，这样既有助于商家提升网店专业形象，又有助于商家顺利开展网店业务。但是，这种进货渠道需要商家独具慧眼，从而避免出现压货的情况。

5）其他进货渠道

商家还可以通过寻找品牌积压库存、清仓商品、民族特色工艺品，以及关注外贸尾单商品等途径进货。

（1）寻找品牌积压库存

随着社会经济和物质生产高速发展，新技术、新商品层出不穷，库存商品及闲置物资越来越多，而地区间的经济发展不平衡为库存积压商品的发展提供了广阔的市场，使"旧货""库存货"市场迅速发展。当前，传统意义的"旧货"概念被打破，很多崭新的商品在市场的更新换代中被积压，但仍具有完整的使用价值，"旧货"成为多品种、多层次、数量巨大的各类库存商品及闲置物资的代名词，其交易额已占到各旧货市场交易额的60%以上。如果商家能淘到积压的品牌服饰、鞋帽等货物并将其放到网上销售，也能获得可观的利润。

（2）寻找清仓商品

在实际生活中，确实存在厂家因换季等而清仓的情况。此时对商家来说是一个进货良机。商家在进货时要谨慎，以下几类商品最好不要大量进货。

① 日用品。日用品在超市很容易买到，若网上购买价加上邮寄费用和在超市购买的价格差不多，网店就没有价格优势。

② 高科技商品。这类商品更新换代快，价格变化也快。

③ 有效期短的商品。这类商品有效期短，若大量进货，可能商品还没有卖完就过期了。

（3）寻找民族特色工艺品

民族特色工艺品的价值一般都很高，而且数量有限。虽然不少民族特色工艺品存在地区性强、知名度低的缺点，但其具备的优点是其他商品所没有的。商家之所以愿意购入这类商品充实自己的网店，是因为它们不仅稀有、能吸引人的眼球，而且还具有民族特色或地域特色等鲜明的特点。

（4）关注外贸尾单商品

网店的进货渠道不能局限于国内，商家还应关注出口转内销的外贸商品，可以销售国外的品牌。外商在国内工厂下订单后，一般工厂会按5%～10%的比例多生产一些商品，这样做是为了在实际生产过程中出现瑕疵品时，可以用多生产的商品替补，这些多出来的商品就是外贸尾单商品。外贸尾单商品的性价比很高。

以服装为例，外贸服装因其质量、款式、面料、价格等优势，一直是网上销售的热门品种。很多在国外售价上千元人民币的商品，在国内售价仅为几百元人民币，两者的价差较大，这种价差可以帮助网店商家实现盈利。现在已经有很多依靠外贸尾单商品打出了品牌和特色的网店。

2. 网店商品选择

网店在选择商品时，既可以选择热门商品以迎合市场大众的消费需求，也可以选择冷门商品以打造网店的风格与特色。

1）网店商品选择的原则

① 开店之初，应选择零库存的方式。经营网店和实体店是不同的，实体店开张后，很快就会有消费者上门；网店却不同，开张几个月无人购买是常有的事。如果新手商家刚开网店时就大量囤货，很可能造成大量的库存积压。新手商家应尽量保持零库存，选择"一件起批"的商品。

② 选择熟悉互联网行业的供应商的商品。尽量选择有互联网营销经验、了解网店以及网上消费者需求的供应商的商品。有些供应商本身就在经营B2C网店，这样的供应商的商品是网店商品来源的好选择。

③ 不要频繁更换网店商品的类别。由于网店开店门槛和成本低，有些商家会在经营中频繁更换商品的类别。例如：刚开始销售食品，过一段时间就转而销售虚拟商品了。这样不仅浪费精力，还不利于网店发展壮大。因此，商家要慎重选择网店经营的商品，选定之后不要轻易更换商品类别。

2）网店商品选择的方法

网店与实体店在选择商品时区别不大，寻找好的市场和有竞争力的商品，是网店经营成功的重要因素。从全球网店经营的情况看，选择以下几类商品比较容易成功。

① 不容易产生误解的标品。在网上交易时，消费者看不到商品的实物，只能根据商家提供的图片和文字信息来了解商品，如果商家提供的资料不准确、不详细，就有可能导致消费者因对商品不满意而产生退货行为。标品是规格化的商品，有明确的规格、型号等，如笔记本电脑、手机、电器、化妆品；非标品则是无法进行规格化分类的商品，如服装、鞋子等。相对来说，非标品比标品更容易因为风格、材质、色差等产生歧义和误解，进而产生退货纠纷，所以商家应尽量选择不容易产生误解的标品。

② 新商品。新商品刚推出时，缺乏用户基础，在实体店推广需要耗费较多的营销费用和精力，因此更适合在网上推广销售。同时，企业为了推广新商品，还能够给网店比较大的推广优惠折扣。

③ 手工商品。受限于生产能力，手工商品的产量不大，通过传统渠道销售会产生比较高的销售成本，而通过网络销售可以降低成本，并且还可以让商品接触广泛的消费者群体。网店特别适合销售个人或家庭的手工制品。

④ 附加值高的商品。开网店时可以选择利润率比较高、能够给消费者提供较大折扣的商品。

⑤ 针对特殊人群的商品。针对某一特殊人群的商品，如果在实体店售卖，受到地理位置的限制，特定区域内的购买人群可能很少；如果在网店售卖，就可以不受地理位置的限制，有特定购买需求但在实体店找不到该商品的消费群体就会在网上购买该商品，

从而为网店带来更多的利润。

3）网店商品选择的数据分析

网店选品不仅影响网店的盈利，还影响整个网店的定位与发展。在进行市场分析和网店定位之后，不能盲目地选择网店的主营商品，否则可能会导致经营失败，因此商家应先对数据进行调查分析，可以通过百度指数、生意参谋（见图1-5）、阿里指数（见图1-6）、友盟（见图1-7）、艾瑞指数等数据分析工具，分析商品基本属性、热门营销属性、搜索趋势、转化趋势、搜索词榜单、流量分析、市场供需情况、同行之间的竞争等。只有在掌握市场趋势的基础上选择合适的主营商品，才能让网店良好发展。

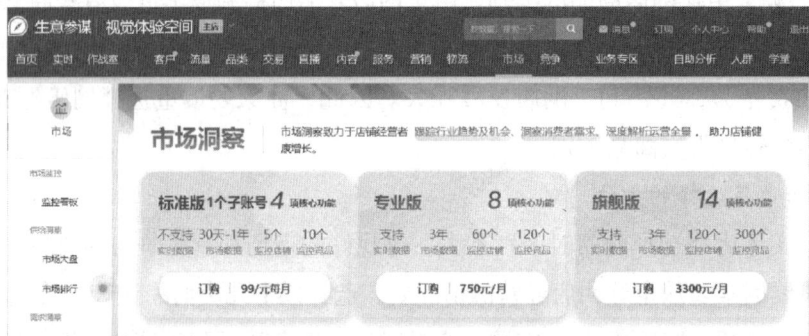

图1-5　生意参谋页面

图1-6　阿里指数页面

图1-7 友盟页面

4）网店商品选款

网站商品选款即商家根据目前市场需求的变化情况，确定市场需求商品基本的类目、风格、规格、型号等；根据当下网络发展需要确定引流款、利润款、形象款和活动款商品。

（1）引流款

引流款是指吸引流量的商品。它面向目标客户中的大众客户，是主推的、流量来源最大的、转化率高的、毛利率趋于中间水平的商品。相比于竞争对手，它有价格或者其他方面的优势，从而更有利于占领"豆腐块"的位置，后期可带来较多的免费流量。

（2）利润款

利润款是指利润回报率高的商品。它应该占商品结构中的最高份额，面向目标客户中的小众，注重他们对款式、风格、价位、卖点的需求，销售的目的就是赚钱。通过定向数据进行测试，或者通过预售方式进行商品调研，做到供应链的轻量化。

（3）形象款

形象款是指高品质、高调性、高客单价的小众商品。它适合目标客户群体里面的细分人群，形象款仅占商品结构中的极小一部分，商家可以保持线上商品处于安全库存中，目的是提升商家的品牌形象。

（4）活动款

活动款就是用于做活动的商品。根据活动目的不同，活动款又可以划分为清库存款、冲销量款和品牌款。活动款商品的分类及款式特征和应用目的如表1-3所示。

表1-3　活动款商品的分类及款式特征和应用目的

分类	款式特征和应用目的
清库存款	款式陈旧、型号不足、销量不高的商品，主要目的是清理库存
冲销量款	一般情况下是基于平台成交额基础要求、部门的KPI考核等原因未完成业绩指标而确定的产品
品牌款	即在活动期间放弃商品的利润，让客户感知商品品牌的商品

知识拓展　　　　网上禁止销售的商品

除了要分析哪些商品适合网上销售，也要注意遵守国家法律法规，不要销售以下商品。

① 法律法规禁止或限制销售的商品，如武器弹药、管制工具、文物、淫秽品、毒品。

② 假冒伪劣商品。

③ 其他不适合网上销售的商品，如医疗器械、股票、债券和抵押品、偷盗品、走私品或者其他非法来源获得的商品。

④ 用户不具有所有权或支配权的商品。

1.1.4　网店商品定价

1. 商品定价的目标

在对商品定价前，先要确定定价目标。定价目标是指商家希望通过制定商品价格达到的目的。定价目标决定了商家选择什么样的定价方法。网店商品的定价目标不是单一的，而是多元的。下面是一些常见的定价目标。

① 以获得理想利润为目标。

② 以实现适当的投资回报率为目标。

③ 以提高或维持市场占有率为目标。

④ 以稳定价格为目标。

⑤ 以应对或防止竞争为目标。

⑥ 以树立良好形象为目标。

2. 商品定价的策略

（1）渗透定价策略

渗透定价策略是指商品进入市场初期，商家将其价格定在较低水平，以尽可能吸引消费者的营销策略。商品以较低的价格进入市场，目的是在短期内牺牲高毛利以期获得较高的销售量及市场占有率，进而产生显著的成本经济效益，使成本和价格不断降低。渗透定价并不意味着绝对便宜，而是商品的价格相对于价值来讲比较低。例如：淘宝"9.9元包邮"类商品，如果只卖给一个人一件，那一定会亏损。实际上，网店的货单价很低，但是客单价很高，如一条丝巾9.9元，消费者买了5件就是49.5元，综合来看实现了盈利。

（2）撇脂定价策略

撇脂定价策略又称吸脂定价策略，是指商品刚刚进入市场时商家将价格定在较高水平（即使会限制一部分人的购买），在竞争者研制出相似的产品之前，尽快收回投资，并且取得相当的利润，随着时间的推移，再逐步降低价格使新商品进入弹性大的市场。一般而言，全新商品、受专利保护的商品、需求价格弹性小的商品、流行商品、未来市场形势难以预测的商品等，可以采用撇脂定价策略。例如：某些限量款运动鞋刚推出时，商家采取了限量摇号的方式，吊足了广大粉丝的胃口，如果想购买到限量款运动鞋，就需要支付远高于其单纯物品价值的价格；同时，各限量鞋款不缺乏拥趸，而且这部分人对价格相对不敏感，对于商家来说，基本每双鞋的销售都能达到利益最大化。随着时间的推移，以前的鞋款数量增多，这时候商家就会推出各种复刻版鞋，再次"撇脂"。

（3）竞争定价策略

竞争定价策略是指企业通过研究竞争对手的商品价格、生产条件、服务状况等，以竞品价值为基础，确定自己商品的价格。通俗来讲，就是依据竞品的价格进行定价，价格可相同、可高，也可低于竞品的价格。自有商品的价格调整主要看竞品的价格是否变动，应随市场定价。这种方法主要考虑到商品价格在市场上的竞争力，有利于商家在完全竞争市场上脱颖而出。

（4）市场导向定价策略

市场导向定价策略也叫需求差异定价策略，是指以不同时间、地点、商品及不同消费者的消费需求强度差异为定价的基本依据，针对每种差异决定在基础价格上是加价还是减价。市场导向定价策略包含但不限于以下形式。

① 因时间而异。例如：淡季价格较低，旺季价格较高。

② 因商品而异。例如：在奥运会期间，标有奥运会会徽或吉祥物的T恤及一些商品

的价格比其他同类商品的价格要高。

（5）歧视定价策略

歧视定价策略是指以不同价格向不同消费者出售同一种物品的定价方法。向商品价值需求不同的消费者索取不同的价格，从而最大限度地将统一价格下的消费者剩余转化为生产者剩余。例如：在中秋节销售相同分量的月饼，散装月饼和礼盒装月饼的价格会有很大的差别，这是因为商家使用了歧视定价策略。

（6）组合定价策略

组合定价策略是指在为互补商品、关联商品制定价格时，为迎合消费者的某种心理，把有的商品价格定高一些，有的商品价格定低一些，以取得整体效益的定价方法。例如：消费者对滞销、价值高的商品价格比较敏感，对畅销、价值低的商品价格不太敏感，可适当降低前者价格、提高后者价格，使总利润增加。需要注意的是，高价和低价一般不宜经常变动，以维护价格策略在消费者心目中的一贯性。组合定价策略是商家常用的定价策略。例如：商家在对快餐中的组合套餐、化妆品的组合套装定价时，采用的就是组合定价策略。

3. 商品定价必须考虑的因素

（1）市场竞争情况

为商品定价时应该考虑市场上其他商品是如何定价的，再仔细权衡，从而为自己的商品定价。商品诱惑力的高低，直接决定着客户购买的意愿和数量。如果商品具有一定的吸引力，此商品的销售数量会大大增加；如果商品没有吸引力，那么不论如何促销、降价，都很难销售出去。

（2）市场的性质

考虑消费者的消费习惯，一旦消费者习惯了一种品牌的东西，就会形成一种购买习惯，不易改变。考虑销售市场的大小，销售一种商品时，要准确确定自己的客户群，要了解这种客户群构成的市场走向。

（3）销售策略

制定商品销售策略，要根据商品性质、企业形象及店铺的特性。例如：品质优良的名牌产品，需要定高价，这样人们才会觉得物超所值。一些流行性十分强的商品也需要定高价，因为一旦流行期过后就会降价。如果销售过时的商品则需要定低价，才会使商品顺利打开销路。

（4）商品形象

一些历史悠久、商品品质优良、服务周到的品牌店铺已经创出了名号，奠定了根基，买家在逢年过节要买礼品送人时，一定会想到它，因此可以定价稍高。

4. 商品定价的方法

定价方法直接影响消费者的购买意向，奇特的定价方法会给客户带来心理刺激。不同的定价方法对消费者产生的心理影响也不相同。一般来说，有以下5种定价方法。

（1）成本加成定价法

成本加成定价法又称毛利率定价法、加额法或标高定价法。这是多数商家经常采用的一种定价方法，这种定价法的优点是计算方便。在正常的情况下，即在市场环境诸多因素趋于稳定的情况下，运用这种方法能够保证商家获取正常利润；同时，同类商品在各商店的成本和加成率都比较接近，定价不会相差太大，相互间的竞争不会太激烈。此外，这种方法容易给消费者带来一种公平合理的感觉，很容易被消费者接受。

（2）习惯定价法

这是市场上已经形成习惯来定价的方法。市场上有许多商品，销售时间已久，形成了一种定价的习惯。定价太低，客户会对商品的品质产生怀疑，也不利于销售。这种方法对稳定市场不无好处。

例如：日用品，由于客户时常购买，形成了一种习惯价格，即客户很容易按此价格购买，其价格众所周知。这类商品销售时应遵守习惯定价，价格不能轻易变动，否则客户会产生心理不满。如果原材料涨价，需要提价时，要特别谨慎，可以通过适当减少分量等方法来解决。

（3）弧形数字法

市场调查发现，生意兴隆的商场、超市为商品定价时所使用的数字，按使用的频率排序，依次是5、8、0、3、6、9、2、4、7、1。这种现象不是偶然出现的，究其根源是消费者消费心理的作用。带有弧形线条的数字，如5、8、0、3、6等更易为消费者接受；而不带弧形线条的数字，如1、7、4等不大受欢迎。另外，由于消费者都喜欢寓意吉祥的数字，如"8"和"发"经常被人联系在一起，用"8"定价，可以满足消费者的心理需求，所以很多商品的定价都带有"8"。在定价的数字应用上，要结合我国国情，尽量选用能给人带来好感的数字。

（4）非整数法

非整数法是指把商品的价格定成带零头的非整数的做法，是一种能激发消费者购买欲望的定价方法。非整数价格虽与整数价格相近，但它传递给消费者的心理信息是不同的。例如：经常在商场见到商品的定价为9.9元、19.9元等，给消费者的心理暗示分别是不到10元、20元。

（5）低价安全法

低价安全法属于薄利多销的定价策略。这种定价方法比较适合快消品的定价。低价可以让快消品很容易被消费者接受，从而在市场取得领先的销售地位。安全的低价是指成本、正常利润与邮费或快递费的和。正常利润一般为成本的三分之一到三分之二。

网店在经营的过程中要多关注做得较好的同行，要随时监控他们，关注其产品价格、新品发布及促销活动，随时根据同行的价格做出调整以获取价格优势。

知识拓展　　　　数字定价技巧

商品定价必须懂"数字"，不会计算的人不会富。下面介绍几种数字定价方法。

（1）非整数法。就是把商品零售价格定成带有零头结尾的做法。这种方法能够激发出消费者良好的心理呼应，获得明显的经营效果。如一件本来值10元的商品，定价9.8元，肯定能激发消费者的购买欲望。

（2）整数法。对于高档商品、耐用商品等宜采用整数定价策略，给消费者一种"一分钱，一份货"的感觉，以树立品牌形象。

（3）价格分割法。价格分割法是一种心理策略。如果使用小单位定价，能够让消费者觉得价格便宜。价格分割有以下两种形式。

① 用较小的单位定价。例如：每千克1 000元的人参，定价每克1元；每吨2 000元的小麦，定价每千克2元。

② 用较小单位的商品价格进行比较。例如："每天少吃一根冰棍，每日就可订一份牛奶。"

任务1.2　网店的申请与开通

1.2.1　淘宝网开店

淘宝网作为中国最大的C2C电商交易平台，经过十几年的发展，聚集了大量的网购用户，加之较低的开店门槛，使之成为个人开店的首选平台。在整个淘宝网店铺体系里，店铺类型主要分为淘宝店铺、天猫店铺和其他店铺，如图1-8所示。

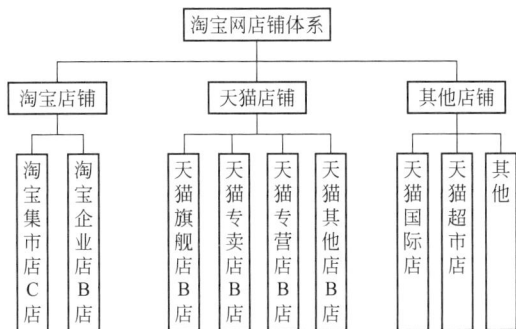

图1-8　淘宝网店铺体系

1. 注册淘宝账户

淘宝用户分为个人店铺和企业店铺两类。在注册时，要根据个人或企业用户类型，选择不同的注册流程。淘宝账户的注册页面如图1-9所示。

图1-9　淘宝账户的注册页面

2. 支付宝实名认证

支付宝实名认证分为个人认证和商家认证。商家认证需要提交营业执照、公司账号等信息；个人认证相对来说更简单，只需要提交身份证号码和银行账号即可办理，通过支付宝实名认证，就具有了卖家资格。

3. 淘宝开店认证

目前，淘宝网开店有个人店铺和企业店铺两种。个人开店要求年满16周岁，提供居民身份证；如果是个体工商户，则需要提供个体工商户营业执照。开通企业店铺需要提供企业营业执照、税务资料等信息。个人店铺和企业店铺开店认证如表1-4所示。

表1-4　个人店铺和企业店铺开店认证

店铺类型	认证条件	显示标识	店铺名称享有权益
个人店铺	个人身份信息	无	店名不允许出现如"旗舰店""专卖店"或和"旗舰"等近似的违规信息
企业店铺	企业营业执照	店铺名片区会展示"企"字标	店名可使用关键词：企业、集团、公司、官方、经销

知识拓展　　　　淘宝开店注意事项

1. 熟悉网店操作

刚开始建议先在网上购物，体验交易流程，顺便也能了解买家的购物心理。这样在开店之后，作为卖家，能够对买家的问题进行更有针对性的回复。

2. 了解交易规则

很多新手在开店时，不注意查看淘宝交易规则，结果导致被扣分。其实不管在开店之前还是开店之后，都要认真仔细地阅读淘宝规则，以避免违规。

3. 选择自己比较了解的产品进行销售

开店首先要对产品有所了解，当买家咨询产品相关问题时，如果回复得很慢或者不专业，就难免会损失一些订单，因此，前期一定要对产品知识进行了解。

4. 做好售后工作

网店经营得好不好，售后服务及老客户的维护很重要。售后服务做得好，不仅可以解决前期产生的不愉快，而且还可以将新客户转化成网店的老客户。因此，做好售后服务可以提高客户的复购率。

1.2.2　天猫开店

在天猫店铺体系里，商家以各自经营商品类目为基础申请店铺。店铺主要分为旗舰店、专卖店、专营店、卖场型旗舰店，如图1-10所示。经营店铺的基本要求就是商家资质必须为具备法人资格且拥有各自针对服务类型商标的企业。

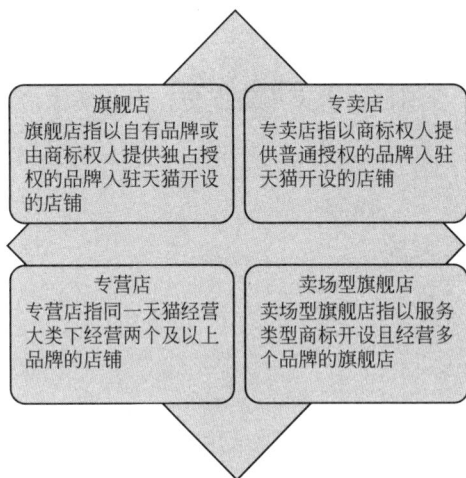

図1-10 天猫店铺分类

天猫开店需要具备企业资质，必须有企业营业执照才可以申请。需要有品牌注册证明，还必须有自有品牌认证或者品牌所有人的销售授权。天猫开店一般流程如图1-11所示。

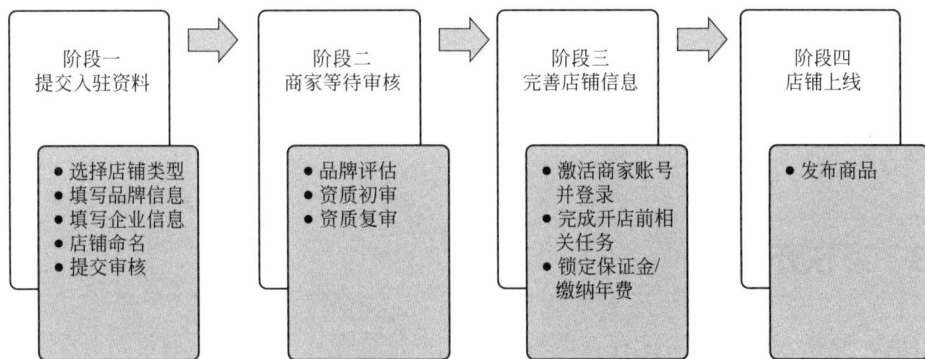

图1-11 天猫开店一般流程

1. 查询申请资格

品牌：天猫枚举的热招品牌，也可以推荐优质品牌给天猫，部分类目不限定品牌入驻。

企业：合法登记的企业用户，并且能够提供天猫入驻要求的所有相关文件，不接受个体工商户、非中国大陆企业。依据"天猫入驻标准"文件，同一主体开多家天猫店铺的，要求店铺间经营的品牌及商品不得重复，一个经营大类下专营店只能申请一家。

2. 准备资料

① 单击并下载全部资质清单，请关注选择经营的类目、店铺类型，品牌来源。

② 准备的资料要加盖卖家公章（鲜章）。

③ 如申请材料缺少，会退回给卖家重新提交，因此卖家应事先准备齐全资料，一次性通过审核。

3. 入驻资料提交

① 选择店铺类型/品牌/类目。

② 填写品牌信息。

③ 填写企业信息。

4. 品牌评估

非天猫热招品牌，天猫将会评估企业和品牌的实力是否允许开店。

品牌定位：风格，受众群体，货单价。

品牌经营实力：品牌成立时间，线下经营情况（门店、近一年交易额、外贸出口额等），淘宝或其他平台经营情况。

品牌特色：原创设计师品牌，特色服务。

企业实力：工厂、企业获奖、运营计划等信息。

5. 开店

① 发布商品。

② 网店装修。

③ 上线上架。

1.2.3　京东开店

目前，商家入驻京东可能存在两种情况：一是受邀入驻，即不通过对外公开招商，京东招商部小二根据消费者需求及平台定位综合评估后邀请符合需求的商户或品牌进驻；二是符合开店条件的商家根据各平台公开招商规则和流程，自主申请入驻。下面以针对POP商家的第三方零售平台开店为例展开介绍。

1. 选择店铺类型

POP商家应做好入驻前期准备，按要求完成账户注册并填写营业执照、法人身份、开户银行等信息资料后，就需要选择确定店铺类型：旗舰店、专营店或专卖店。不同的店铺类型资质要求和资费标准各有不同，具体区别如表1-5所示。

表1–5 不同的店铺类型资质要求和资费标准

店铺类型	企业资质	经营资质		资费
		非进口商品	进口商品	
旗舰店	1. 三证合一营业执照 2. 法人身份证正反面 3. 一般纳税人资格证 4. 银行开户行许可证 5. 旗舰店授权书	商标注册证/商品注册申请书；销售授权书；质检、检疫、检验报告；卫生/生产许可证；特殊产品资质	商标注册证/商品注册申请书；销售授权书；报关单类；进货发票；质检、检疫、检验报告；卫生/生产许可证；特殊产品资质	不同类目扣点、平台使用费和保证金都不同
专营店	1. 三证合一营业执照 2. 法人身份证正反面 3. 一般纳税人资格证 4. 银行开户行许可证 5. 普通授权书	同旗舰店	同旗舰店	同旗舰店
专卖店	同专营店	同旗舰店	同旗舰店	同旗舰店

2. 确定经营模式

目前京东开放平台为商家提供了SOP、SOPL、FBP、LBP等几种经营模式。自主申请入驻京东的商家，默认经营模式为SOP模式；而FBP、LBP等模式是邀请制，需要提前与招商联系，在招商复审开店时可改为想申请的经营模式。不同经营模式的区别如表1-6、表1-7所示。

表1–6 不同经营模式的区别（1）

SOP模式	店铺经营过程中，商家自主完成商品信息的上传、展示、咨询答复、商品销售、发票开具、物流配送服务及售后服务提供等
SOPL模式	京东给商家一个独立操作的后台，商家每日将产生的订单打包送京东仓储中心，京东完成购物订单配送和收款，商家开发票给消费者
FBP模式	完成入驻后，商家负责提供商品信息上传、咨询答复、商品推广宣传等事宜。消费者下单成功后，京东根据双方签订的协议提供仓储及配送等供应链管理服务，并由京东给消费者开具商品发票
LBP模式	京东给商家一个独立操作的后台，商家每日将产生的订单打包送京东仓储中心，京东完成购物订单配送和收款，京东开发票给消费者

表1–7 不同经营模式的区别（2）

项目	FBP	LBP	SOPL	SOP
京东店铺	有	有	有	有
京东交易系统	有	有	有	有

续表

项目	FBP	LBP	SOPL	SOP
京东仓储	有	无	无	无
京东配送	有	有	有	无
买家自提	有	有	有	无
京东货到付款	有	有	有	无
发票	京东开	京东开	卖家开	卖家开

知识拓展　　　　**淘宝集市店与天猫店对比分析**

同为淘宝体系的店铺，淘宝集市店与天猫店在市场定位、入驻资格、开店费用、应用支持、信用评价体系等方面存在着明显区别，如表1-8所示。

表1-8　淘宝集市店与天猫店对比分析

项目	天猫店铺	淘宝集市店铺
市场定位	面向中高端客户，在强调商品质量的同时，也强调品牌、服务。商家必须是企业法人，而且要拥有品牌	面向中低端客户，主要以中低客单价的商品为主，强调质优价廉，商家以个人、个体户和部分企业为主
入驻资格	入驻要求比较严格，只接受企业法人入驻，且有试运营期要求。除了要提交一系列材料，还需要缴纳一定数量的保证金、软件服务年费和软件服务费	入驻要求相对较低，商家可以自愿选择是否加入消费者保障计划，缴纳保障金
开店费用	必须缴纳年费，年费金额以一级类目为参照，分为3万元和6万元两档，且是一次性缴清。符合返还条件的可以返还，返还比例分为50%和100%两档	没有年费，开店费用主要是保证金及付费推广等
应用支持	为商家提供了一系列扶持政策，店铺版本、推广促销工具的应用、活动报名条件等比淘宝集市店铺更具优势	有普通店铺和旺铺装修，旺铺允许卖家使用淘宝提供的计算机和网络技术，实现区别于淘宝一般店铺展现形式的个性化店铺页面展现功能的服务
信用评价体系	通过对宝贝描述、卖家服务、物流服务三项指标来评判店铺状况	除了有店铺动态评分，还有评估卖家信用。卖家信用分为4个等级：心、蓝钻、蓝冠和金冠

淘宝集市店，只要简单地通过支付宝个体或者商家认证，在网上提交基本资料即可，目前除了大部分类目必须缴纳一定的保证金外，基本没有其他成本开支；天猫店铺的审核比较严格，除了要提交上述的一系列材料，还需要缴纳保证金、技术服务费、佣

金，且有试运营期要求。

天猫商家是付费商家，能享受平台提供的一系列扶持政策，如商品发布功能支持、店铺装修功能支持、推广促销工具应用、活动报名等，相比淘宝集市店要优越得多。

2015年6月，淘宝在集市店的基础上分出了一种新形式的店铺——淘宝企业店。淘宝企业店要求商家的资质必须是企业，而且企业店的标志将会展现在店铺的各个位置及搜索结果中，同时淘宝企业店在子账号应用、活动报名等方面比普通的淘宝集市店有明显的优势。总之，淘宝企业店明显地提升了集市店铺中企业会员的诚信度，也从侧面体现了淘宝商家的服务能力。

任务 1.3 淘宝网平台规则

任何一个交易市场都有相应的规则来规范和约束市场主体的各种行为，以保障市场正常的运转。同样，在网络平台中也有各种各样的规则来约束买卖双方的行为。在网络平台的规则里有面向买家的规则，也有面向商家的规则；有针对各个行业的普适性市场基础规则，也有针对不同行业实施的行业标准规则；有通行的营销规则，也有特殊要求的营销活动规则。

平台规则一方面是国家法律制度在平台管理方面的体现，另一方面也是平台方便管理的需要。这里有持续不变的原则，也有随着市场环境变化而不断升级的规范规则。尤其是《中华人民共和国电子商务法》（以下简称《电子商务法》）对电商平台方及平台上的经营者的行为有更为明确的界定。

商家严守法律法规，熟悉市场规则，不仅可以避免运营中出现违规行为，同时还可以有效保障自己的合法权益。

1.3.1 淘宝网市场行为规则

以淘宝为例，市场行为规则分别从概述、会员一般规定、卖家规定、其他角色规定、市场管理与违规处理、附则方面作出了相关的规定和具体解释。

1. 概述

概述部分明确了《淘宝平台规则总则》的规则目的、规则基础、规则原则、适用对象、规则体系及效力、规则程序、规则溯及力。

2. 会员一般规定

会员一般规定规范了平台通用原则，会员注册、认证、交易、评价行为及不得发布的信息类型。

3. 卖家规定

卖家规定规范了淘宝网卖家的开店与退出行为、资质备案行为、发布信息及质量行为、交易履约与服务保障行为、营销行为，以及行业与特色市场行为。

4. 其他角色规定

其他角色规定，主要是指关于淘宝平台上非常规卖家和买家的相关规定，主要包括供销平台用户、淘小铺平台用户、服务市场用户、阿里拍卖平台用户、闲鱼用户等角色的相关规定。

5. 市场管理与违规处理

市场管理与违规处理部分规定了会员风险行为和违规行为的范畴及处理措施。

6. 附则

附则是对平台基本用语的解释，包括用户、会员、买家、卖家、淘宝网等。

总之，平台规则在网店运营的过程中无处不在，卖家必须对规则非常熟悉，而且时刻关注平台规则的变化。

1.3.2 淘宝网违规处理规范

在淘宝网平台的诸多规则中，市场管理与违规处理规范最应该引起商家注意，它们分别是对会员的风险行为采取的非扣分管理措施和对违规行为采取的具有惩戒性质的处理措施，尤其是违规处理规范，触犯这些规则将会对商家经营带来最为直接的影响。

1. 违规行为类型

会员违规行为分为出售假冒商品（即C类违规）、严重违规行为（即B类违规）及一般违规行为（即A类违规），三者独立扣分，分别累计，分别执行。

（1）出售假冒商品指出售假冒注册商标商品或出售盗版商品的行为。

（2）严重违规行为指除出售假冒商品外的其他严重破坏淘宝平台经营秩序或涉嫌违反国家法律规定的行为。

（3）一般违规行为指除出售假冒商品与严重违规行为外的违规行为。严重的一般违规行为会上升至严重违规行为。

2. 违规行为处罚

一旦触犯违规行为，商家账户权限、经营权限会受到管控，包括屏蔽评论内容、限制会员登录、限制使用阿里旺旺、限制店铺装修、限制商品发布数量、限制参加营销活动、屏蔽店铺等；同时违规商品和店铺还会面临搜索降权、屏蔽、下架、监管、删除等处理，关联影响涉及支付宝账户及/或其账户资金被管控，包括限制解冻保证金、支付违约金等，具体内容详见《淘宝网市场管理与违规处理规范》，涉及严重的可能还会受到国家法律的制裁。

3. 违规处罚节点及对应的处罚措施

违规行为成立后，淘宝网对商家进行扣分。当扣分达到一定节点时，淘宝网对商家采取相应的节点处理措施；被执行节点处理的商家，当其全部违规行为被纠正、违规处理期满、违规处理措施执行完毕且通过节点考试后，方可恢复正常状态；商家的违规扣分在每年的12月31日23时59分59秒清零，因出售假冒商品扣分累计达24分及以上的情况除外。违规处罚节点及对应的处罚措施如表1-9所示。

表1-9　违规处罚节点及对应的处罚措施

违规类型	扣分节点	公示警告	限制发布商品	下架所有商品	屏蔽店铺	限制创建店铺	删除店铺	监管账户	查封账户
一般违规（A类）	每12分	7天	7天	—	7天	—	—	—	—
严重违规（B类）	12天	7天	7天	—	7天	7天	—	—	—
	24天	14天	14天	14天	14天	14天	—	—	—
	36天	21天	21天	21天	21天	21天	21天	—	—
	48天	永久	永久	永久	永久	永久	永久	30天	永久（30天后执行）

4. 违规行为对营销活动的影响

《淘宝网营销活动规范》明确规定淘宝网商家自活动报名之时起至活动结束，在违规处理记录方面满足以下条件要求的方有机会参加营销活动：近90天内无一般违规行为节点处理记录；近730天内虚假交易分值未达48分，且近90天内无虚假交易扣分，近365天内无严重违规行为节点处理记录；近730天内出售假冒商品分值未达 24 分，且近 365 天内出售假冒商品分值未达12分；近90天内无虚构交易等扰乱市场秩序行为；未在搜索屏蔽店铺期。

另外，违规行为还会影响商家直通车、引力魔方、品销宝及淘宝客等广告推广行为。

1.3.3 常见的违规行为

1. 出售假冒商品

出售假冒商品属于C类违规，该行为被发现后，淘宝网将删除商家所发布过的假冒、盗版商品或信息，同时根据情节的严重程度进行处罚，同时淘宝网视情节严重程度会采取下架商品、删除商品、限制发布商品、限制解冻保证金、要求其支付违约金、查封账户等措施。对利用阿里妈妈营销推广平台出售假冒商品的，淘宝网视情节严重程度加重处理。

2. 虚假交易

虚假交易是指商家通过虚构或隐瞒交易事实、规避或恶意利用信用记录规则等不正当方式，获取虚假的商品销量、店铺评分、信用积分、商品评论或成交金额等不当利益的行为。

1）常见的虚假交易方式

（1）发布无实质交易内容的商品

① 发布纯信息，包含但不限于：减肥秘方、赚钱方法、会员招募、商品知识介绍、免费信息以及购物体验介绍等。

② 发布免费获取或价格奇低的商品，包含但不限于：无偿从发行方获得的优惠券或资格权、免费商品、软件下载、电子刊物（凡是通过网络传输的一切电子商品）、电子邮件地址邀请等；1元以下虚拟类商品（不包括Q币/收费Q秀/点卡按元充游戏货币，其中Q币/收费Q秀/点卡按元充新手卡价格不能低于0.1元）；1元及1元以下服务类商品；手机壁纸、图铃等。

③ 在搭配套餐等打包销售形式的宝贝描述中有明确表示仅部分商品会发货的文字内容。

（2）采用以下形式进行虚假交易

① 将一件商品拆分为多个不同形式或页面发布。包含但不仅限于如下情况：商品和商品的运费分开发布；一个宝贝拆分或不同价格打包出售。

② 将赠品打包出售或利用赠品提升信誉等。

③ 使用虚假的发货单号或一个单号重复多次使用。

④ 以直接或间接的方式，变更商品页面信息、大幅度修改商品价格或商品成交价格等。

⑤ 卖家限制买家购买虚拟物品的数量。包含但不仅限于：限制某件商品一个ID只能购买一件；特殊市场另有规定的，从其特殊规定。

⑥ 在移动/联通/电信充值中心、网络游戏点卡、腾讯QQ专区三个类目中发布虚拟类商品时使用限时折扣工具。

⑦ 其他进行虚假交易的形式。

（3）通过以下手段进行虚假交易

① 卖家自己注册或操纵其他账号（如炒作团伙账号、亲朋好友账号、公司同事账号等），购买自己发布的商品。

② 卖家利用第三方（包括其他卖家）提供的工具、服务或便利条件进行虚假交易。

③ 其他非正常交易手段。

2）违反虚假交易规则

卖家违反虚假交易规则时，淘宝网将根据卖家违规行为的严重程度给予不同的处理。

3. 违背承诺

违背承诺指卖家未按约定或淘宝网的规定向买家提供承诺的服务，妨害买家权益的行为。违背承诺属于一般违规行为（A类）。根据违规行为的不同，淘宝网处罚措施不同。

1）卖家违背交易价格、运送方式、发货时间等承诺

卖家违背交易价格、运送方式、发货时间等承诺，须向买家支付该商品实际成交金额的10%作为违约金，且赔付金额最高不超过100元，最低不少于5元，特殊商品除外。卖家未在淘宝网判定投诉成立前主动支付违约金的，除须向买家支付违约金外，还须向淘宝网支付同等金额的违约金。情节严重的，淘宝网还可采取扣A类6分、下架商品、删除商品等措施。其具体内容如下。

（1）违背交易价格

● 买家付款后，卖家拒绝按照买家拍下的价格交易的（交易双方另有约定的除外）。

● 买家付款后，卖家拒绝给予买家其曾在交易过程中与之达成的对商品价格的个别优惠或折扣的。"个别优惠或折扣"的有效期：如双方已有约定的从约定；双方未约定的，有效期视为卖家给出优惠或折扣价格的当日，买家在有效期内拍下且完成付款，即可享受约定的优惠或折扣。

（2）违背运送方式

交易订立过程中卖家自行承诺或与买家约定特定运送方式，如特定运送物流、快递

公司等，但实际未遵从相关承诺或约定的。

（3）违背发货时间

在"买家已付款"后，除定制、预售及适用特定运送方式的商品外，普通商品如未设置发货时间的需在 48 小时内发货，超过 48 小时就是违背发货时间，包括如下情况。

① 买家付款后，卖家以商品存在瑕疵或缺货等理由，导致买家申请退款的。

② 买家付款后，卖家因自身原因（如担心后续得到中差评等）单方面拒绝发货或中止发货的（如擅自召回已发出但未送达的货物等）。

③ 系统显示卖家确认发货，但实际未按承诺的发货时间发货的。

2）卖家违背交易方式、服务承诺

卖家违背交易方式、服务承诺的，每次扣A类4分，其情形主要包括以下内容。

① 淘宝网判定卖家确实应该支持消费者保障服务之"七天无理由退货"，但卖家拒绝履行的。

② 淘宝网判定卖家确实应该承担退货承诺、破损补寄、破损包退等服务承诺，但卖家拒绝承担的。

③ 买家选择支付宝担保交易，但卖家拒绝使用的。

④ 加入货到付款或信用卡支付或蚂蚁花呗付款服务的卖家，拒绝提供或者拒绝按照承诺的方式提供前述服务的。

（3）卖家违背特殊承诺

卖家违背特殊承诺的，每次扣A类6分。其情形主要包括以下几种。

① 加入淘宝网活动的卖家，未按照活动要求（除发货时间外）提供服务的。

② 卖家参与"试用中心"的活动，但在买家报名成功后拒绝向买家发送或延迟发送承诺提供的试用商品的。

③ 卖家承诺"境外发货"的商品，但商品并非从其他国家或地区发出，或商品并非通过直邮方式送达买家手中的。

4. 不当使用他人权利

不当使用他人权利指卖家发布的商品或信息涉嫌不当使用他人商标权、著作权、专权等权利，或造成不正当竞争的行为。不当使用他人权利属于一般违规行为（A类），情节严重的可上升至严重违规行为（B类）。

对于不当使用他人权利的行为，淘宝网会删除商品或信息；情节一般的，每次扣A类2分；情节严重的，每次扣A类6分；情节严重达三次及以上的，每次扣 A 类 48 分；情节特别严重的，每次扣 B 类 48 分。

① 卖家发布的商品或信息涉嫌不当使用他人商标权、著作权、专利权等权利，其具体行为包括以下内容。

* 不当使用商品、商品信息、店铺名、域名等。
* 不当使用他人商标权，指卖家出售的商品被认定为商标侵权，但不属于假冒的情形。
* 不当使用他人著作权，指卖家出售的商品被认定为著作权侵权，但不属于盗版的情形。
* 不当使用他人专利，指卖家出售的商品侵犯他人外观设计专利、实用新型专利或发明专利的。

② 卖家发布的商品或信息造成不正当竞争的，如在商品信息中描述"质量比××品牌更好，价格比××品牌更低"，这就属于不正当竞争。

5. 滥发信息

滥发信息，指会员未按《淘宝平台规则总则》及相关规则要求发布商品或信息，妨害买家权益或平台秩序的行为，滥发信息属于一般违规行为（A类）。

对于滥发信息的行为，淘宝网视情节严重程度扣A类2～6分，同时采取下架商品、删除商品、删除店铺相关信息、搜索降权商品、限制发布商品、监管账户等措施。

滥发信息包括发布不以成交为目的的广告信息、信息与实际不符、信息重复、商品要素不一致、规避信息、品牌不一致、行业特殊要求。

上述情况属于淘系平台商家比较常见的违规行为，还包括不当注册、盗用他人账户、骗取他人财物、不当获取使用信息、假冒材质成分、扰乱市场秩序、不正当发布违禁信息、提供虚假凭证等一系列的违规行为。

总之，关于淘宝违规行为表述还有更为具体的规定，上述只是进行了分类列举，要真正清晰地掌握这些违规行为，还要结合具体案例进行分析。例如在网店运营中，常见的盗用别人图片等属于不当使用他人权利；卖家出售自营品牌的家用小电器，但在商品信息描述中"质量比××品牌更好，价格比××品牌更低"就属于不正当竞争；常见的使用"国家级""最高级""最佳"等用语的夸大描述就属于滥发信息中的信息与实际不符的问题。

1.3.4　商家违规行为处理

商家违规行为发生后，在后台的宝贝管理商家体检中心都有展示，一旦出现触犯了市场管理和违规的行为，商家在体检中心可以看到提醒。一般当违规行为发生后，平台方会给商家一定的期限进行申诉处理，如果商家确实存在隐情，可以发起申诉，根据要求提交证明资料，要求撤销处罚。

把握平台规则是网店运营的重要组成部分，无论是前面讲到的网店申请、选品、定价规划还是店铺装修以及后续项目提到的网店推广、促销、客服等环节都与平台规则息息相关。因此，网店运营人员要做到深度地理解和灵活地把握平台规则。

知识拓展　　　　　　服饰行业规则避坑指南

（1）虚假宣传。

① 在对化妆用品类商品描述时，使用极限词如"国家级""最高级""最佳""天花板"等用语的夸大描述，如图1-12所示。

② 对商品的质量、用途、使用效果等进行虚假或引人误解的宣传。

（2）处罚操作：商品下架/监管/删除等。

图1-12　使用极限词

（3）正确做法：商品发布前检查商品信息，确保无虚假宣传信息，包括但不限于极限词及功效夸大描述等。

实训任务 1.1　网店开通实训

实训目标

- 了解淘宝个人网店开通规则。
- 掌握淘宝个人网店的开通流程。

实训分析

在淘宝网开通个人店铺，首先需要注册淘宝会员，其次开通支付宝账号并认证，就可以开通淘宝个人网店了。

1. 注册淘宝会员

淘宝会员注册分为个人账户注册和企业账户注册，个人账户一般使用手机号码进行注册，企业账户通过电子邮箱进行注册。淘宝网默认的注册方式为个人账户注册。

① 在注册页面填写注册手机号码。

② 按照页面提示按住鼠标左键拖动"验证"栏中的滑块至最右边，然后单击"下一步"按钮。

③ 此时，淘宝注册系统将向所填写的手机号码发送验证码。

④ 在打开的"验证手机"页面的"验证码"文本框中输入收到的验证码，单击"确认"按钮。

上述操作完成后，即可完成淘宝账号的注册，并在打开的页面中看到显示注册成功的信息，如图1-13所示。

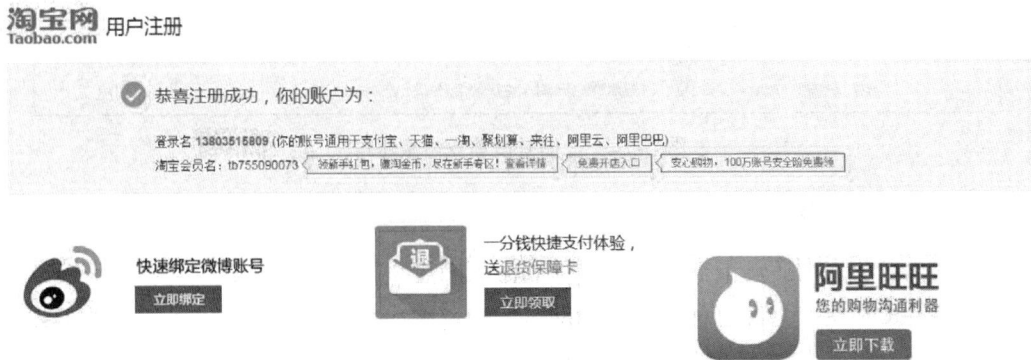

图1-13　淘宝会员注册成功界面

2. 支付宝实名认证

① 打开支付宝首页，单击支付宝首页的右上角"立即注册"按钮进入支付宝账号的注册界面，阅读并同意"支付宝及客户端服务协议""支付宝隐私权政策""淘宝服务协议"，进入注册页面。

② 选择个人"账户注册"。用户可以通过输入手机号或通过单击"使用邮箱注册"切换注册方式。支付宝规定港澳台及海外用户仅支持手机号注册。

③ 登录成功后进入支付宝个人页面，如你使用的手机号和淘宝注册时的手机号一致时，可以通过单击"是我的，去登录"绑定淘宝会员并进入设置页面。

④ 商家在该页面中设置支付密码，同时输入真实姓名、性别、身份证号码、有效期、职业、常用地址等信息，勾选"我同意支付宝服务协议"复选框，单击"确定"按钮即可完成身份信息的设置。

⑤ 打开"设置支付方式"页面，在该页面中输入银行卡号、持卡人姓名、证件、手机号码等信息，然后单击"获取校验码"按钮获取校验码，输入校验码后单击"同意协议并绑卡"按钮即可完成支付宝认证，如图1-14所示。

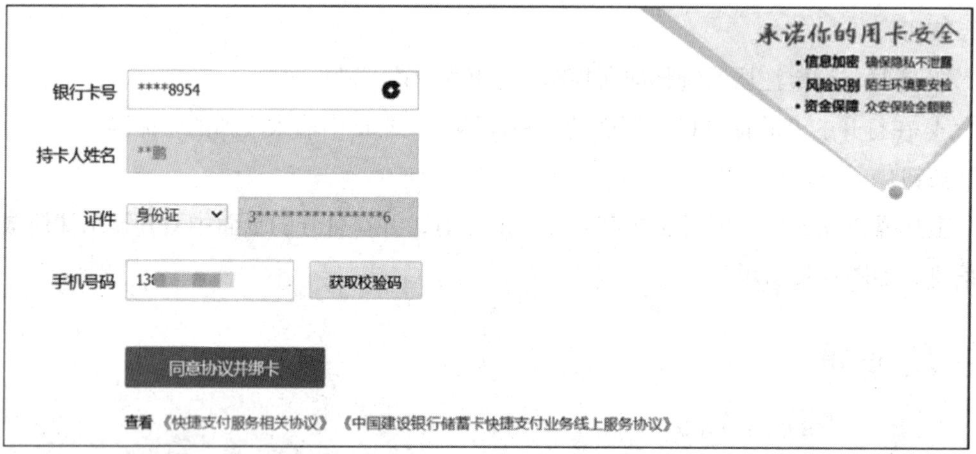

图1-14　注册并设置支付宝账号

3. 开通淘宝个人网店

开通淘宝个人网店一般需要在支付宝和淘宝网进行实名认证，然后等待淘宝网官方进行审核，审核通过后即可创建自己的网店。开通淘宝个人网店的操作比较简单，登录淘宝网后根据提示即可完成操作。下面介绍开通淘宝个人网店的具体操作步骤。

① 登录淘宝网后，可以单击右上方导航栏中的"免费开店"按钮，或在"千牛卖家中心"下拉列表中选择"免费开店"选项，如图1-15所示。

图1-15 免费开店

② 进入"淘宝免费开店"页面，在该页面中选择网店类型，这里单击"个人网店入驻"，如图1-16所示。

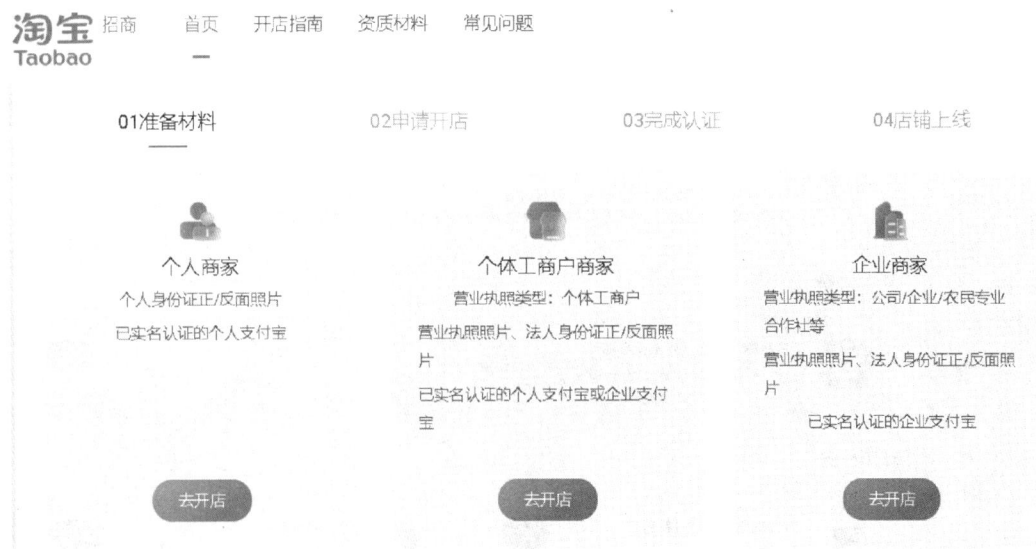

图1-16 个人网店入驻

③ 进入"千牛卖家工作台"页面，准备好个人身份证件，单击"已准备好，开始开店"。完善个人信息，如图1-17所示。

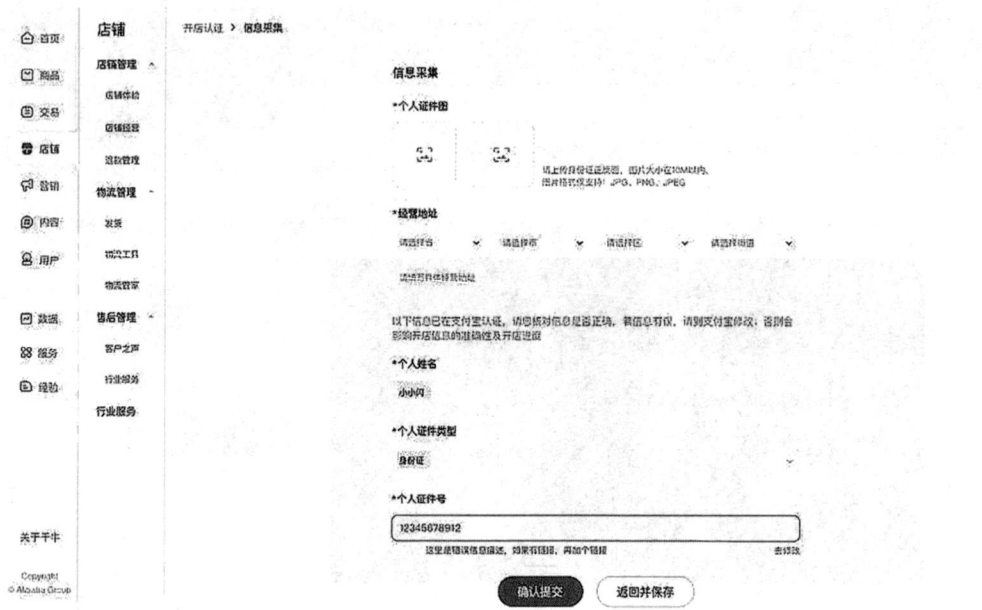

图1-17　完善个人信息

④ 进入开始开店页面后，可以在该页面设置网店名称，并根据提示进行支付宝实名认证和淘宝实名认证后即开店成功，如图1-18所示。

图1-18　开店成功

实训任务 1.2　网店商品进货与选品

实训目标

- 掌握阿里巴巴"一件代发"的流程，完成网店进货。
- 学会利用百度指数辅助选品，完成网店商品选款。
- 确定网店商品价格。

实训分析

阿里巴巴是目前国内最大的网上采购批发网站之一，许多淘宝商家都会从阿里巴巴进货。阿里巴巴对各类商品均进行了详细的分类，并且提供了搜索功能，可以帮助商家快速准确地找到所需的商品。

百度指数是以百度海量网民行为数据为基础的数据分析平台，是当前互联网乃至整个数据时代重要的统计分析平台之一，自发布之日便成为众多企业营销决策的重要依据。百度指数能帮助商家优化数字营销活动方案。

本实训要求在阿里巴巴上完成进货，并借助百度指数进行选品，通过阿里巴巴的"一件代发"功能实现商品的代销，完成商品的定价。

1. 阿里巴巴进货

1）进货前的准备

在各类电商平台中进行活动时，商家首先需要注册成为平台会员，其注册的流程比较简单，根据提示进行操作即可。阿里巴巴账户与淘宝账户可以通用，所以拥有淘宝账户的用户，直接使用淘宝账户登录阿里巴巴即可。在阿里巴巴上寻找货源时，为了保证商品的质量，需要事先对供货商做以下分析。

① 查看供货商的资质、联系方式、厂家信息等。

② 查看供货商的"诚信通"数据，诚信指数高的供货商可信度更高。

③ 查看商品的图片、销量及评价，也可以先小额订货，了解其供货速度。

2）搜索商品

在阿里巴巴上搜索商品的操作比较简单，可以直接搜索商品，也可以通过货源市场列表搜索商品。

（1）直接搜索商品

阿里巴巴的货源市场列表对各种类型的商品进行了详细的分类，用户可以直接选择所需商品，进入该商品的搜索结果页。通过货源市场列表搜索"连衣裙"的具体操作步骤如下。

① 在浏览器的地址栏中输入阿里巴巴的网址，进入阿里巴巴首页，如图1-19所示。

图1-19　阿里巴巴首页

② 进入"连衣裙"关键词的搜索结果页面，如图1-20所示。

图1-20　"连衣裙"关键词的搜索结果页面

（2）通过货源市场列表搜索商品

① 在阿里巴巴首页左侧的货源市场列表中选择所需要商品的类型，单击"品牌连衣

裙"进入连衣裙市场，如图1-21所示。

图1-21　阿里巴巴女装类目

② 进入"品牌连衣裙"的搜索结果页面，如图1-22所示。

图1-22　"品牌连衣裙"的搜索结果页面

3）分销商品

阿里巴巴上的商品非常丰富，商家可充分"货比三家"，选择现货批发或者一件代发。对于新手商家来说，一件代发是一个不错的选择。在阿里巴巴上一件代发连衣裙的操作步骤如下。

① 在阿里巴巴的"品牌连衣裙"搜索结果页面，可以随意点击一个链接，进入商品详情页，如图1-23所示。此链接商品支持"一件代发"，而另外一链接商品则不支持"一件代发"，如图1-24所示。

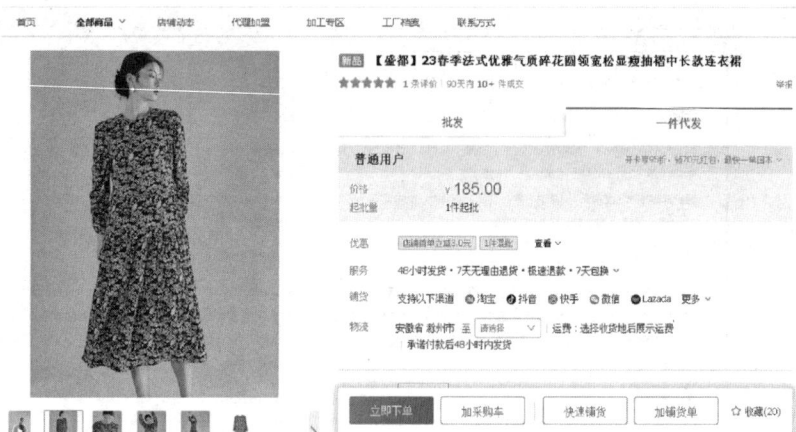

图1-23 "一件代发"商品详情页

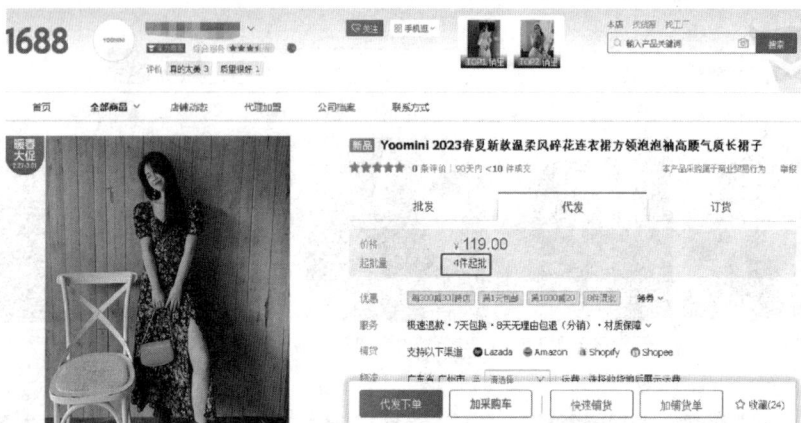

图1-24 不支持"一件代发"的商品详情页

② 在所选商品的详情页的下面单击"代发下单"，申请成为分销商，有些供应商对分销商是有条件限制的，没有达到供应商的要求就无法代销供应商的商品。选择快速铺货，默认"官方铺货工具"，单击"铺货"，如图1-25所示。

③ 系统会提示"商品信息已成功发布到淘宝草稿箱！"，如图1-26所示，单击"去上架"。进入1688淘管家页面，如图1-27所示，所有成功申请了"一件代发"的商品都将被显示在1688淘管家页面的"我的已铺货商品"列表中。单击商品右侧的"立即上架"，可以进入商品发布的页面。

图1-25 铺货

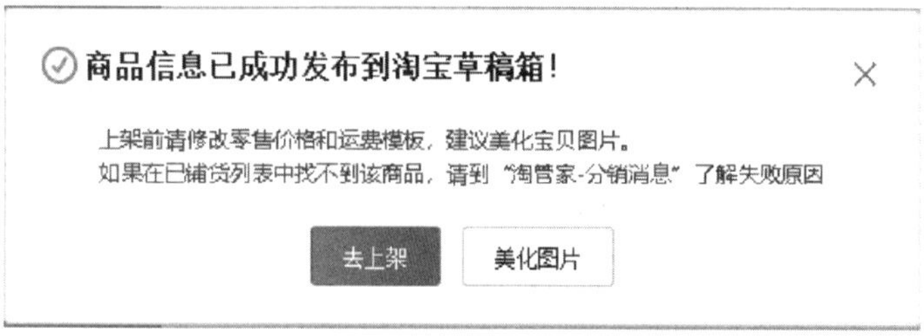

图1-26 商品信息已成功发布到淘宝草稿箱的提示

图1-27 1688淘管家页面

2. 使用百度指数选品

百度指数主要提供网民的搜索行为数据，对网店选品有一定的参考价值。使用百度指数选品虽然不如使用阿里指数选品的效果好，但商家使用阿里指数选品需要在阿里巴巴开设网店并且付费才能获取数据，而使用百度指数选品只需要注册百度账户就可以免费获取数据。

1）使用趋势分析法选品

趋势分析法是使用各期的有关指标对变化趋势进行分析，从中发现问题，从而为选品和运营决策提供数据支撑的一种分析方法。在前期市场调研和网店定位分析的基础上，已经基本确定了开设网店所属的行业，接下来通过百度指数的搜索指数曲线图，利用趋势分析法分析商品的搜索指数在不同阶段上升或下降的趋势。其操作步骤如下。

① 进入百度指数官网，在首页的搜索框中输入"羽绒服"，单击"开始搜索"。在打开的页面中会显示关键词的搜索指数曲线图，如图1-28所示。通过搜索指数曲线图可以了解消费者对"羽绒服"这一关键词的关注情况。"趋势研究"页面还提供了关键词PC端和移动端的搜索指数，以及相关的媒体指数、咨询指数等，网店可由此获得关键词的热度及其变化趋势的数据。

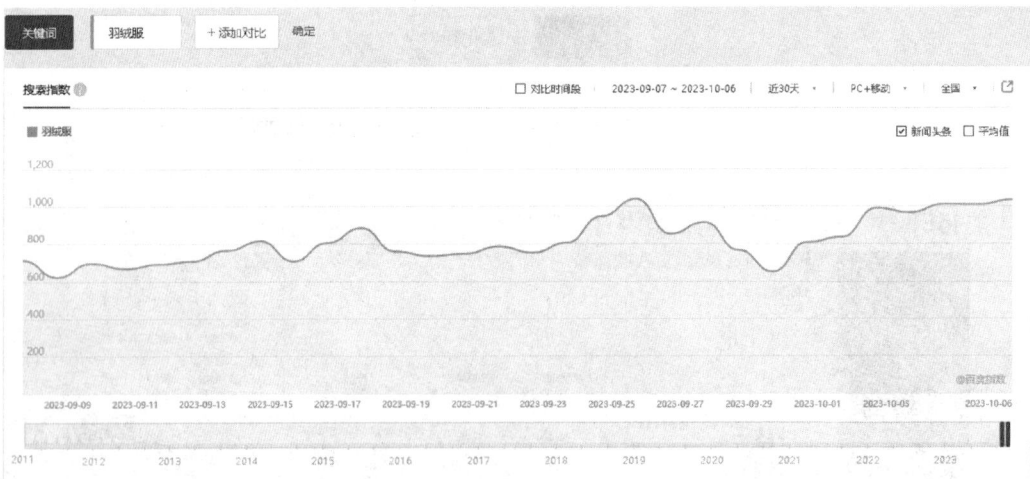

图1-28　关键词的搜索指数曲线图

② 单击"需求图谱"按钮进入需求图谱页面，如图1-29所示。商家可以在需求图谱中了解"羽绒服"相关关键词的搜索趋势是上升还是下降，还可以在"相关词热度"中了解相关词的搜索热度、搜索变化率等数据，如图1-30所示。

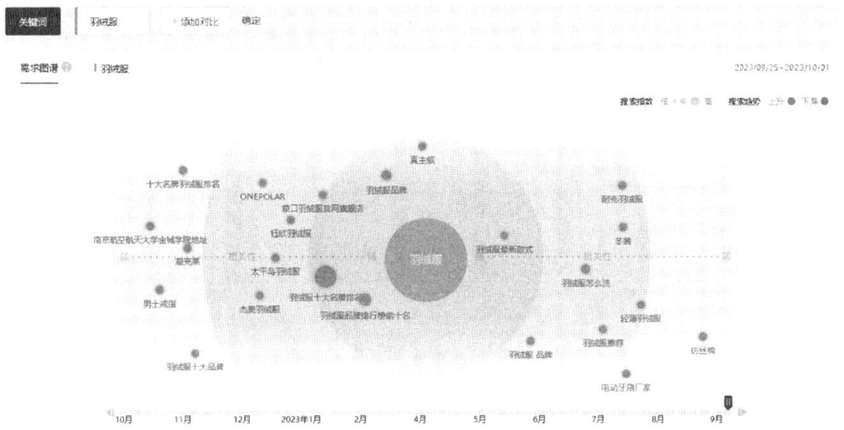

图1-29　需求图谱页面

图1-30　相关词热度

③ 单击"人群画像"按钮进入人群画像页面。从"地域分布"中可以了解关注该关键词的消费者来自哪些地方。在"人群属性"中可以知道关注该关键词的消费者的年龄、性别分布（见图1-31），以及兴趣分布（见图1-32）。商家可以根据这些数据分析所选品类是否符合前期的市场分析和网店定位。

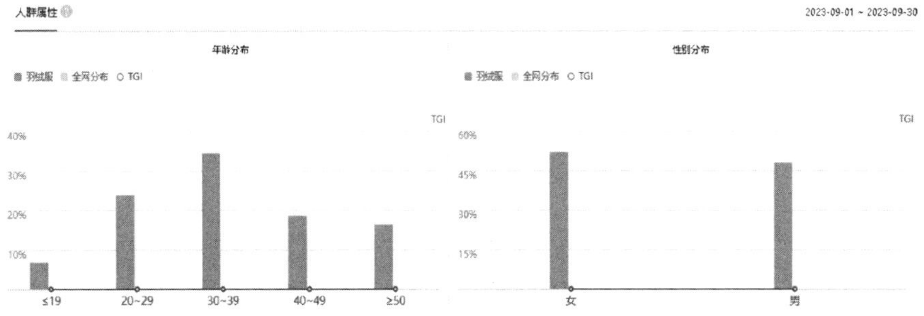

图1-31　年龄、性别分布

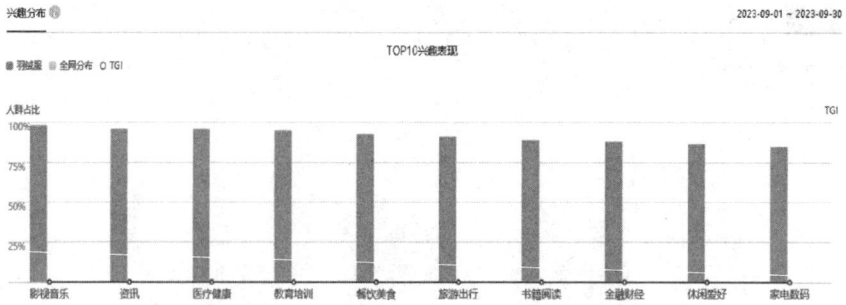

图1-32 兴趣分布

2）使用对比分析法选品

对比分析法是常用的分析方法，是通过品类对比的方式找出差异。对比对象可以是竞品，也可以是自己网店其他的商品，对比方式既可以采用同比，也可以采用环比。使用对比分析法选品的操作步骤如下。

① 在"羽绒服"的搜索指数页面中，单击右侧的"+添加对比"按钮，添加其他品类商品的关键词，通过品类对比的方式找出适合自己网店经营的品类。

② 也可以通过百度指数的需求图谱和人群画像页面中各项数据的对比，判断和选择商品的品类，操作方法和上一步类似。

3. 确定网店商品价格

商家完成了货源渠道的确定和网店选品后，还需要为所选商品确定价格，具体步骤如下。

① 确定自己网店所用的商品定价策略，定价时可以将多个策略相结合。

② 根据所学定价的技巧，完成网店商品的定价，并填入表1-10中。

表1-10 网店商品价格

商品名称	定价策略	定价方法	商品价格

巩固 与 提高

一、单选题

1. 一个淘宝会员最多可以绑定（　　　　　　）个支付宝账户。

    A. 1个   B. 2个

    C. 3个   D. 不限

2. 下列关于会员名注册的要求中，（　　　　　　）是正确的。

    A. 会员名由6～25个字符组成

    B. 会员名可以使用小写字母、数字、下画线、中文

    C. 会员名可以由两个汉字组成

    D. 会员名是淘宝账号唯一的登录方式

3. 针对京东自营供应商的自营零售平台，店铺类型是（　　　　　　）。

    A. 旗舰店   B. 专营店

    C. 专卖店   D. 京东自营店

4. 淘宝网个人开店要求年满（　　　　　　）周岁。

    A. 12   B. 18

    C. 20   D. 16

二、多选题

1. 商品定价必须考虑的因素有（　　　　　　）。

    A. 市场竞争情况   B. 市场性质

    C. 销售策略   D. 商品形象

2. 天猫店铺主要分为（　　　　　　）。

    A. 旗舰店   B. 专营店

    C. 专卖店   D. 卖场型旗舰店

3. 京东开放平台为商家提供了（　　　　　　）等几种经营模式。

    A. SOP   B. SOPL

    C. FBP   D. LBP

4. 针对拼购兼社交渠道"玩家"的京喜平台，店铺类型有三种，分别是（　　　　　　）。

    A. 专卖店   B. 自营店

    C. 专营店   D. 旗舰店

5. 针对国内网络零售市场，京东提供了三类入驻平台，分别是（　　　　　　）。

    A. 第三方零售平台   B. 自营零售平台

    C. C2B拼团平台　　　　　　　　　　D. 京喜拼购平台

三、判断题

1. 一张身份证只能注册一家淘宝网店。　　　　　　　　　　　（　　　）

2. 一旦出现交易争议或者纠纷，阿里旺旺的聊天记录可以作为证据举证。　（　　　）

3. 淘宝网店铺名称中可以有"专卖店"字样。　　　　　　　　　（　　　）

4. 在淘宝网注册的店铺不可以卖国外产品。　　　　　　　　　（　　　）

四、简答题

1. 常见的网上开店平台有哪些？各有什么特点？

2. 在淘宝网开店的基本流程是什么？

3. 常见的货源渠道有哪些？如何选择好的货源？

4. 淘宝网常见的违规行为有哪些？

参考答案

项目2

网店设计与装修

知识框架

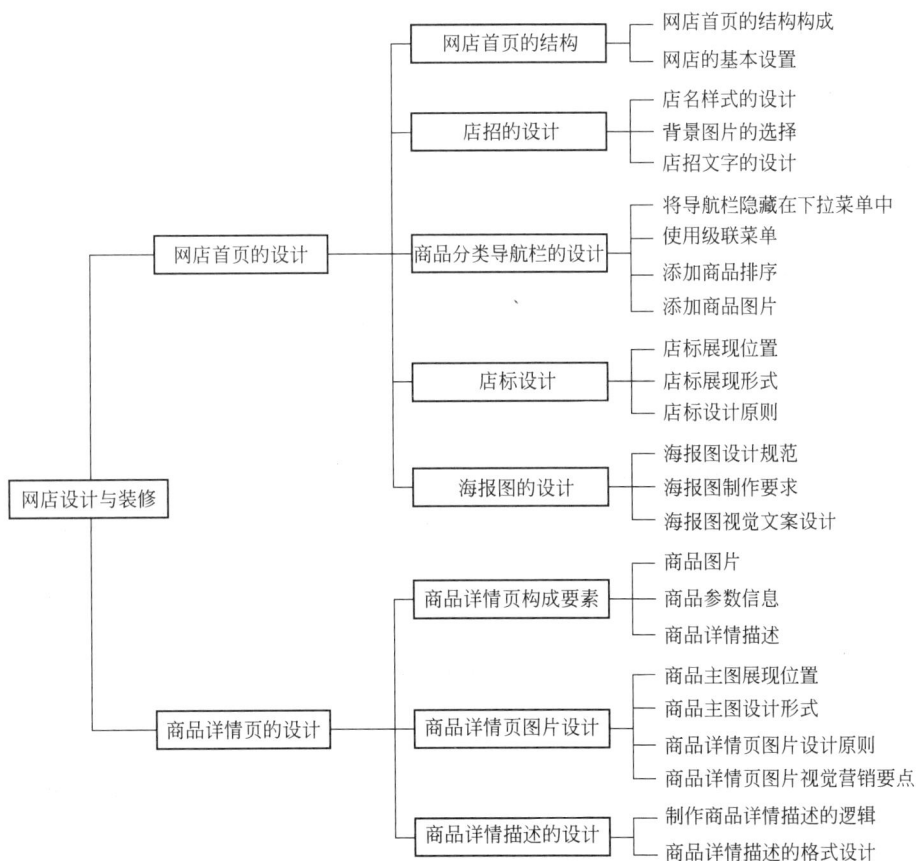

学习目标

了解网店装修设计包含内容，熟悉网店首页框架布局，掌握网店Logo和Banner设计方法，掌握详情页设计规范。

思政目标

在网店装修过程中，以家国情怀引导学生运用国潮（中国风）或中国梦的元素，进行店铺店招、店标、海报、主图、详情页的设计，呈现出多方位的中国特色风格，增强学生的文化自信，也在不断优化装修设计中锻造学生的工匠精神。

理论知识

任务 2.1　网店首页的设计

网店装修是网店运营的重要环节，始终为提高商品销售量服务。现实情况中，同种商品在不同网店销售时，销售量有显著差异。良好的网店装修能够吸引买家，激发买家浏览的兴趣，方便买家全面了解网店特惠活动，有助于挖掘买家潜在需求。网店装修一般包括网店首页装修、商品详情页装修、商品列表页装修等页面的装修。

2.1.1　网店首页的结构

网店首页相当于实体店的门面，首页做得精致、漂亮，能给买家营造出一种信任感和品牌感，增加对买家的吸引力，从而提升店铺的转化率。

1. 网店首页的结构构成

要了解网店首页的布局方式，首先要了解首页的结构构成。下面将着重分析网店首页的"功能性"模块。

（1）店招

店招是网店的招牌，包含店铺名称、店铺品牌、店铺优惠活动等重要信息。买家通过搜索进入商品详情页或店铺首页，首先看到的是店招。店招对买家是否选择继续浏览起到了一定的作用。

（2）Logo

Logo是店铺的标识，品牌专营店一般会沿用商品品牌Logo，或为网店重新设计与品牌 Logo 相符的标识。Logo 也越来越多地被用在店铺动态、商品外包装及宣传单页上并且成为店铺站外网络广告的流量入口，对店铺的宣传和引流会起到一定的作用。

（3）通栏

网店的首页并不能涵盖网店的所有内容，而大部分信息在自定义页面中进行展示，所以通栏的作用是将这些自定义页面用清晰、规整的方式进行介绍。通栏一般放在店招的下面，包括全部分类、信用评价、会员制度、品牌故事等信息。

（4）导航

导航一般是为了方便买家搜索商品而设置的，主要分为隐形导航、半隐形导航和显形导航。隐形导航一般以全店商品和所有类目为标题，当光标移到上面时才会显示所有类目，所占位置最小，不易被发现；半隐形导航主要设置几个主要的大类标题，当光标移到上面悬停时显示细分类目，比较容易被发现，从功能上来说，半隐形导航具有提示性和导购性；显形导航一般出现在首页底部区域，给予买家全面的商品类目提示，对流量进行分流和引导。

（5）分类

店铺的分类和导航的作用类似，只是分类大多数会展示在商品页面的左侧，而导航仅在首页展示。分类可以使用纯文字，也可以使用图文结合的方式划分一级、二级栏目。

（6）海报

海报也就是店铺中较大型活动的展示，如果出现在店铺第一屏，一般被称为促销图、店铺焦点图等。海报的特点是占用面积较大，内容丰富，一般用作品牌展示、新品展示、活动展示，还可以用作轮播图循环播放。

（7）商品展示区

商品展示区是将店铺里的部分商品按照一定的顺序和规则排列出来，其框架可以根据不同商品的大小和独特的展示方式来进行设计。

（8）服务信息

服务信息位于网店首页的下方，提供售前和售后服务说明，可以提高买家的购物体验，减少客服的工作强度，减少买家服务需求的等待周期。服务模块大多放置在页面的最底端，也具有一定的引导作用，也能增加买家对网店的信任感。

（9）推荐

推荐模块主要是完善店铺内其他模块未能展现的商品，也可以用来展现店内推广的商品，增加预热商品或主推商品的展现。

（10）活动展示

店内需要用活动展示模块来增加网店的点击量，提高转化率。活动展示模块的展示方式直接影响网店的销售情况。

2. 网店的基本设置

如图2-1所示，登录淘宝网的千牛卖家中心，打开"店铺" ｜ "店铺管理" ｜ "店铺信息" ｜ "店铺基本设置"，在页面中可以修改店铺名、店铺介绍。在"店铺标志"区域单击"浏览"按钮，选择已经设计好的店标图片。

图2-1　淘宝店铺名称的设置

（1）店铺名称的确定

网店力图通过最简单的文字内容向用户传达店铺的服务类别和宗旨，店铺名称力求简洁。店铺名称不仅是一家店的代号，更是其外观形象的重要组成部分。在一定程度上讲，好的店铺名称能迅速地把店铺的经营理念传递给客户，增强感染力，带来更多的财源。

企业在确定网店名称时，更多的是想通过店铺名称让客户了解企业销售产品的类目，引导其关注企业官方网站。因此，在结合营销与店铺特性的情况下，企业的经营理念应作为店铺名称的首要考虑因素，因为经营理念代表企业的特点，具有广泛的传播价值；同时，网店名称与官网的名称相呼应，这样也有助于品牌的推广和营销。

（2）店铺名称的文字设计

在店铺名称确定之后，需要对店铺名称的文字进行设计。店铺名称与人的名字一样，虽然只是一个符号，但由于它的字形、意义、笔画数、字体等不同，会对营销产生一定的影响，这种影响有时可以决定一个店铺的兴衰。

好的店铺名称能给人留下深刻而美好的第一印象。因此，凡是有远见的开店者，总是费尽心思给店铺设计一个响亮、吉祥、能让人记住的名称。店铺名称的文字设计越来越被经营者所重视，一些以标语口号、隶属关系和数字组合而成的艺术化、立体化和广告化的店铺名称不断涌现。在店铺名称文字设计时应注意以下几点。

① 美术字和书写字要注意大众化，中文和外文美术字的变形不要太花、太乱、太做作，书写字不要太潦草，否则不易辨认。

② 文字内容必须与店铺销售的商品吻合。

③ 文字尽可能精简，内容立意要深，还要顺口，易记易认，一目了然。

④ 店铺名称的字形、大小、色彩和位置上的考虑应有助于店招的正常使用。

知识拓展　　　　**选择店铺名称的注事事项**

（1）同外国的国家名称、国旗、国徽、军旗相同或者近似的不得使用，但该国政府同意的除外。

（2）同国际组织的旗帜、徽记、名称相同或者近似的不得使用，但该组织同意或者不易误导公众的除外。

（3）与表明实施控制、予以保证的官方标志、检验印记相同或者近似的不得使用，但经授权的除外。

（4）同第三方标志相同或者近似的不得使用，如中国邮政、中国电信、中国移动、中国联通、中国网通和中国铁通等。

（5）县级以上行政区划的地名或者公众知晓的外国地名不得使用，但地名具有其他含义的除外，已经注册的使用地名的继续有效。

（6）不得包含旗舰、专卖等词语。

（7）不得包含未经淘宝或阿里巴巴集团授权、许可使用的名称、标识或其他信息。例如：含有"淘宝特许""淘宝授权"及近似含义的词语；"淘宝""淘宝网""天猫""飞猪"等代表淘宝特殊含义的词语或标识；"心""钻""冠"等与淘宝信用评价相关的词语或标识；阿里巴巴集团及旗下其他公司的名称或标识。

（8）不得包含淘宝相关机构或组织名义信息，以及虚假的淘宝资质或淘宝特定服务、活动等信息。例如：非商盟店铺的店铺名称命名为××商盟，或非商盟店铺在店铺中使用商盟进行宣传；不具有相关资质或未参加淘宝相关活动的店铺，使用与特定资质或活动相关的特定含义的词语，如聚划算、消费者保障计划、先行赔付等。

2.1.2　店招的设计

店招是一家网店的门面。如果店招没有足够的吸引力，就很难给买家留下深刻的印象。因此，在设计店招时，构思和创意非常重要。下面从店招设计的构思和创意出发，介绍几个设计店招的技巧。

1. 店名样式的设计

这里所说的设计店名样式，并不是说店名用哪个字，而是在已经想好店铺名称的前提下，考虑将店铺名称设计成什么样式，是简简单单的字体，还是花式变形体。一般来说，店名样式的设计要考虑店铺商品的主要风格与特色。

2. 背景图片的选择

店招在第一时间就会被买家看到，要想引起买家足够的兴趣与重视，卖家就要让店招的设计更具视觉冲击力。影响视觉冲击力的最主要的因素就是背景图片，包括背景图片的形象和主色调、动态图片的颜色变换、图片的大小和位置，以及与文字的配合等。

背景图片的颜色，一定要保持整洁性，不要使用过多的颜色，以免店招过于花哨，给买家造成视觉疲劳，使买家关注度流失。一般来说，背景图片使用1~3种颜色即可，并且应尽量减少使用过于刺激的颜色。

3. 店招文字的设计

店招上除了店铺名称，一般还会有其他的文字内容，包括店铺宣传或最近的优惠信息等，而这些文字的形式、位置和大小都需要格外留心。

首先，要保证文字信息准确无误；其次，文字内容不宜太长，尽量做到语言简洁，没有多余文字；最后，一定要协调好这些文字和店铺名称的关系，不能因为突出某些内容而湮没了店铺名称（因为优惠活动和广告是为买家这次的购买服务，而店铺名称是赚取回头客的法宝，开店不能做一锤子买卖，要为店铺的长期发展考虑）。

2.1.3　商品分类导航栏的设计

商品分类导航栏也是店铺首页非常重要的版块之一，它一般位于首页的左侧。一个条理分明的商品分类导航栏不仅可以方便卖家对宝贝进行批量管理，也能为买家在购物时提供指引，为其节省时间和精力，让买家感受到卖家的体贴与周到，这样就能增加店铺的关注和人气，从而提升商品的销量。

下面介绍几种商品分类导航栏设计的方法和技巧。

1. 将导航栏隐藏在下拉菜单中

大部分的商品分类导航栏都位于网店首页的左侧，但有时由于内容需要或者空间位置有限，有些卖家将商品分类导航栏隐藏在下拉菜单中，这样可以使商品分类导航栏既位于比较显眼的位置，又节省页面空间，如图2-2所示。

图2-2　隐藏在下拉菜单中的商品分类导航栏

2. 使用级联菜单

在商品分类导航栏中，如果店铺中的商品种类较多，详细分类占用位置也多，就不利于买家阅读和查找。这时可以考虑使用级联菜单，在上一级分类中再次进行分类，这样会显得条理、清楚，如图2-3所示。

3. 添加商品排序

在商品分类导航栏中可以添加商品排序，这样买家在浏览商品时就可以按照自己的需求优先看到自己希望找到的商品；同时，商品排序也是对本店商品的一种整体推荐。也可以按照新品上架的时间来分类，这样便于推荐新品，同时便于买家找到曾经购买的或者亲友推荐的商品。商品排序如图2-4所示。按照新品上架的时间来分类显示出卖家一种专注、用心的感觉，表明店铺中的商品不是一成不变的，这样更容易赢得买家的信任和好感。

图2-3　级联菜单分类　　　　　　　　图2-4　商品排序

4. 添加商品图片

有的卖家会在商品分类导航栏中添加商品图片，这样既美化了界面又起到了广告的作用。在这种情况下，图片如果是动态更替的，效果就会更好，因为动态的图片比静态的图片更能吸引人们的视线和注意力。

2.1.4　店标设计

店标，即店铺Logo，是识别店铺的标志。店标主要是通过造型简洁和意义明确的视觉符号，将企业的经营理念、企业文化、经营内容、企业规模和产品特性等要素传递给消费者。其承载着店铺的无形资产，既是店铺综合信息传递的媒介，也是店铺形象传递过程中应用最广泛、出现频率最高、最关键的元素。因此，店标设计在整个视觉识别系统设计中具有重要的意义。图2-5～图2-7为优秀的 Logo 设计。

图2-5　三只松鼠Logo　　　　图2-6　雷士照明Logo　　　　图2-7　小米Logo

由此可见，优秀的店标设计可以准确地把店铺的形象与概念转化为视觉印象，而不是简单地表现某个符号或者文字。店标可以代表店铺的风格、品位，还可以起到宣传的作用。

随着社会的发展和审美的多元化，在设计店标时，既要用新颖独特的创意来表现产品个性，还要配合市场对消费者进行适当的视觉刺激和吸引，这样才会使得店标的设计更加人性化，更有针对性。

1. 店标展现位置

① PC端店铺店招Logo，如图2-8所示。

图2-8　PC端店铺店招Logo

② PC端店铺搜索页Logo，如图2-9所示。

图2-9　PC端店铺搜索页Logo

③ 移动端店铺搜索页Logo，如图2-10所示。

图2-10　移动端店铺搜索页Logo

2. 店标展现形式

店标的外形丰富，根据其内容从视觉上可以分为纯文字Logo、纯图形Logo、图文结合Logo。

（1）纯文字Logo

纯文字Logo是以文字和拼音字母等元素为主体，通常采用将品牌的名称、缩写或者个别有趣的文字进行排列、扭曲、变色、变化等方法设计店标，适用于多种传播方式。例如：雷士照明Logo（见图2-11），就是以品牌名称为标志。

图2-11 雷士照明 Logo

（2）纯图形 Logo

纯图形Logo，顾名思义，是指只以具体的图形来表现品牌的名称或商品的属性。相较于纯文字Logo，纯图形 Logo 更加直观，易于识别和富有感染力。例如：苹果公司Logo（见图2-12），采用的是自然界中的苹果被咬了一口的形象，最终成为经典符号，让人过目不忘。

图2-12 苹果公司Logo

（3）图文结合Logo

图文结合Logo是以具象或抽象的图形，结合品牌名称设计而成的Logo。这种设计结合了纯文字Logo及纯图形Logo 的优点，图文并茂、形象生动，如图2-13所示。

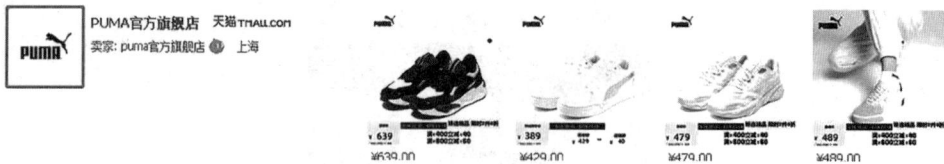

图2-13 Puma Logo

3. 店标设计原则

好的店标不但要给消费者传达明确的信息，还要表现店铺的精神与艺术感染力，并给人一种柔和、协调的感觉。要达到这样的效果，需要遵循以下原则。

（1）原创性

店标素材可以从专业的图片网站或日常搜集而得到。但应注意，只有适合网店风格、清晰度高、没有版权纠纷的素材才可用于设计中。

（2）统一性

店标是用来表现店铺风格和特点的，因此店标的外观、颜色等要素，要与店铺的风格保持一致；同时，店铺一定要根据相适应的消费群体设计店标。只有目标顾客群界定清晰，产品和标志具备统一性，才能找对设计的方向。

（3）易识别性

一个好的店标应该是简单易识别的，而不是纷繁复杂的。在简洁明了的基础上要保持视觉的平衡，讲究线条的流畅，整体设计美观。在设计时，可以从颜色、图案、字体等方面入手。

（4）合法性

设计店标时，必须符合《中华人民共和国电子商务法》和《中华人民共和国广告法》的相关法律规定。一定要在遵守法律法规的前提下进行设计。

知识拓展　　　　网店运营助理应掌握的极限词法规

网店运营助理的日常工作之一是需要将网店运营的设计意图传达给美工专员，并对美工专员的设计图进行审核，在审核过程中不仅需要对视觉营销设计进行把关，还需要对文案及图片的合法性进行审核。因此，了解《中华人民共和国电子商务法》和《中华人民共和国广告法》的相关规定是十分必要的。下面是《中华人民共和国广告法》中对于商品极限词的相关规定。

① 不得在商品包装和宣传页面上使用绝对化的语言或表示用语，包含但不限于以下词汇：最高级、国家级、最佳、顶级、顶尖、极品、第一、第一品牌、绝无仅有、万能、最低、销量+冠军、抄底、最具、最高、全国首家、极端、首选、空前绝后、绝对、最大、世界领先、唯一、巅峰、顶峰、最新发明、最先进等。

② 不得在商品包装或宣传页面上使用驰名商标、中国名牌字样或图案。

2.1.5　海报图的设计

淘宝网首页的海报图是网店商品风格和形象的一个展示窗口，同时也是店内营销活动的有效宣传媒介。海报图是店铺风格最直观的展现位置，对营造氛围起着巨大的作用。海报图是淘宝产品信息传播的最主要途径之一，也是店铺吸引流量和提高转化率的重要工具。

1. 海报图设计规范

（1）PC端

PC 端的设计尺寸建议如下。海报图宽为950 px（淘宝）、990 px（天猫），也可以用CSS代码或在线布局软件来实现全屏1 920 px的效果；主流高度均为600 px左右。

（2）移动端

移动端的设计尺寸建议如下。宽度为750 px，高度为200～950 px（淘宝）。专业版旺铺及以上可设置大屏海报，还可以用轮播形式循环播放（基础版和专业版旺铺借助在线工具可实现大屏海报最大宽度1 920 px）。

2. 海报图制作要求

海报图一般占有较大的面积，是买家进入店铺首页中看到的最醒目的区域，利用好海报图，不仅有使人震撼的视觉效果，还能使买家第一时间了解店铺的活动及促销信息。海报图常见形式为以多张海报进行循环播放。要使轮播图片达到美观、吸引消费者注意的效果，就要对每张海报的主题、风格等视觉要素进行综合考虑。

（1）主题明确、商品突出

设计海报图时，首先要根据推广目的确定主题。推广目的不同，海报图的表现形式也就不同。海报图的主要作用是宣传店铺的活动，在表现形式上要突出商品；商品是整张海报图设计的核心，是最能吸引买家眼球和引导买家购买的要素。商品图片包括商品主体及配件，也可以是模特展示图或明星代言图。选用商品图片时，要注意商品的清晰度和拍摄角度，尽可能全面地展示商品。

（2）风格统一

海报图的设计必须符合网店的整体视觉风格，网店装修的所有元素都要服务于页面的整体视觉风格，配色和字体也要遵守视觉识别规范，避免出现不同类型的视觉元素。

（3）图片清晰、美观

图片的质量也是一个不容忽视的问题。在虚拟的网络时代，商品的表现形式就是图片，买家对商品所有的感受都来自视觉，所以在这个"看图"的前提下，有关视觉设计的一切图片的质量都必须保证是高品质的。因此，在海报图设计时，对图片的分辨率一定要按高标准要求。

3. 海报图视觉文案设计

网店首页海报图的作用就是吸引买家的眼球。由于处在第一屏的位置，打开网店首先映入眼帘的就是店招、导航和海报。它是买家进入店铺首页中看到的最醒目的区域，也能在第一时间吸引买家的眼球，激发买家的购物欲，引导买家下单。因此，利用好海报能使买家第一时间了解店铺的活动及促销信息。

（1）标题

海报图文案的信息主要包括主标题、副标题和附加内容，有时还会添加商品卖点和促销等信息。一张优秀的海报图需要一个出色的标题（见图2-14），如果主标题不能吸引买家的眼球，买家就会失去继续访问页面的意愿，从而离开页面，提高了店铺的跳失率。可见，海报图是否可以成功地对买家进行营销，很大程度上取决于主标题是否足以吸引买家并激发其好奇心。因此，在做海报图设计时设计一个吸引人的主标题就显得尤为重要了。

（2）文案创意

无论是商品海报图还是活动海报图，文案都是传达信息最有效的要素。具有创意的文案总能脱颖而出，令人耳目一新。好的文案要体现优惠力度，要真正打动买家，让买家心甘情愿地购买商品。在运用这种写作手法时，需要抓住和强调商品本身与众不同的特点，并把其明显地表现出来。将这些特点置于广告画面的主要视觉部位，或者加以烘托处理，使买家在接触画面的瞬间感受到其独特性，引起买家的视觉兴趣，达到刺激买家购买欲望的目的。海报图创意标题如图2-15所示。

图2-14　海报图标题

图2-15　海报图创意标题

知识拓展　　"相爱相杀"的美工专员和运营专员

众所周知，网店运营专员和美工设计师在进行工作沟通时经常会起纷争，最主要的原因就是双方的关注点不同。美工设计师一般只会关注设计本身，沉浸在自己的艺术创作中"无法自拔"；运营专员则只会关注数据，缺乏基本的设计理论知识，缺失审美，导致沟通容易出现问题。

其实，无论是美工岗位还是运营岗位，要想组成"最佳CP"，双方必须对店铺和产销的理解一致，目标一致，不但能换位思考，还要配合默契。这时，大家可能就要说："碰到这完美搭档的概率估计比火星撞地球的概率都要小吧！"但是问题摆在眼前，必须想出解决办法，表2-1就从自身定位和岗位职责出发，列举了双方应注意的事项。

表2-1　美工岗位与运营岗位应注意的事项

事项	美工岗位	运营岗位
明确自身定位	非主导地位：更加关注产品和价格	主导地位：统筹管理店铺，制定方向策略

续表

事项	美工岗位	运营岗位
明确岗位职责	帮助运营通过视觉设计将产品理念传递给客户	根据店内产品属性，有效地组织店内各种营销活动
应注意的问题	学会读懂运营的意思 明确页面设计的目的 能以营销的角度去设计	明确页面活动的重点 把目的作为衡量标准 能提出具体的设计需求

运营人员提出的设计需求必须是具体的，也就是说，要把所有的活动需求尽可能地表达清楚。

归根结底，"相爱相杀"的双方都要学会沟通，学会包容，互相理解，换位思考，只有这样才能走得更远，薪水才能更高。

任务 2.2　商品详情页的设计

2.2.1　商品详情页构成要素

商品详情页是网店运营中非常重要的部分，是最容易与买家产生交易和共鸣的地方。一个优质的商品详情页可以激发买家的购买欲望，赢得买家对店铺的信任感，促使买家下单，是提高转化率的重要入口。因此，商品详情页的设计是网店运营的重要内容之一，要在实用、美观的基础上，将店铺想传达的信息尽可能直观地展现出来。一般来说，商品详情页主要包括以下三部分。

1. 商品图片

根据商品图片的不同作用，通常将商品图片细分为主图、细节图和营销图。主图是买家第一眼看到的图片，其展示数量因平台的不同而略有不同，主要目的是让更多人点击。因此，主图要结合商品的卖点，注重差异化设计，如从颜色、风格、卖点、个性等进行设计。细节图和营销图的作用是打消买家疑虑，帮助转化，是对主图的补充说明，要突出卖点，给买家安全感和利益刺激，如"有任何不满意包退""7天无理由退货""现在买好划算"等，确保若干张商品图片组合起来就是一个简洁版的商品详情页。

2. 商品参数信息

商品参数信息包括商品价格、规格、颜色、尺寸、库存等。商品参数是店铺详情页中必须包含的重要信息，是买家对商品全面了解的重要指标。商品参数可以在后台设置中填写，也可根据装修模板对重要参数展示进行设计。

3. 商品详情描述

商品详情描述就是在商品详情页中通过图片、文字等形式阐述商品的功能和特性，主要是介绍商品。商品详情描述设计得好坏，直接影响单品销售额或转化率的高低，并会影响关联商品的销售额等。

知识拓展　　　　　　网店商品的图片要避免侵权

一起淘宝网上销售侵权商品的案件，经杭州市余杭区人民法院审理，依法判决被告赔偿原告损失6万元。

被告是一家淘宝服装店的店主，因开设的企业店铺中销售的一款服装上的图案与原告发布的图片相似，原告认为侵害其作品的著作权，要求被告赔礼道歉并赔偿损失30万元（因该企业店铺经营范围涉及生产、制造）。原告以客户名义在被告淘宝店铺下单购买涉案商品，并通过公证处对整个购买过程和后期的收货过程进行了公证。这是涉案商品进行证据保全的惯常操作，在证据收集齐全后便以著作权侵权为由诉至杭州市余杭区法院（淘宝网所在地法院）。

杭州市余杭区法院根据以下两点情形进行审理。

1. 产品是否侵权

原告的作品图案与被告销售服装的制作图案相似，法院认可图片实质性相似。因被告所销售的商品没有保留相关的进货来源等合法进货凭证，且未取得原告对图案进行销售的许可。无相关商品合法来源，法院认为涉案商品存在侵权，故应删除相关侵权商品链接。

2. 关于赔偿金额

因原告无法提供证明，赔偿额是因侵权所受到的损失或被告侵权所获利益，所以法院以侵权行为的性质、主观过错程度，以及涉案产品的价格、销量、涉案作品的知名度、原告为制止侵权所支付的合理费用等综合考虑，判断赔偿金额。

建议网店店主在销售相关商品时，取得供应商的网络销售许可授权，或者提供进货的合同、发票、收据等相关合法来源凭证，避免在知识产权侵权案件发生时无应对策略，从而造成巨大的损失。

2.2.2　商品详情页图片设计

买家访问网店的形式有被动式访问和主动式访问两种。被动式访问的买家通常没有明确的购物目标，他们大多对网店投放的广告产生了兴趣或者被激发了消费需求，从而进入店铺中；主动式访问的买家则有着明确的购物需求，他们会直接在购物平台的首页中搜索商品的关键词或类目，然后在搜索列表中单击与想要购买的商品契合度最高的图片进而进入店铺。

1. 商品主图展现位置

商品主图展现位置主要有两个：一个是搜索结果页面，另一个是商品详情页面。搜索结果页面是买家通过关键词搜索而显示的页面；商品详情页面是买家通过单击搜索结果页的主图或者网店商品列表中的主图而进入的商品详细展示页面，商品图片通常在此页面的左上角。搜索结果页面商品主图展示位置如图2-16所示，商品详情页面主图展示位置如图2-17所示。

图2-16　搜索结果页面商品主图展示位置

图2-17　商品详情页面主图展示位置

2. 商品主图设计形式

商品主图的基本要求是能够展示商品的全貌，图片清晰，不能有杂乱的背景。常用的设计形式有展示全貌、场景设计、拼接设计、突出卖点等。

（1）展示全貌

利用白色或单一颜色背景展示商品的全貌是商品主图最常规的设计形式，大多数行业都要求至少有一张白底图。这种设计的好处是干净、简洁，可以让买家快速了解商品的外观和颜色。展示全貌的商品主图如图2-18所示。

（2）场景设计

商品主图另一种常规的设计形式就是通过模特展示商品，或者根据商品的用途和特点搭建生活化、场景化的环境。这种设计形式的好处是可以让买家直观地感受商品的实际穿戴或使用效果，产生心理上的映射关系，并且间接向买家传达商品的适用人群和档次。场景设计的商品主图如图2-19所示。

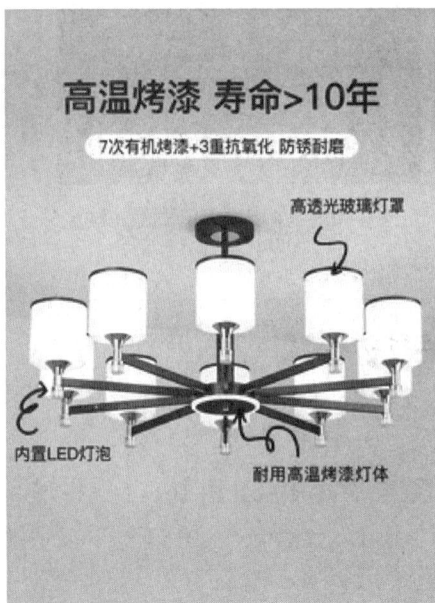

图2-18　展示全貌的商品主图　　　　图2-19　场景设计的商品主图

（3）拼接设计

拼接设计就是将多张商品图片拼合成一张商品主图。这种设计形式的好处是信息丰富，不但可以同时显示商品的外观和实际功效，还可以让买家对商品的可选颜色一目了然；缺点是众多图片放在一起，商品特征不够明显。拼接设计的商品主图如图2-20所示。

（4）突出卖点

所谓卖点，是指商品具备的别出心裁或与众不同的特色，既可以是商品的款式、形状、材质，也可以是商品的价格等。品牌商品都会在商品主图的一角放置品牌的Logo，这种方式可以有效地让买家识别品牌，唤醒老客户的消费记忆，吸引新客户的关注和消费。店铺的商品图片可以添加商品的核心卖点或者打折促销信息，这些信息对买家具有较大的吸引力。突出卖点的商品主图如图2-21所示。

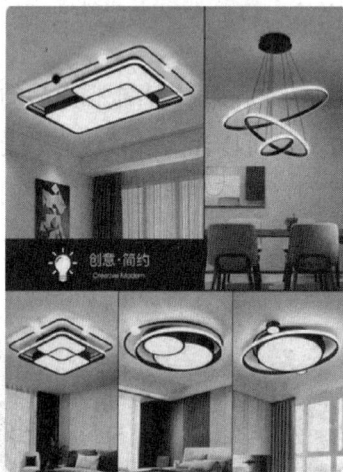

图2-20　拼接设计的商品主图　　　　图2-21　突出卖点的商品主图

知识拓展　　　卖点提炼的三种方法

卖点提炼的方法很多，如可以从产品概念、市场地位、产品线、服务、价格等方面入手，下面介绍卖点提炼的三种方法。

（1）FAB法则。F指属性（feature），即产品的特点和属性；A指作用或优势（advantage），即自己与竞争对手的不同之处；B是益处（benefit），即这一特点带给客户的利益。

（2）从产品概念提炼。一个完整的产品概念是立体的，包括核心产品、形式产品、延伸产品三个层次。核心产品是指产品的使用价值；形式产品是指产品的外在表现，如材料、品质、重量、手感等；延伸产品是指产品的附加价值，如产品的服务、承诺、荣誉等。

（3）从更高层次的需求提炼。从情感、时尚、热点、梦想等更高级别的需求角度提炼卖点，以情感作为诉求可以适当加深人们对产品的好感。

3. 商品详情页图片设计原则

（1）投射效应

所有商品详情页中的模特都会产生一种投射效应，买家不自觉地把自己想象成画面中的人物，体验画面中的场景，当人的心理状态和预期状态与画面中塑造的人物相吻合时，这种投射效应会达到最大化。因此，在找模特拍照或者进行场景塑造时，要针对买家的状态设定人物原型。常规的买家原型包括英雄、探险者、运动者、照顾者等。

（2）风格统一

商品详情页设计要有一定的规范性，图片所表达的含义与网店的主题或商品应具有一致性。可以把大图作为店铺的一种宣传形象，融入品牌文化及价值元素，把大图设计成统一风格的、具有同样色调或者模板的图片。例如：可以通过一些情景式的图片来反映网店的主题，再在图片上加上关键词或者关键句的修饰，就可以很形象地提炼出网店的主题。

（3）简洁原则

当网店要展现一件商品时，最简单的往往是最有效的。一定要把想要讲的话、想要表达的主题用最简短的话、最少形式的语言类别表现出来；买家往往会拒绝那些长篇累牍的文字，也排斥那些内容复杂的画面。

4. 商品详情页图片视觉营销要点

好的商品详情页图片可以提高点击率，从而达到引流的目的。买家在浏览商品图片时速度一般比较快，如何让商品图片在众多搜索页面的商品图片中脱颖而出，吸引买家的关注，这是制作优质图片的关键。

（1）卖点清晰、有创意

卖点清晰是指即使买家目光一扫而过，也能快速知晓商品的优势是什么。一个主图的卖点不需要多，但要能够直击要点，以直接的方式打动买家。许多商品的卖点是大同小异的，这时优化卖点就会成为赢得买家注意力的关键。

（2）商品详情页图片的大小适中

商品详情页图片过大显得臃肿，过小不利于表达细节，不利于突出商品的主体地位；大小合适的商品详情页图片能增加浏览时的视觉舒适感，提升点击率。

（3）宜简不宜繁

由于买家搜索主图时浏览的速度较快，因此传达的信息越简单、越明确，就越容易被接受。商品详情页图片放置杂乱、商品数量多、文案信息多、水印夸张等因素，都会阻碍信息的传达。

（4）丰富细节

既可以通过放大细节提高主图的点击率，也可以通过在主图上添加除标题文本外的补充文本，如商品名称、特点与特色、包邮、特价等卖家想要表达的内容，来丰富主图的细节。

2.2.3　商品详情描述的设计

商品详情描述部分需要阐明该商品是什么，能够满足买家的何种需求，对买家有何价值。这部分内容的设计要有逻辑性，能够真实地反映商品的基本信息。版式设计要便于买家阅读和理解，以保证买家能够全面地了解自己想要获得的信息。

1. 制作商品详情描述的逻辑

买家在购买一件商品时，对商品的认知分为三个步骤，即从感性到理性再到感性。图2-22为买家对商品的认知规律。在制作商品详情描述时，卖家首先需要遵循买家的认知规律，从感性的角度以头图吸引买家，然后通过铺垫、正文及对商品的详细分析，以理性的角度向买家展示商品信息，最后再来个"余韵"，进一步从感性上刺激买家的购买欲。

依据以上买家认知规律的表现，要想使商品详情描述更具说服力，在描述商品的过程中要注意遵循"五感"。图2-23为商品详情描述应遵循的"五感"。

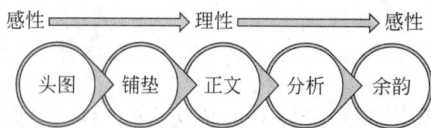

图2-22　买家对商品的认知规律

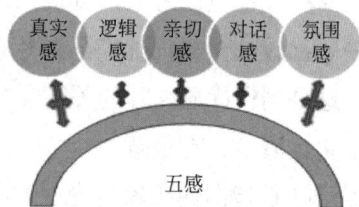

图2-23　商品详情描述应遵循的"五感"

（1）真实感：多角度真实地展现商品的原貌。

（2）逻辑感：根据买家的需求，按照层层递进的原则来部署商品详情描述的展示内容和商品卖点，以便层层刺激买家，最终达到成交的目的。

（3）亲切感：针对目标买家的特性，设定富有亲切感、贴近买家心理的文案和商品图片展现风格。

（4）对话感：商品介绍都是靠文字描述和图片展示来完成的，所以描述风格要以逻辑对话的方式来展开，要具有对话感。

（5）氛围感：与实体店一样，网店中的商品销售氛围也是非常重要的，商品详情描述一定要营造出很多人购买的氛围，加大从众心理对买家购买决策的影响。

2. 商品详情描述的格式设计

商品详情描述是卖家以"图文混排"的形式向买家传递商品相关属性信息的页面，而图片和文字都是静态信息，这就要求卖家在设计商品详情描述页时要注意信息阐述的逻辑。图2-24为商品详情描述的逻辑框架。

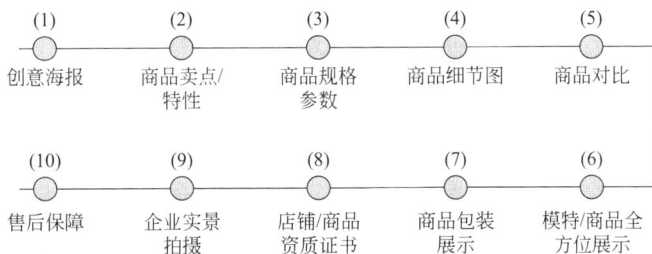

图2-24 商品详情描述的逻辑框架

（1）创意海报

创意海报的主要作用就是在买家查看商品详情时能在第一时间吸引其注意力。这张图片是吸引买家视觉的焦点，也是买家对商品的第一印象，所以要采用能够展示公司品牌和商品特色的图片。图片可以是商品展示，也可以是公司的全景展示。

（2）商品卖点/特性

卖家应突出商品独特的卖点/特性，然后强调商品对买家的好处，也就是所谓的FAB法则。

① F（feature）：商品包含的客观事实，包括商品的用料、设计等特点，让买家直观地感受到商品所具有的与众不同的特点。

② A（advantage）：商品能够为买家带来的作用或优势，能够帮助买家解决生产或者生活中问题的能力。

③ B（benefit）：商品能够为买家带来的直观利益，这也是买家购买商品的目的。

大多数商品介绍都需要对商品的用料或者材质进行描述，这是买家判断商品质量的重要因素，也是衡量商品是否物有所值的一个重要环节。

（3）商品规格参数

商品规格参数包括长、宽、高、重量、功耗等。卖家可以通过多种形式对商品规格参数进行展示。大众消费类商品可以使用配图形式；也可以采用与常见标准规格的实物进行对比的形式，实物尽量选取日常所见，大家都很熟悉的，如硬币、书本或其他东西；还可以采取表格形式（多用于机械设备等工业级产品），适用于参数比较专业、繁多的情况。

（4）商品细节图

卖家可以利用放大等功能来展示商品的质量、工艺和做工，这样可以很好地突出该商品与其他商品相比的优异之处。需要注意的是，细节图不单是图片，还可以加上必要的文案。

（5）商品对比

卖家可以通过与同行业其他商品的各项参数进行对比，强化自己商品的卖点。当然，对比的方式很多，但目的只有一个：证明自己的商品优势出众，物有所值。

（6）模特/商品全方位展示

通过其他方式对商品进行全方位的展示，让买家看到真实的商品使用效果，拉近与买家的心理距离。展示方式有多种，例如：衣服鞋帽等商品可以向买家展示模特穿戴效果，设备配件类的商品可以向买家展示商品的工作状态，环保涂料类的商品可以向买家展示使用商品后的实景效果。

（7）商品包装展示

商品包装细节一般是根据商品的实际情况来做具体展示，主要展示的是商品所使用的包装材料、包装方法及包装风格等。针对一些易碎怕湿的商品，卖家还可以展示商品包装的结构加固和防湿处理效果。

（8）店铺/商品资质证书

卖家可以展示一些表明卖家身份属性的证书，以及商品的一些认证标识等，以展示店铺的实力和商品的品牌。

（9）企业实景拍摄

可以展示企业实景，特别是生产车间，多展示商品生产情况和机器设备等，让买家认可企业的实力。尤其是对于加工定制或订单量较大的买家来说，这些展示更能增强他们对企业的信任度。建议实景拍摄，避免买家提出验厂的麻烦。

（10）售后保障

售后保障是为了帮助买家解决购物过程中可能会遇到的一些已知或未知的问题，如是否支持7天无理由退换货、发什么快递、商品发生质量问题如何解决、发票问题等。做好这些工作能在很大程度上减轻客服人员的工作负担，增加买家静默下单的转化率。

商品详情页的主要作用就是促使买家完成订单，其实现过程为：引起买家兴趣—激发买家需求—赢得买家信任—刺激买家购买。商品详情页的设计不可能是一步到位的，需要卖家经过多次修改。因此，卖家在做好商品详情页之后，需要及时关注自己商品详情页的跳出率和商品的支付率，根据实际情况对商品详情页进行调整和优化。

知识拓展　　　　**商品详情批量投放**

店内许多商品详情都有共同的内容，如商家品牌、商家公告、商家营销活动等，如果每个商品都要单独制作的话，重复劳动太多会影响工作效率，而批量投放功能就是用来解决这个问题的。其操作过程是先选择模块，然后进行投放设置，选择投放哪些商品的详情，最后确认投放。该功能可以投放店铺活动、优惠券、店铺推荐、群聊、品牌介绍和商家公告等模块。

实训任务2.1　网店装修风格与布局

实训目标

● 能够根据网店定位确定PC端网店的页面布局与装修风格。

实训分析

PC端网店的页面布局与装修风格能集中体现网店装修的优劣。初次开展网店装修的人员需要深入了解和分析网店页面布局和装修风格。围绕PC端网店页面布局与装修风格，需要具体分析以下内容。

● 分析淘宝、天猫平台同类目的PC端网店的页面布局与装修风格。

● 根据网店定位，分析PC端网店的装修风格并设计网店的页面布局。

（1）进入千牛卖家中心，单击页面左侧"店铺管理"模块中"店铺装修"里的"PC端装修"，如图2-25所示。

（2）进入PC端装修设置页面，单击"基础页"选项，单击"首页"栏"操作"列中的"装修页面"，如图2-26所示。

（3）进入"页面编辑"页面，从页面左侧将"店铺招牌"模块拖到右侧区域中，如图2-27所示。

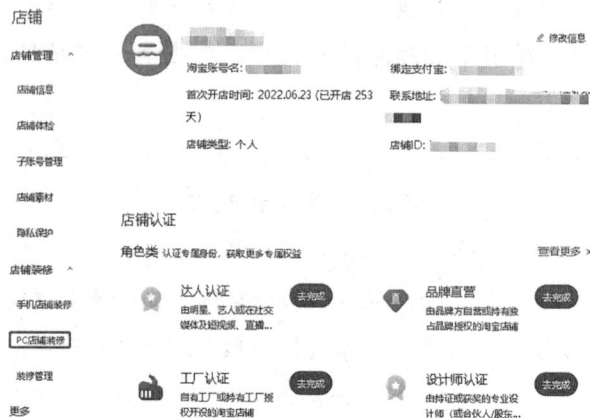

图2-25 单击"PC端装修"

图2-26 单击"装修页面"

图2-27 拖动"店铺招牌"模块

（4）返回"页面编辑"页面，将光标移到"店铺招牌"模块上，单击"编辑"按钮进入"招牌内容"编辑页面，选择招牌类型，在此选中"默认招牌"，上传背景图，然后单击"保存",如图2-28所示。

图2-28　设置招牌内容

（5）从左侧选择想要添加的模块,将其拖至页面右侧相应的位置。

（6）单击页面左侧"配色",为首页添加合适的颜色；单击"宝贝分类"选项,进入分类管理页面,单击"添加手工分类"按钮,如图2-29所示。

图2-29　输入分类名称

（7）单击"添加图片"按钮,在弹出的对话框中选中"插入图片空间图片",从图片空间中为宝贝分类选择合适的图片,宝贝分类添加完成后,单击"保存更改"按钮,如图2-30所示。

图2-30　单击"保存更改"按钮

实训任务2.2　商品详情批量投放

实训目标

● 能够制作商品公告模块，利用批量投放功能投放在店内所有商品上。

实训分析

网店内许多商品详情都有共同的内容，如商家品牌、商家公告、商家营销活动等，如果每个商品都要单独制作，则重复劳动太多，影响工作效率，批量投放功能就能解决这个问题。其操作过程是先选择模块，然后进行投放设置，选择投放在哪些商品，最后确认投放。该功能可以投放店铺活动、优惠券、店铺推荐、群聊、品牌介绍和商家公告等模块。

制作商品公告模块，利用批量投放功能投放在店内所有商品上。

（1）制作图片，以图片的形式描述商品的质量、色差、尺寸、退货等相关信息，并将图片上传至图片空间。

（2）在商品详情装修页面单击"批量投放"，进入相应页面，如图2-31所示，选择商家公告模块。

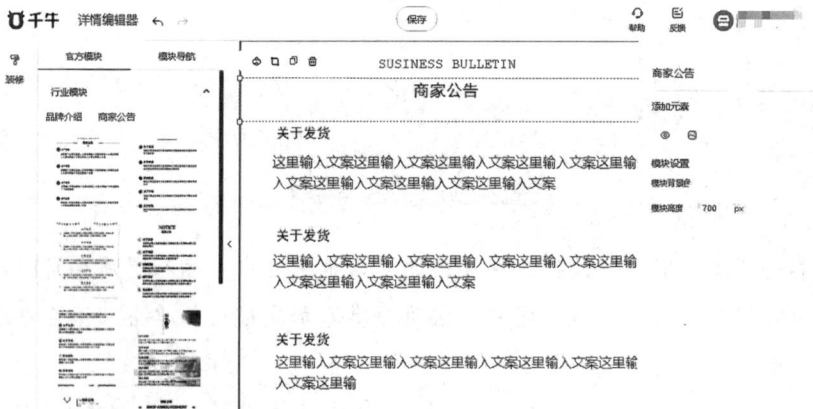

图2-31　创建商家公告模块

（3）对商家公告进行编辑，删掉文字，插入制作好的图片，如图2-32所示。

（4）对编辑好的模块进行命名并保存，如图2-33所示。

（5）设置投放信息并选择要投放的商品，确定并投放，如图2-34所示。

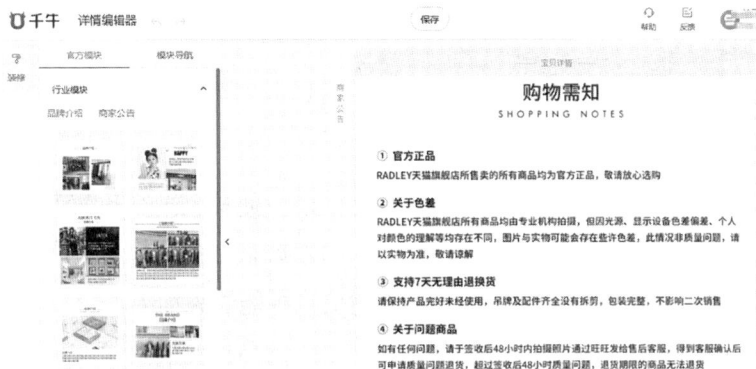

图2-32　编辑商家公告

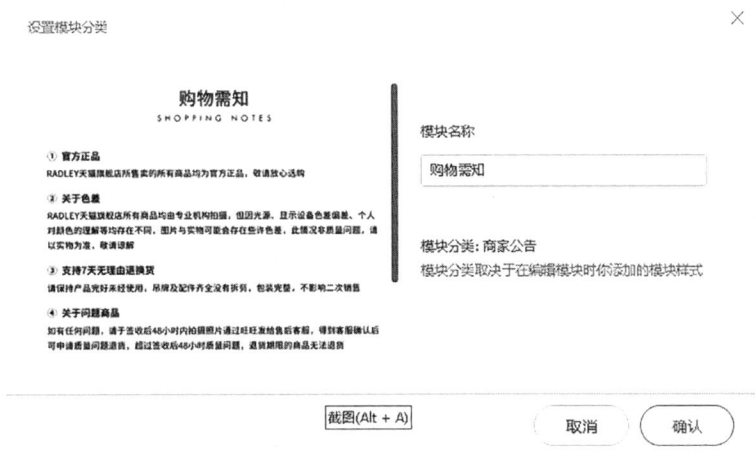

图2-33　模块命名与保存

图2-34　选择要投放的商品

巩固 与 **提高**

一、单选题

1. 网店装修的目标不包括（　　　　　）。

    A. 体现网店风格　　　　　　　　　　B. 方便买家浏览和购买

    C. 给买家带来良好的浏览体验　　　　D. 降低商品成本

2. 对PC端默认商品详情页装修时，在描述信息中能够添加（　　　　　）。

    A. 特价模块　　　　　　　　　　　　B. 商品推荐模块

    C. 图片轮播　　　　　　　　　　　　D. 自定义内容区

3. 淘宝网店PC端页头装修可以通过（　　　　　）实现通栏效果。

    A. 页头背景色　　　　　　　　　　　B. 页头背景图片

    C. 页面背景色　　　　　　　　　　　D. 页面背景图

4. 下面说法错误的是（　　　　　）。

    A. 促销广告图不能形式大于内容

    B. 重要信息以第一主题的形式传递

    C. 促销广告图上可以放多重的主题信息，促销信息越多越吸引人

    D. 重点文字可以适当加粗，使用高对比度的色调来突出显示

5. 淘宝网店详情描述区域的宽度应为（　　　　　）像素。

    A. 720　　　　　　　　　　　　　　B. 740

    C. 750　　　　　　　　　　　　　　D. 790

6. 下列说法正确的是（　　　　　）。

    A. PSD格式文件不是图片文件　　　B. JPG格式文件是压缩图片文件

    C. PNG格式文件可以是动画　　　　D. GIF格式文件可以是半透明图片

7. 在淘宝网上传商品图片时，下列图片格式中，（　　　　　）是不能上传的。

    A. JPG　　　　　　　　　　　　　　B. PNG

    C. GIF　　　　　　　　　　　　　　D. BMP

8. 对于图片大小的修改，以下说法正确的是（　　　　　）。

    A. 图片的像素只建议改小，不建议改大，因为改大会导致图片模糊

    B. 将图片的尺寸改大或改小，不影响其效果

    C. 只建议将小图改成大图，不建议将大图改成小图

    D. 只能剪切，不能改大小

9. 要想整体缩小商品图片的尺寸，可以使用Photoshop的（　　　　　）操作。

A. 抠图
B. 缩放

C. 旋转
D. 图像大小调整

10. 商品详情页主图在（　　　　）尺寸下可以自动启用放大镜功能。

A. 210 px × 210 px
B. 100 px × 100 px

C. 50 cm × 50 cm
D. 800 px × 800 px

11.（　　　　）主要是通过造型简单和意义明确的视觉符号，将企业的经营理念、企业文化、经营内容、企业规模和产品特性等要素传递给消费者。

A. 店标
B. 首页

C. VI体系
D. banner

12. 网店在使用标准字体时主要考虑的因素是（　　　　）。

A. 字体的颜色是否符合网店和商品形象定位

B. 字体的风格是否符合网店和商品形象定位

C. 字体的间距是否符合网店和商品形象定位

D. 字体的大小是否符合网店和商品形象定位

二、判断题

1. PC端网店招牌最多只能添加两个。（　　　）

2. PC端网店招牌只能是一张图片。（　　　）

3. 网店招牌和导航属于网店的页头。（　　　）

4. PC端轮播图片尺寸必须是950 px × 500 px。（　　　）

5. 默认商品详情页装修可以将所有商品共有的描述通过自定义内容区实现。（　　　）

6. 商品的参数信息包括商品价格、规格、颜色、尺寸、库存等。（　　　）

7. 图像的分辨率一般可以设置为300 dpi。（　　　）

8. 商品主图可以是长方形的，也可以是圆角矩形的。（　　　）

9. 商品主图宽1 000像素、高1 000像素以上，才可以自动启用放大镜功能。（　　　）

10. 如果商品详情图片太长可以对其进行剪切处理。（　　　）

三、简答题

1. 在网店首页上如何展示商品才能够使买家的浏览体验更好？

2. 商品详情页图片设计原则有哪些？

3. 焦点图一般位于商品详情描述的最上方，类似于首页中的轮播海报，可以展示的内容有哪些？

参考答案

项目3

商品运营

知识框架

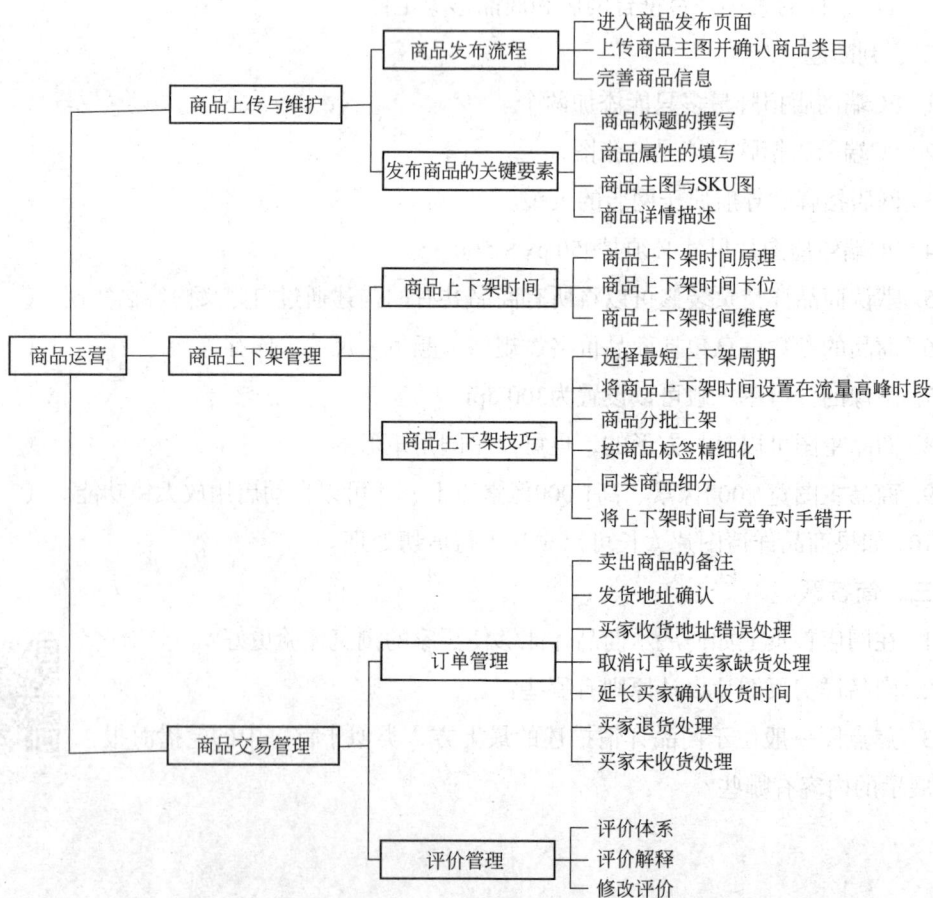

学习目标

熟悉商品发布流程，了解商品上下架时间和技巧，掌握商品标题的撰写，掌握商品类目和属性填写，熟悉退换货处理的流程和技巧。

思政目标

通过商品日常运营的处理，培养学生做事严谨、遵守职业行业标准规范，使学生形成良好的职业素养，对学生开展爱国主义教育，增强学生的国家自豪感。

理论知识

任务 3.1　商品上传与维护

3.1.1　商品发布流程

商品发布是指卖家通过淘宝平台将商品信息发布到店铺的线上仓库或发布为出售状态。卖家需要掌握商品发布的流程。同时，为了使自己的商品更吸引买家，卖家还应掌握一些技巧，如商品标题撰写、商品图片优化、商品属性填写、商品卖点提炼和商品详情页设计等。商品图片优化、商品卖点提炼及商品详情页设计等内容，在网店设计与装修模块中已经进行了详细讲述，本任务将重点讲解商品发布过程中的另外两项内容。

网店开通后，就可以进行商品的发布。在商品发布之前，需要准备好商品的主图、商品信息资料及商品详情页所需要的图片。

1. 进入商品发布页面

登录淘宝网，进入千牛卖家中心后台，在左侧的"商品管理"栏目下单击"发布宝贝"子栏目，如图3-1所示，进入智能发布商品页面。

2. 上传商品主图并确认商品类目

2020年4月30日，阿里巴巴正式上线了商品智能发布系统。在商品智能发布页面上传商品后，系统可以自动将第5张主图生成为白底图，注意上传的主图要大于700 px×700 px；上传条形码图片或输入商品编码（没有条形码可以不填），可以使系统快速识别出商品的信息和类目。例如：输入"网店运营与推广"教材的书号"9787512137059"，系统会自动识别出其对应的属性类目→书籍/杂志/报纸→考试/教材/

教辅/论文→教材→大学教材，单击确认类目，继续完善，如图3-2所示。

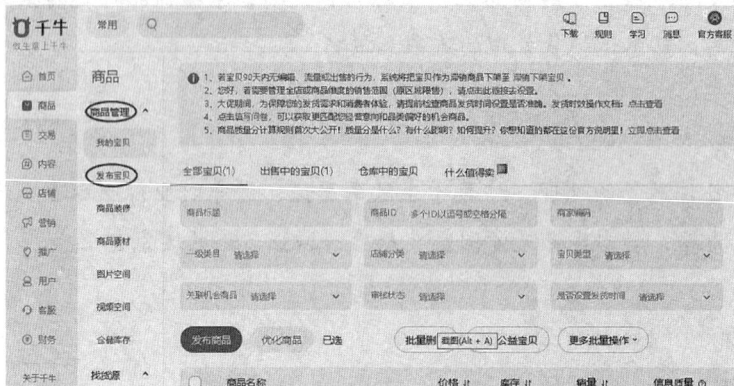

图3-1 "发布宝贝"页面

图3-2 商品发布页面（智能发布）

3. 完善商品信息

完成图片上传和类目选择后，单击"下一步"即可进入商品编辑页完善商品信息。按照页面要求填写商品属性、标题、库存等信息。页面标*号的均为必填项，填写完要求的商品信息后，单击"发布"即可。

3.1.2 发布商品的关键要素

发布商品的关键要素包括商品标题的撰写、商品属性的填写、商品主图与SKU图、商品详情描述。

1. 商品标题的撰写

所谓商品标题，是指描述商品的简短语句，本质上要求店铺的标题描述和客户需求保持一致。随着人群标签的逐渐明确，商品标题不能简单地用"好"或"不好"来判断。可以说，没有最好的标题，只有最适合的标题。根据各电商平台搜索引擎遵循的组合规律，不同的商品或者同一商品不同的推广阶段，标题发挥的作用也不一样。对于爆款商品而言，它已经有强大的人群标签，标题在其整个权重里面占比会降低，但对于新品来说，标题显得特别重要。

（1）商品标题的基本构成

商品标题由关键词组成。关键词主要包括核心词、类目词、属性词及长尾词等类型。核心词表明店铺所销售的是什么商品，是商品的名称或俗称；在商品有多种习惯称呼的情况下，可以多设几个核心关键词以满足更多客户的搜索需求。例如：马铃薯、土豆、洋芋指的是同一种食物，卖家就可以选择里面最常用的1~2个习惯称呼作为该商品的核心词。类目词是店铺商品所在的类目。属性词是指商品的风格、材质及颜色等与属性相关的词语。例如：连衣裙中"纯棉""淑女""韩版"等。长尾词可以有多个，是对前面组合词的修饰。各电商平台对标题的字数都有一定的要求。例如：淘宝平台标题栏最多允许输入60个字符，即30个汉字；速卖通平台标题栏最多允许输入128个字符。但是，某些产品类别允许设置较长的标题，所以一定要查看特定产品类别的说明。

（2）商品标题的组合公式

做好了商品的选词，就可以结合关键词组合公式撰写商品标题。不同平台对标题的字符数限制有所不同，如何利用有限的字符数写出一个好标题，可以参考以下标题组合公式：

标题组合=促销关键词+人群关键词+属性关键词+类目关键词+长尾关键词

① 标题组合公式解析。标题中最好有这些属性的词，但并不是说要完全按照公式来完成词的排列，也不需要纠结关键词的顺序。标题组合公式解析如表3-1所示。

表3-1　标题组合公式解析

标题关键词	常见类型
促销关键词	清仓、特价、正品、甩卖、赠礼等
人群关键词	老人、小孩、青年、学生等
属性关键词	修身、收腰、蚕丝、高腰、纯棉、韩版等表述产品某一属性的词
类目关键词	羊绒衫是女装类目下的词，公仔是毛绒玩具类目下的词
长尾关键词	那些搜索量相对较少，但是能展示商品特色的词。例如：平跟商务皮鞋、日常休闲板鞋等

② 标题关键词位置。如果商品有两个核心的关键词，可以将一个放在开头，另一个放在结尾。如果只有一个核心关键词，把核心关键词放开头即可。整个标题放前面的词基本上是固定不动的关键词，把一些不确定的关键词放在尾部，还要留一两个关键词的空间，便于后期进行标题优化加词。

（3）撰写商品标题的注意事项

撰写商品标题要考虑到诸多因素，不但要考虑店铺当前的实际状况、类目的实际状况、是否大促活动时期等，还要考虑通过商品标题提升商品的表现能力，提高商品的点击率，获取更优质的自然流量。通常情况下，撰写商品标题需要注意以下事项。

① 标题适用于当前店铺基础。有一些新手卖家在刚开网店时，喜欢去平台上搜索关键词，然后把销量高、跟自己商品相似的标题直接复制，或者打乱顺序使用。需要注意的是，关键词仅给卖家提供展现机会，并不能影响卖家店铺的排名位置。所以，在选词撰写标题时，要选择最适合当前店铺的关键词。

② 所有关键词要保持高度相关性。标题要与首图、详情页及商品属性高度相关，这一点是保证流量的精准性，进而保证转化率的关键要素。不相关的关键词不要用，如不能用别的商家的品牌词。因为用了不仅违规，而且会拉低转化率，同时影响搜索引擎对本店铺的判断，进而会影响店铺的综合数据。

③ 标题适用于搜索引擎和买家。很多卖家在写标题时，首要原则（有时候甚至是唯一原则）就是获取更多的搜索展现量。但是标题还需要给买家看，卖家要关注买家的阅读体验，买家读完标题能清晰地知道店铺卖的是什么商品，商品的重要属性是什么。标题还承担着提高点击量的作用，在标题中可以放一些功效词或者促销词，虽然这些词不一定会有人去搜索，但是能提高标题的点击量。

④ 规范性。标题违规会影响店铺的综合质量分，进而影响自然搜索排名。首先，不要滥用关键词和极限词，不要用别人的品牌词，不要堆砌关键词等；其次，商品标题一定要符合各平台的规则，否则可能会造成以下几种结果：影响商品的引流能力，发布不了商品，受到平台的处罚，等等。卖家在撰写标题前，一定要先查看标题词语的使用规范。

2. 商品属性的填写

商品属性是指商品本身所固有的性质，如规则货号、材质等都属于商品属性的范畴。商品属性填写时要注意以下几个问题。

① 在后台进行属性填写时，所给的属性栏要全部填写完整，不能留空，这样做有助于商品的排名展示。

② 商品属性词里面的用词不要反复填写。

③ 商品属性中一定要含有关键词，如"短裙女白色""短裙""白色"就是该属性的关键词。

④ 通常平台会提供额外的属性给卖家填写，可以考虑在自定义框中填写关键词，大部分的行业会有自定义属性填写。

⑤ 属性词的填写要和标题相关并描述一致。以衬衫为例，假设标题里面写明了这件衬衫是短袖，那么在属性描述时就要注意不要选长袖这个属性词，不然一方面会误导买家，另一方面系统也会认为这个商品的信息不佳，从而使其排名受到影响。

知识拓展　　　正确填写商品属性的重要性

① 淘宝网、天猫搜索引擎调用的参数首先是标题，其次就是商品的属性。

② 从淘宝网首页的类目进去看到的商品，有的标题中并没有包含类目词，但同样也被展示出来，是因为商品属性有该类目词。

③ 淘宝网在搜索时会选取相应类目中具备某些属性的商品，然后进行排序。如果属性填写不完整或者填写错误，就会在按类目调用商品时被遗漏，这样就失去了按类目展示的机会。

---

3. 商品主图与SKU图

（1）商品主图

当买家通过关键词搜索到想要的商品时，淘宝网会通过类目筛选和关键词截取的方法推送与之相关的商品图片给买家，买家第一时间看到的商品图片就是商品主图，商品主图的质量会影响商品的搜索权重。如果能设计好商品主图，就能使网店获得更多的流量和点击率，从而扩大销量。

淘宝网的商品一般有5张主图（女装类目还有1张长图，共6张）。

① 商品主图的大小不能超过3 MB、700 px × 700 px以上的图片，可以在商品详情页提供图片放大功能，在第5张主图中发布商品白底图可以增加手机淘宝首页曝光的机会，清晰的商品正面图可以自动生成第5张白底图。

② 商品主图尽量按照安全区建议制作图片，防止卖点被遮住。

③ 3∶4及9∶16主图优先将利益点、商品卖点等商品强相关信息合理突出在主图上，但禁止牛皮癣主图。

④ 建议白底图及透明素材图合理排布，图片保证买家浏览体感，提升宝贝成交转化率。

⑤ 白底图要求背景纯白底，无阴影和抠图痕迹，不出现牛皮藓，不能有Logo和文

字，主体清晰展示完整，不能拼图。

⑥ 透明素材图要求将素材抠图，边缘处理干净，居中放入透明的正方形画布中，素材在画板内尽量撑满，但不要超出画板边界。

⑦ 注意图片版权。若盗图或在图片上使用他人品牌信息，将被删除商品及扣分处理。

⑧ 商品主图不要有边框，不要将多张图拼在一起，一张图片只反映商品某一方面的内容。

⑨ 商品主图不得出现留白（即图片与模块大小不匹配，图片周围出现空白）。

（2）SKU图

对于一种商品而言，当其品牌、型号、配置、等级、花色、包装容量、单位、生产日期、保质期、用途、价格、产地等任一属性与其他商品存在不同时，可称为一个单品。通常，将一个单品定义为一个SKU（stock keeping unit，最小存货单位）。

在电子商务中每款商品都有一个SKU，以便对商品进行识别。例如：一款回力男鞋中黑米兰的39码是一个SKU，40码是一个SKU，41码是一个SKU，42码是一个SKU，43码是一个SKU，所以一款回力男鞋有39、40、41、42、43等若干个SKU。

① SKU图片的位置。在商品详情页主图的右侧，单击如图3-3所示的"颜色分类"中的任一张图片，在左侧主图的位置就可以看到选择的SKU图片。

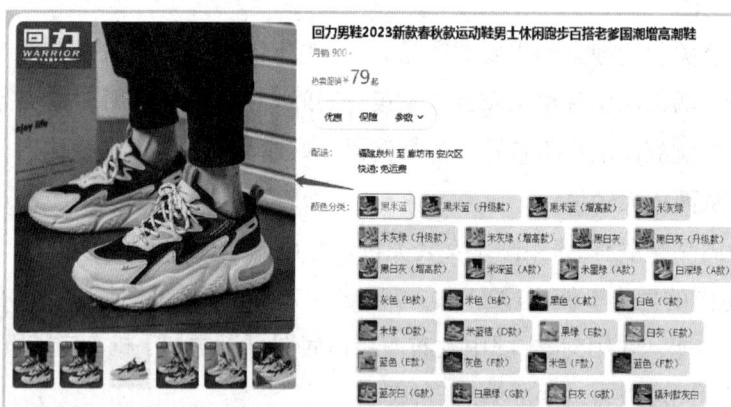

图3-3　SKU图片的位置

② SKU图片的设置。卖家登录"卖家中心"，进入"一口价宝贝发布"页面，在"宝贝规格"选项的"颜色分类"中选择颜色后，就可以上传同色商品的SKU图片，如图3-4所示。

图3-4 上传SKU图片

4. 商品详情描述

商品标题的 30个汉字不足以充分说明商品的优势和价值，因此商品的用途、特色等还需要用更多文字加以说明。商品详情描述是影响买家是否购买的一个重要因素，是将点击率转化为成交率的关键。

淘宝网的商品详情描述限制在1~30 000字节（一个英文字母占一个字节，一个汉字占两个字节），足够用来列出商品的详细介绍和说明。

在撰写商品描述信息时要注意以下几个方面。

① 内容要全面。卖家要站在买家的角度去思考其关心的问题，如材质、尺寸、价格、重量、颜色、适合人群、寓意、真假辨别、赠品、服务承诺、支付方式等都是买家关心的内容。服装类商品可以呈现面料、内衬、颜色、色差、扣子（拉链）、走线和特色装饰等细节实拍，特别是领子、袖子、腰身和下摆等部位的细节，细节实拍可搭配简洁的文字说明，如图3-5所示。

图3-5 某商品部分详情描述

② 商品详情描述要细致。商品详情描述要能够全面概括商品的用途和属性，最好能够介绍一些使用方法和注意事项，更加贴心地为买家考虑。

③ 商品详情描述应该结合文字、图像、表格等形式进行（图3-6），这样能让买家更加直观地了解商品，也会增加他们购买的可能性。

图3-6　某商品结合文字、图像、表格的详情描述

④ 参考同行网店。卖家可以参考其他同行的皇冠网店，看一看它们的商品详情描述，择其优点应用于自己的网店中。

任务3.2　商品上下架管理

商品上下架在日常运营中起着很重要的作用，利用好商品上下架时间可以带来短期排名的提升，实现精准卡位，获得大量精准流量，实现店铺流量免费增长并提高成交率。

3.2.1　商品上下架时间

1. 商品上下架时间原理

商品上下架时间原理，是指商品在上架后需要选择7天或14天的重复下架和上架周期，简单来说是指店铺的商品在第一次上架出售后的7天或14有一个虚拟的下架，然后自动上架的过程。应当注意的是，这里并不是说7天或 14天后，店铺的商品重新下架到仓库中而不是在出售状态。这样做只是虚拟下架，店铺的商品其实还是在出售中，这跟实际下架商品是有区别的。值得注意的是，越接近下架时间，商品排名越靠前。

2. 商品上下架时间卡位

商品上下架时间卡位的主要目的是通过对商品上下架时间，正确规划与安排实现免费流量最大化，按照周期分每天每个时段上架商品。通过前期的规划和调查，按照商品的类目、商品流量高峰时段，均匀地按每天每个时段分别上架一定数量的商品，这样做才能让店铺的商品在循环周期里，每天每个时间段都有商品在浏览高峰时段中接近下架时间。

3. 商品上下架时间维度

① 每周的时间维度。通常情况下，周末的流量较少，这是因为周末较少人待在家里，逛网店的人也相对比较少。经统计，周末搜索量、点击人数都会有下降的趋势。所以在安排商品上下架时，周一到周五安排得较多一些，周六日相对较少。

② 每天的时间维度。从行业的来访高峰时段和购买高峰时段数据来看，对每天时间段维度的合理规划也是必不可少的。在购买高峰期上下架，可能获取更多的展现量，同时可能得到更高的销售额。

③ 店铺自身的流量高峰和低谷。根据分析店铺数据，总结店铺的访问规律，归纳店铺的最佳上下架时间段，再加上一些适时的促销活动的运用，就能提升店铺活跃度，进而提升店铺销售额。

知识拓展　　淘宝禁止的与下架时间有关的两种行为

● 重复开店：在时间排名机制下，商品越多越占优势，这就是很多人会冒险的原因。

● 重复铺货：这是扰乱市场的表现，不能给消费者更好的用户体验（搜索出来的都是同样的商品）。

这两种行为均是扰乱淘宝市场规则的行为。

3.2.2　商品上下架技巧

1. 选择最短上下架周期

除非店铺里有非常多的商品在出售，否则一定要把上下架周期设置成平台默认的最短周期，周期越短效果也就越好。例如：7天上下架时间，一个月内有4次获取高峰浏览排名靠前的机会；而14天上下架时间，一个月内只有2次机会达到高峰浏览排名靠前的机会。

2. 将商品上下架时间设置在流量高峰时段

通过数据分析得知，淘宝网周一、周五两天的流量最大，因此很多卖家都把商品设置在周一或周五上下架。另外，网购交易高峰期一般出现在9:00—12:00、13:00—16:00、19:00—21:00，在这几个时间段浏览和网购下单的人数最集中。因此，可以在这些时间段分别上架一些商品，或者用软件工具定时上架，或者在这几个时间段每隔几分钟上架一个商品。另外，大众的上网时间分布数据只能做一个参考，在上架商品时店铺还需要考虑商品目标受众的集中上网时间。

3. 商品分批上架

在设置商品上下架时间时，一般以主要的引流商品为主，然后合理分配其他商品的上下架时间。网店商品不要在相同或者较短的时间段内全部上下架，最好合理分布在一周中分批上下架，以使网店在一周中能保持稳定的搜索排名。

4. 按商品标签精细化

可以把店铺商品分成"爆款""热销款""一般款""滞销款"等来具体安排商品上下架时间。爆款可以占据每周里面最有优势的时间段，其他标签的产品就按照每周的销售热度重排。按商品分类来安排商品上下架时间比随机安排上下架更有优势。

5. 同类商品细分

按照淘宝展现规则，当关键词被搜索时最多可以展现两个同类商品。为了让同类商品获得更多的展现机会，同类商品要区分上下架时间。即使是不同子类目的商品，为了获取更多流量，也不要过于集中上下架。

6. 将上下架时间与竞争对手错开

高峰时段流量多，但是众多卖家一窝蜂地选择在高峰时段上下架商品，也就意味着每家网店平均获得的流量不会很多，因此只关注自己店铺的上下架设置还是不够的，还要分析竞争对手的数据。如果店铺里面的某个爆款跟竞争对手的爆款有所差距，那就最好跟竞争对手的上架时间稍微错开，以免受到影响。当然，如果店铺的爆款已经是行业爆款了，那就调到最好的时间段上架。一般来说，选择整点上下架商品的网店较多，同类商品的卖家数量多，可能会降低商品的展现机会，因此建议避开整点上架。

知识拓展　　　**上下架时间对eBay商品排名的影响**

为了使所有在线商品都有展现机会，淘宝制定了根据上下架时间轮番排名的规则。此规则期初对排名的影响很大，后来慢慢弱化了，但是仍然存在一定的影响。

淘宝这一规则参考了eBay商品排名规则。eBay商品排名规则一直沿用至今，并且在搜索排名中所占权重依然很高，特别是竞拍产品，完全根据上下架时间来决定排名。

简单介绍一下上下架时间如何影响商品排名。例如：客户在周三11:05搜索"洁面刷（facial cleansingbrush）"，在周三11:06下架的商品会排在第一页第一名，而在周三11:04已经下架的商品则没机会展示。

以美国为例，设置下架时间为7天。美国首都华盛顿比北京时间晚13个小时，主流购物时间是10:00—12:00、15:00—17:00、20:00—22:00，根据上下架时间对排名的影响，商品上架北京时间对应为21:00—23:00、2:00—4:00、7:00—9:00，这样保证在客户购买商品的高峰时间段店铺的商品排名在最前面，将商品更多地展示给客户，以带来更高成交量。

任务 3.3　商品交易管理

3.3.1　订单管理

在买家下单后，客服工作人员还需要针对订单信息等内容做基础的管理。一般的订单管理内容包括：卖出商品的备注、发货地址确认、买家收货地址错误处理、取消订单或卖家缺货处理、延长买家确认收货时间、买家退货处理、买家未收货处理等。

1. 卖出商品的备注

卖出商品的备注为网店日常工作的交接提供了便利。通过注明买家目前订单的情况，便于后期的商品跟踪与管理。假设一笔订单买家联系的是售前客服，而售前客服没有备注说明此订单的情况，当订单交接至售后手中时，便要再次向该买家询问订单情况，这会很容易引起买家的厌烦心理与不良情绪；又或者在买家要求退换货的情况下，卖家没有对卖出商品进行备注，售后就不知道买家商品发回的原因，无法给买家及时处理订单，导致客户体验下降。所以，备注好买家订单情况是网店经营过程中非常重要的一环。

不同类型的订单问题，有不同的备注方式。备注方式举例如图3-7所示。

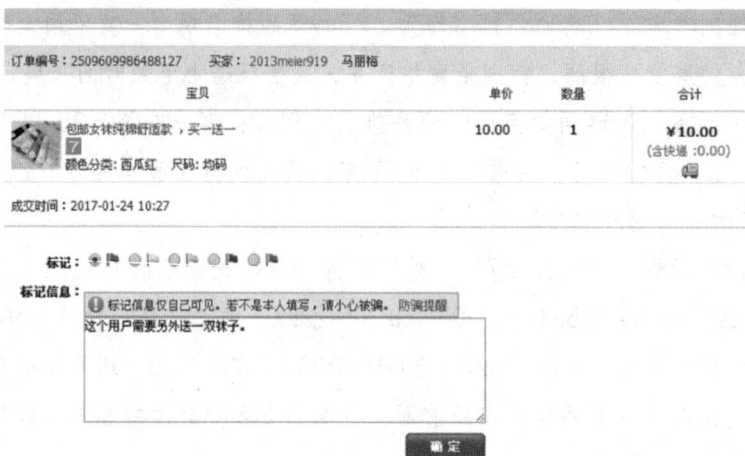

图3-7　备注方式举例

　　图3-7是卖家对卖出商品进行备注时的备注方式。客服在接受订单后必须询问客人的快递信息（尤其是自身发货的），然后根据客人的要求做相应备注，并写上做备注的客服姓名或者客服旺旺ID。一切完成后，在审单或者仓库发货前再次仔细查看每个订单的备注。为了更好地区分备注类型，在备注框下用不同颜色的旗子进行归类。

　　（1）红色的旗子

　　当客户有特殊要求时用红旗备注，如图3-8所示。例如：送小礼物、指定快递、换地址等。备注应该注明售后问题、运费的承担方及处理的进程。红旗备注如图3-8所示。例如：尺码小了，买家自理来回运费换货，收到退件后换成××款式、××颜色、××尺码，最后再加上日期和备注等。

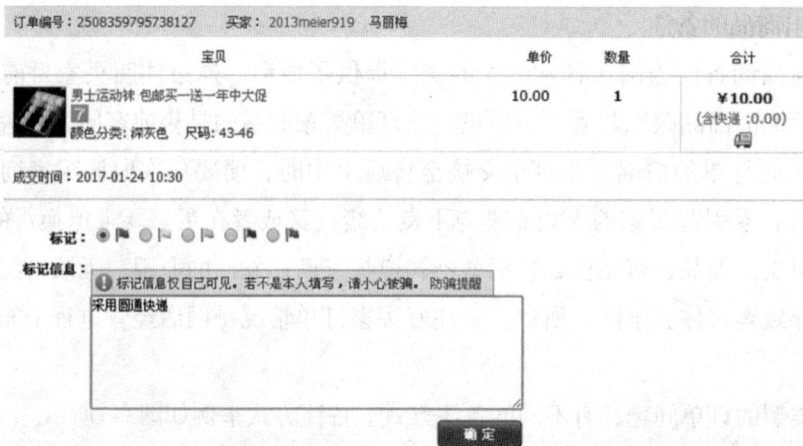

图3-8　红旗备注

（2）黄色的旗子

黄旗一般用于售前售后客服备注。当客户要求暂不发货时就使用黄旗备注，如图3-9所示。例如：补单情况，客户要求推迟发货或有补换货邮费的情况等。

图3-9 黄旗备注

（3）绿色的旗子

当可以发出商品时使用绿旗备注，如图3-10所示。例如：客户之前有要求推迟发货或要求具体哪天发货，现在到了客户指定的发货时间了，就可以将黄旗改成绿旗；又或是之前有退给买家换货产生的邮费的情况，而卖家店铺此时已经收到退件可以给客户换货时，就将黄旗改为绿旗。（提示：绿旗和黄旗可以灵活搭配使用）

图3-10 绿旗备注

（4）蓝色的旗子

客户有特殊售后问题时或缺货时可以使用蓝旗备注。例如：客户给中差评的情况或订单有缺货等情况，如图3-11所示。

图3-11　蓝旗备注

（5）紫色的旗子

当客户订单可以办理退款时用紫旗备注，如图3-12所示。例如：跟单员收到客户退件时，在确认退回款式、数量等信息后，可以给客户办理退款。

图3-12　紫旗备注

为了让备注更为清晰明朗，在备注内容结束后一定要注明备注人的名字、备注时间及备注情况，以便商品交易过程的顺利进行，持续到交易完成为止。

2. 发货地址确认

首先，发货前仔细核对买家提供的收货地址和收货人（或其代理收货人）姓名。

如果买家提供的收货人姓名和地址与其原来在网上提供的不一致，为了避免错发的情况，可以通过旺旺、站内信、邮件等方式将地址发给买家让其确认，以避免不必要的争议，尽量利用阿里旺旺或电话的方式与买家联系，并保留与买家联系的资料。如果是填错了地址或姓名，由卖家负责赔偿，或者负责所有邮寄费用。如果是由于买家提供地址有误，导致宝贝收货延迟或丢失，卖家不负责。发货地址确认页面如图3-13所示。

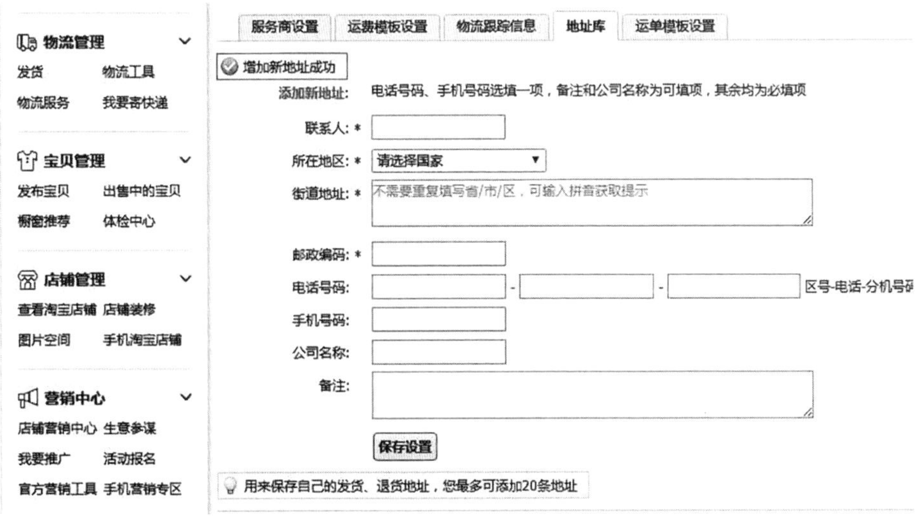

图3-13　发货地址确认页面

其次，发货时对邮寄的宝贝仔细检查后再进行包装，确保宝贝不会在运输过程中损坏。同时，即使出现买家说商品有质量问题时，卖家也能大致掌握商品的原本状况，降低店铺的损失率。不但如此，在填写邮寄地址之后仍需认真检查一次，确认地址、电话、姓名等重要信息无误，让商品顺利到达买家手中完成交易。

最后，发货后保存好发货的凭证，并通过手机短信、旺旺、站内信和发货备注等途径提示买家。例如："货物已经通过××发出，单号是××，请注意查收，收货时请当着快递工作人员的面打开检查；如有异常，请快递工作人员签字盖章，也好保护您的利益。"此后如果出现买家说货物有损坏的情况，可以请买家出示快递工作人员签字确认的单据，在合理的范围内确保自身利益。

3. 买家收货地址错误处理

在网店交易的过程中，如果出现买家把收货地址填错的情况，卖家可以在"价格及发货管理"页面，选择"发货管理"，对整笔订单的收货地址进行修改，或者修改单笔订单的收货地址。相应的操作具体如下。

（1）整笔订单地址修改

进入"发货管理"页面，单击订单顶部的"修改地址"，在弹出的浮动层中填写正确的地址，单击"确定"，地址修改成功。

（2）单笔交易地址修改

进入"发货管理"页面，单击单笔交易后的"修改地址并发货"，在"发货页面"选择该笔交易对应信息，单击"修改买家地址"，在弹出的浮动层中填写正确的地址。需要注意的是，单笔交易修改地址只有在交易发货成功后，地址才会被保存；如果没有发货成功，则修改的地址不会被保存。

4. 取消订单或卖家缺货处理

在买家下订单后，如果在交易中途出现了买家想取消订单或卖家缺货的情况，卖家可使用"关闭交易"的功能，将交易直接关闭。前提是，假如买家想取消订单，需要与卖家先进行协商，以免被卖家投诉"拍下不买"；如果卖家没有货，也必须先与买家协商，以免被买家投诉"成交不卖"。关闭交易的具体操作为：首先在"价格及发货管理"页面选择"订单价格修改"；然后在跳转后的页面单击需要关闭的交易下的"关闭交易"按钮；最后卖家选择"关闭交易"的理由，单击"确认关闭"按钮，即可完成交易的关闭。

5. 延长买家确认收货时间

假如淘宝卖家已经发货，但是由于物流配送不通畅，导致买家久久未收到货，这时买家可以自己延长收货时间，也可以通过卖家帮忙延长。不但如此，在交易发生换货的情况下，也要注意及时延长收货时间，避免由于特殊情况无法及时确认收货，导致交易超时系统自动打款成功。

延长收货时间的操作可以由卖家执行，也可以由买家执行。卖家如需延长买家的收货时间，可进入"已卖出的宝贝"，找到需延长的交易，单击"延长收货时间"后，选择延长的期限即可。卖家可以给买家延长收货时间，分别可延长3、5、7、10天，是不限制次数的。卖家延长收货时间界面如图3-14所示。

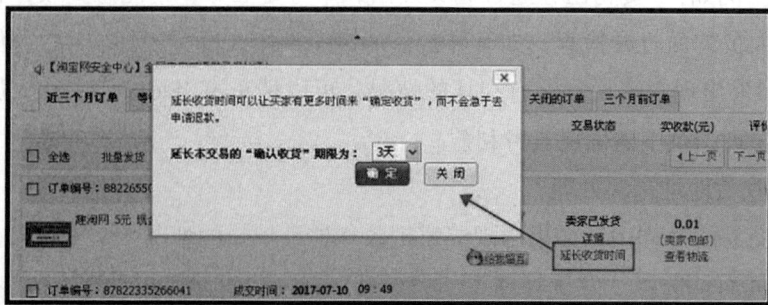

图3-14　卖家延长收货时间界面

6. 买家退货处理

当买家收到货物以后，因为产品问题或者其他原因需要退货时，卖家首先可以与买家进行沟通，沟通后若买家仍旧坚持退货，买家可以根据以下操作来进行退货处理：登录"我的淘宝"，在"交易记录"页面找到需要退款的交易，单击"退款"。需要注意的是，一般情况下，退货由买家承担运费。

7. 买家未收货处理

客服针对买家一直声明没收到货物的问题，解决办法有两种。一种是买家通过与卖家进行沟通，让卖家与快递公司取得联系，了解具体的快递情况，并要求卖家进行后续的跟进处理。另一种是卖家先联系快递公司，找出具体问题出在哪里，再与买家友好沟通；或是卖家与淘宝客服进行沟通，了解具体签收情况，并要求提供签收底单和第三方合法签收凭证，淘宝客服及时跟进处理。不管是哪种处理方式，都需要以诚实的态度、负责的心态去处理网店经营过程中的每一个问题，并且从中学习、总结。

3.3.2　评价管理

淘宝网规定，买卖双方应基于真实的交易进行相互评价。按"千牛卖家中心"｜"交易管理"｜"评价管理"的顺序单击，可进入评价中心页面。页面包括"数据概览"和"评价管理"两个操作控制模块。卖家可查看店铺整体评价相关数据、买家给出的评价，并进行回评、解释及处理异常评价等。

"评价管理"中的每个模块可展示具体的评价细节，"买家已评价""历史评价"和"待卖家评价"主要展示已完成的评价；"已处置评价"和"疑似评价处理"主要展示异常评价，商家可通过展示的评价内容反查该条异常评价内容。评价中心的评价管理模块如图3-15所示。

1. 评价体系

淘宝网的评价体系包括"信用评价"和"店铺动态评分"两种，淘宝店铺这两种评价方式都有，天猫商城只有"店铺动态评分"。店铺动态评分有买家对商品的质量、服务态度、物流三方面的评价；信用评价有买卖双方互评，包括"信用积分"和"评论内容"。

（1）信用评价

淘宝网会员在个人交易平台使用支付宝完成每一笔交易后，双方均有权对对方交易的情况作出评价，这个评价也称为信用评价。买卖双方信用等级如图3-16所示。评价分为"好评""中评""差评"三种。如果评价人给予好评，则被评价人信用积分增加1分；若给予差评，则被评价人信用积分减少1分；若给予中评或15天内双方均未评价，则被评价人信用积分不变。图3-17所示为卖家累积信用示例。

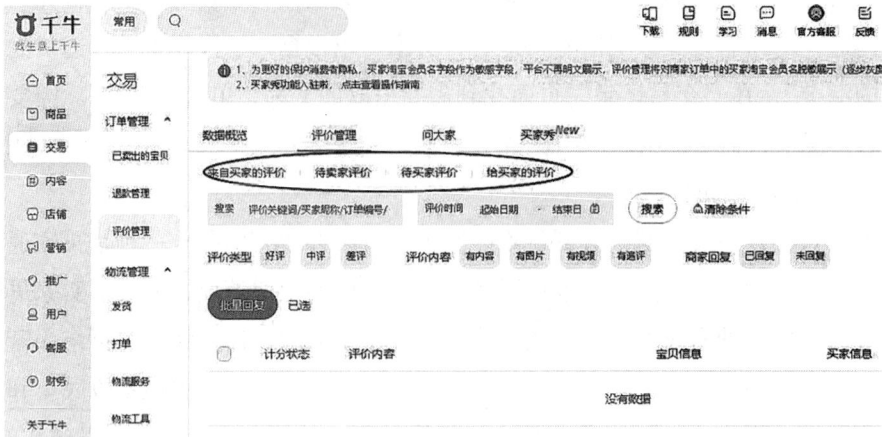

图3-15　评价中心的评价管理模块

积　　分	信用等级标志	积　　分	信用等级标志
1 星：4～10		1 皇冠：10 001～20 000	
2 星：11～40		2 皇冠：20 001～50 000	
3 星：41～90		3 皇冠：50 001～100 000	
4 星：91～150		4 皇冠：100 001～200 000	
5 星：151～250		5 皇冠：200 001～500 000	
1 钻：251～500		1 金冠：500 001～1 000 000	
2 钻：501～1 000		2 金冠：1 000 001～2 000 000	
3 钻：1 001～2 000		3 金冠：2 000 001～5 000 000	
4 钻：2 001～5 000		4 金冠：5 000 001～10 000 000	
5 钻：5 001～10 000		5 金冠：10 000 001 以上	

图3-16　买卖双方信用等级

图3-17　卖家累积信用示例

若14天内相同买家、卖家就同一笔交易进行评价，多个好评只加1分，多个差评只减1分。每个自然月中，相同买家和卖家之间的评价计分不得超过6分，超出计分规则范围的评价将不计分。被评价人可在评价人作出评论内容或追评内容之时起的 30 天内作出解释。评价人在作出中评、差评后的 30 天内，可以对评价进行修改或删除。评价只能修改一次，且只能修改中评和差评。

（2）店铺动态评分

店铺动态评分也称卖家服务评级（detailed seller ratings，DSR），是淘宝网、天猫的一种动态评分系统，只有使用支付宝并且交易成功的交易才能进行店铺动态评分。在淘宝网交易成功后的15天内，买家可以对本次交易进行三项评分，分别对应着宝贝与描述相符、卖家的服务态度和物流服务的质量。每项店铺评分的取值为：连续6个月内买家给予该项评分的总和/连续6个月内买家给予该项评分的次数。淘宝店铺的动态评分如图3-18所示。

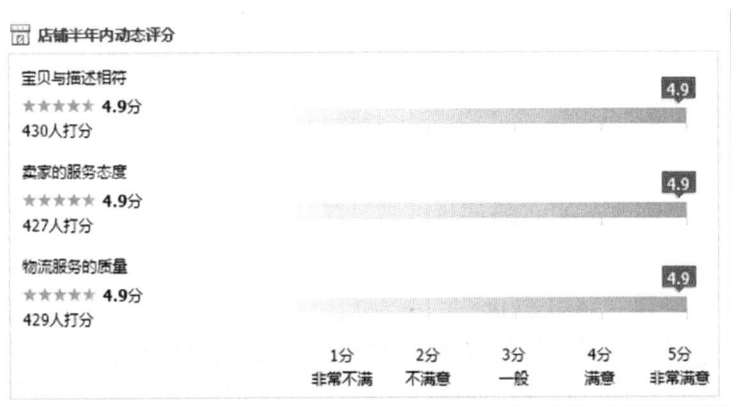

图3-18　淘宝店铺的动态评分

每个自然月，相同买家、卖家之间的交易，卖家店铺动态评分仅计取前3次（计取时间以交易成功时间为准）的交易评分。店铺评分仅能由买家在交易成功的 15 天内进行主评时打分。若买家没有进行主评，即使后续系统产生默认好评，也不会产生默认店铺评分。

2. 评价解释

买家作出评价的30天内且评价处于生效状态下（若是中评、差评则需双方评价后48小时生效），卖家可以对买家评价内容进行回复，以帮助买家作出判断。主评和追评各有一次解释机会，但在主评和追评均已产生的情况下，只能对追评进行回复，主评无法回复。目前，评价回复仅支持文字，无法上传图片或视频。评价回复一旦作出，就无法被单独修改或删除，但若评价本身被删除则评价回复不再展示。评价回复如图3-19所示。

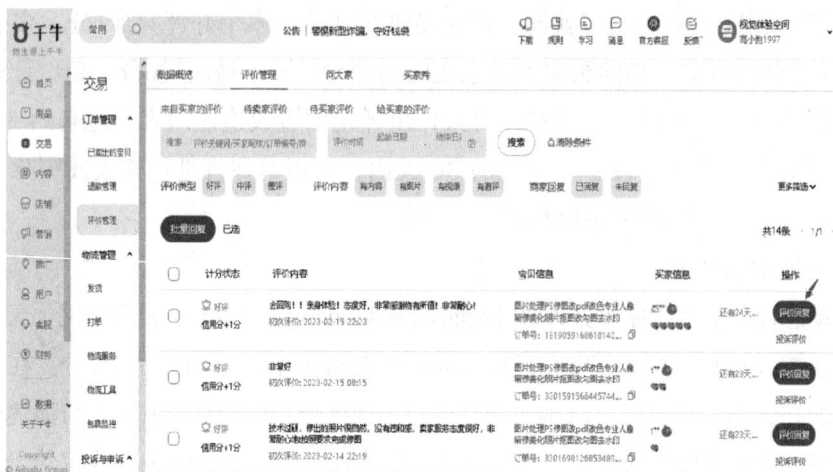

图3-19　评价回复

3. 修改评价

有时交易双方会因为一些误会和争议给出负面的评价。如果经过沟通和协商达成一致，买家或卖家愿意将中评、差评修改为好评，可以不用求助于淘宝网客服，自己就能轻松地修改评价。

卖家如果需要修改给买家的评价，按"千牛卖家中心"｜"交易"｜"订单管理"｜"评价管理"｜"给买家的评价"的顺序单击，找到需要修改的评价，会看见后面有一个修改评价的提示，单击"进入"就能将中评、差评改为好评。修改评价如图3-20所示。

图3-20　修改评价

除了修改自己给出的中评、差评，卖家也可以按照这个操作流程去指导买家修改中评、差评，使网店保持一个较好的评价记录。

实训任务 网店商品发布

实训目标

● 能够按照商品发布的流程完成商品上架。

● 能够根据商品完成不同情况下运费模板的创建。

实训分析

本实训主要介绍商家如何在千牛卖家中心平台上按照商品发布的流程完成商品上架。商品发布的核心内容主要包括：商品标题撰写、商品图片优化、商品属性优化、商品属性填写、商品卖点提炼和商品详情页设计。发布商品之前需要将商品的相关素材整理和准备好，所有的图片需要上传至图片空间并分好类。下面以在淘宝网店发布一款连衣裙为例，讲解商品发布流程。

① 进入千牛卖家中心，在页面左侧单击"商品管理"模块下的"发布宝贝"，如图3-21所示。

图3-21 单击"发布宝贝"页面

② 进入商品发布页面，将图片空间准备好的商品主图依次上传。注意：图片的格式符合平台规定，第5张图片要求使用白底图。上传商品主图如图3-22所示。

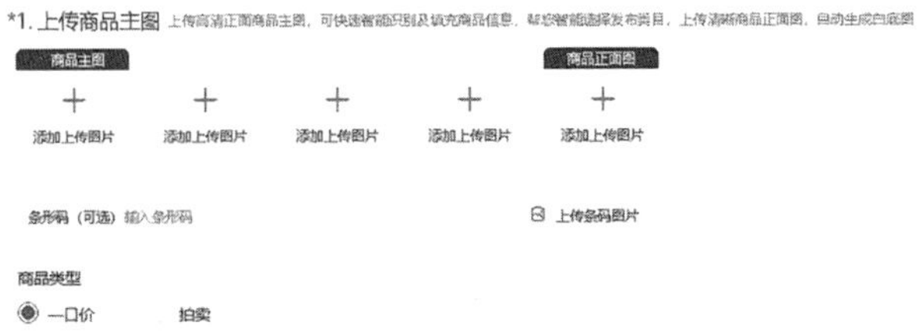

图3-22 上传商品主图

③ 上传完商品图片后，后台会根据上传的图片自动识别出商品所属类目。如果类目选择有误，则可以通过在搜索框输入商品的核心词，搜索选择最适合的类目。

④ 填写基础信息，包括宝贝标题、类目属性。在类目属性栏中，带*的内容是系统属性，为必填项；其他是自定义属性，为选填项。平台根据上传的图片识别出商品的一些属性，并自动完成预填写，在此需要一一核对。注意：尽量将商品的属性信息填满，但要避免错填和漏填。例如：连衣裙的商品属性如图3-23所示。

图3-23 连衣裙的商品属性

⑤ 填写销售和支付信息。在销售模块主要填写商品的颜色分类、尺码、价格和数量等信息，如图3-24所示。在支付信息模块中，在"拍下减库存"中选择"是"，如图3-25所示。

图3-24 填写尺码信息

图3-25 填写支付信息

⑥ 填写物流信息。如图3-26所示，卖家需要进行物流设置后才能发货，包括服务商设置、运费模板设置、编辑地址库等，这里选择商家包邮。

图3-26　新增运费模板设置

⑦ 填写商品图文描述。如图3-27所示，在上传预填材料时，已经上传了商品的5张图片，在此主要填写商品详情描述。

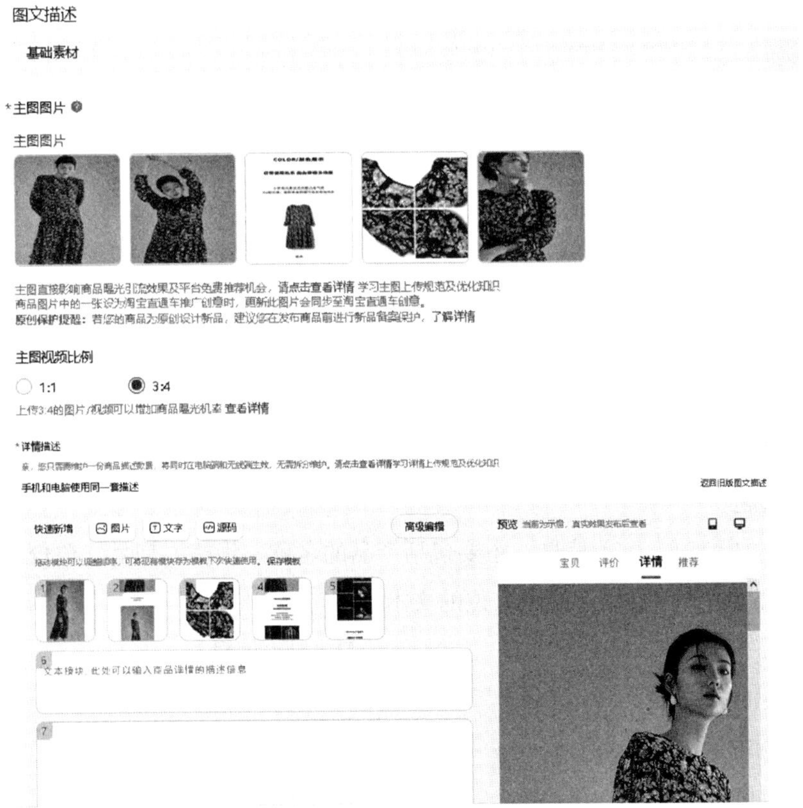

图3-27　商品详情描述页面

⑧ 选择售后服务，如图3-28所示。

售后服务

售后服务

○ 提供发票

○ 保修服务

☑ 退换货承诺

☑ 服务承诺：该类商品，必须支持【七天退货】服务

*上架时间 ⑦

● 立刻上架　　　　○ 定时上架 ⑦　　　　○ 放入仓库

图3-28　选择售后服务

⑨ 如果选择立刻上架，商品发布成功。在后台宝贝管理的"出售中的宝贝"中查看发布后的宝贝，如图3-29所示，也可以对商品进行编辑或者下架操作。

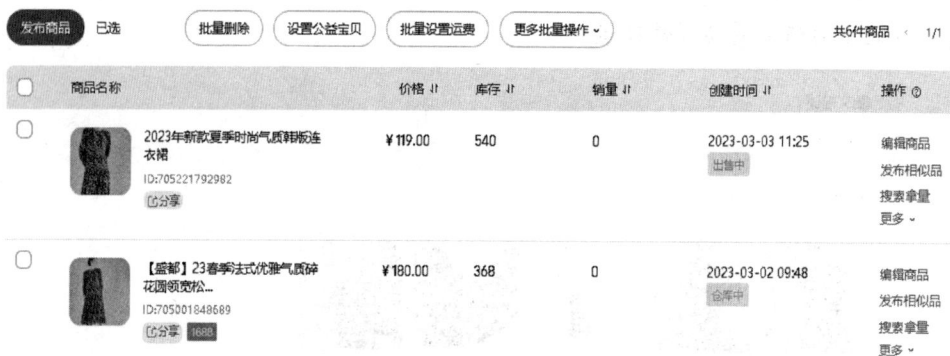

	商品名称	价格 ⬆⬇	库存 ⬆⬇	销量	创建时间 ⬆⬇	操作 ⑦
	2023年新款夏季时尚气质韩版连衣裙 ID:705221792982 已分享	¥119.00	540	0	2023-03-03 11:25 出售中	编辑商品 发布相似品 搜索拿量 更多 ⬇
	【盛都】23春季法式优雅气质碎花圆领宽松... ID:705001848689 已分享 1688	¥180.00	368	0	2023-03-02 09:48 仓库中	编辑商品 发布相似品 搜索拿量 更多 ⬇

发布商品　已选　　批量删除　设置公益宝贝　批量设置运费　更多批量操作⌄　　　共6件商品　1/1

图3-29　查看发布后的商品

巩固 与 提高

一、单选题

1. 商品的（　　　　　）信息，主要包括产品的名称、规格、型号、单价、功能、使用方法、注意问题等相关商品的全方位的文本信息。

A. 文字信息　　　　　　　　　　B. 图片信息

C. 其他信息　　　　　　　　　　D. 电子信息

2. 淘宝网的商品描述不得超过（　　　　　）字节。

A. 10 000　　　　　　　　　　　B. 20 000

C. 25 000　　　　　　　　　　　D. 30 000

3. 发布商品标题名称最多可以容纳（　　　　　　）个汉字/（　　　　　　）个字符。

    A. 30/60　　　　　　　　　　　　B. 25/50

    C. 20/40　　　　　　　　　　　　D. 30/50

4. 在商品标题中"数码相机"和"大码服装"都属于（　　　　　　）关键词。

    A. 品牌　　　　　　　　　　　　B. 属性

    C. 促销　　　　　　　　　　　　D. 评价

5. 宝贝三要素是指（　　　　　　）。

    A. 标题、图片、描述　　　　　　　B. 旺旺、支付宝、描述

    C. 图片、支付宝、旺旺　　　　　　D. 标题、图片、支付宝

6. 商品详情描述的主要模块不包括（　　　　　　）。

    A. 快递与售后　　　　　　　　　　B. 温馨提示

    C. 店铺/商品资格证书　　　　　　D. 营销活动

7. 所有商品都受到（　　　　　　）的影响，使用同一个词汇描述不同的商品，所产生的流量价值是不一样的，给店铺带来的利润也具有差异化。

    A. 商品的基本属性　　　　　　　　B. 商品的规格包装

    C. 商品的销售对象　　　　　　　　D. 商品的固有价值

8. 页面的加载超过（　　　　　　），57%的用户会放弃当前的浏览。

    A. 2 s　　　　　　　　　　　　　B. 3 s

    C. 4 s　　　　　　　　　　　　　D. 5 s

9. 以下不可能导致宝贝上架失败原因的是（　　　　　　）。

    A. 宝贝图片存在盗链　　　　　　　B. 宝贝属性没填

    C. 宝贝品牌没填　　　　　　　　　D. 与其他宝贝上架时间重复

10. 淘宝网规定注册使用淘宝的用户须年满（　　　　　　）。

    A. 16岁　　　　　　　　　　　　B. 18岁

    C. 20岁　　　　　　　　　　　　D. 无年龄限制

二、判断题

1. 设计分类导航区可以起到分流的作用，因此在设计时要特别注意其导流功能。

                       （　　　）

2. 普通型商品详情页文案通常从商品核心卖点出发，站在消费者的角度，将商品卖点转化为利益点，不断加强消费者购买商品的信心。为了让消费者全面了解商品卖点，要求卖家要尽可能详尽地描述出商品的特色。　　　　　　　　　　　　　（　　　）

3. 引流入口页面呈现的效果就是在短暂的时间内迅速抓住消费者的眼球，在视觉暂

留时间1～2分钟之内刺激消费者，进而产生点击行为。 （　　）

三、简答题

1. 如何把握好店铺商品的上架时间？

2. 简述撰写商品标题的注意事项。

3. 简述商品发布流程及商品发布的关键要素。

4. 在撰写商品描述时要注意哪几个方面的问题？

5. 简述商品主图的发布要求。

参考答案

项目4

网店客户服务与管理

知识框架

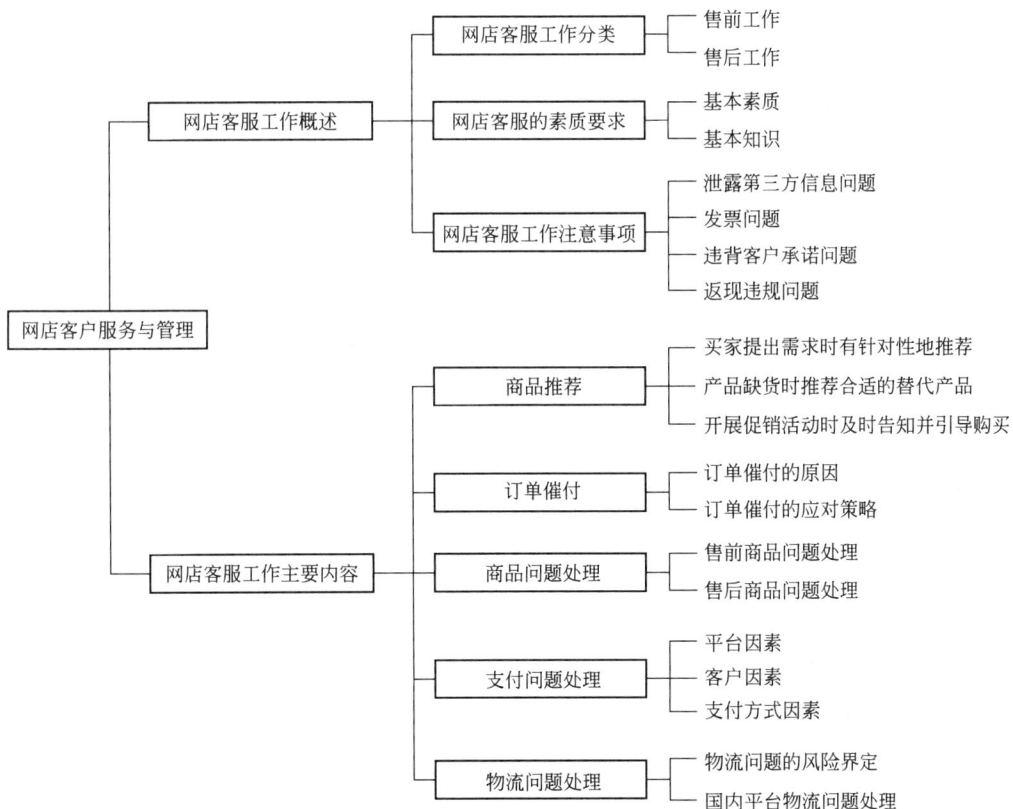

学习目标

了解网店客服素质要求，熟悉网店客服工作注意事项，掌握网店客服工作主要内容，熟练使用网店客服工具。

思政目标

客服是网店运营中与客户沟通最直接的岗位，需要具备基本的职业道德和行为规范，遵守相应的法律法规，具有服务意识。在教学过程中融入社会主义核心价值观，以诚信经营为宗旨服务客户，做最美的客服。

理论知识

任务4.1　网店客服工作概述

4.1.1　网店客服工作分类

网店客服是商家依托网店，借助网络沟通工具，为客户提供售前引导购买和售后问题处理的工作岗位，其工作意义在于助力网店成单，达到降低客户退款率和客户投诉率、提升客户体验满意度和留存率、促进二次购买，最终提升网店业绩、提高网店形象的目的。

从网店客服工作的分类上看，多数商家会以订单付款时间为节点，将付款前的工作称为售前工作，把后续工作称为售后工作。当然，由于商家规模的不同，其划分各有差异：大规模的网店会把客服分为售前、售后两个部分，但小型网店由于人员少，售前、售后工作也可能是一体的。

1、售前工作

网店客服的售前工作包括售前客户商品问题解答、引导客户购买、促销、催付、订单备注、客户下单前收货信息确认等内容。

①查看售前客服交接记录，了解上一轮客服记录的特殊客户问题，便于工作衔接。

②查看后台前一天有异常的订单（含申请退款的订单），并进行记录。

③查看工作台的留言，若有客户留言，不管对方是否在线，一定要及时回复。

④售后问题做好简单记录，发给售后客服并做好存档记录，以便后期查询。

⑤ 进入千牛工作台，进行客户商品问题解答、促销、引导客户购买、成交、备注等工作。

⑥ 查看近期没有付款的客户，对没有付款的客户进行催付。

2. 售后工作

网店客服的售后工作包括售后客户地址确认、订单核实、订单跟踪查询、客户安抚、退换货、赔付补偿、客户评价管理、投诉管理、客户关系管理等内容。

① 每天需要对已经成交的订单进行物流跟踪，要做到抢在客户前面发现问题，发现疑难事件时要做记录，并且定期跟踪。

② 在客户出现售后物流、退换货、赔付、评价、投诉等问题时，首先做到安抚客户，然后迅速根据客户出现的问题进行有针对性的解决。

③ 将客户档案库的客户进行分类管理，定期发送客户节日问候、祝福，定期向客户推送新品信息、优惠促销信息。

④ 维护客户旺旺群（或社群），维护群气氛，解答客户常见问题；定期推送最新商品信息与活动信息。

4.1.2　网店客服的素质要求

1. 基本素质

网店客服要具备基本素质，包括积极、热情，有耐心，有良好的语言组织表达能力和情绪掌控及调整能力。尤其是大促销时，由于网络客户短时间内流量大，问题复杂多样，因此要求网店客服既要积极、热情，语言表达流畅，又要有耐心，有良好的情绪掌控能力。

2. 基本知识

（1）商品专业知识

网店客服要具备扎实的商品专业知识，熟悉网店各种商品的功能、材质、尺寸、款式、用途、注意事项、适合人群，尤其是熟悉热卖商品的卖点、搭配商品及近期促销活动规则，甚至包括网店优势、厂家研发、生产、公益等多方面的情况及竞争对手的商品特征。

（2）电商平台交易规则

网店客服应熟知平台的交易规则、店铺活动及运营规则，并遵守行业规范。网店客服一方面应站在商家的角度熟悉并遵守网店的交易规则；另一方面，当买家不清楚交易规则时，客服除了要指引买家去查看网店的交易规则，还需指导买家的具体操作。此外，查看交易详情，了解付款、修改价格、关闭交易、申请退款等操作步骤也是非常必要的。客服不仅要对平台规则熟记于心，还要了解促销活动报名的商品及活动价格、活动时间和活动对象，这样才能够提高转化率，降低售后纠纷。

（3）支付宝的流程和规则

了解支付宝交易的原则和时间规则，可以指导买家通过支付宝完成交易，查看支付宝交易的状况，更改现在的交易状况等。

（4）物流知识

网店客服需要了解不同的物流运作方式，随时了解各种物流方式的网点情况，了解快递公司的联系方式、计价方式和物流速度，对包裹撤回、地址更改、状态查询、保价、问题件退回、代收货款、索赔等问题进行相应的处理。

4.1.3　网店客服工作注意事项

在网店客服的日常工作中，需要重点关注泄露第三方信息问题、发票问题、违背客户承诺问题、返现违规问题等，一旦涉及这些问题，网店客服在与客户沟通中稍有纰漏，商家就可能因违反平台规则面临被投诉、扣分、罚款等风险。

1. 泄露第三方信息问题

泄露第三方信息，如他人（自称订单付款人的家人、朋友）以不同的旺旺号询问已成交订单信息（地址、电话、购买商品等），绝不能透露客户信息，可以告之登录购买旺旺号后再行咨询。泄露客户信息属于严重违规行为，情节一般的，每次扣B类2分；情节严重的，每次扣B类6分；情节特别严重的，每次扣B类48分。

2. 发票问题

客户提出发票要求，明确告知客户可以出具发票，只能按订单内容（项目、金额）提供，可以开具公司抬头也可以是个人抬头。商家拒绝开发票，可能面临扣分、罚款风险。

3. 违背客户承诺问题

① 承诺客户有赠品、包邮、退换货、售后维修、指定物流发货的，如果商家没有做到也属于违背客户承诺。

② 若客户通过旺旺联系商家要求主动关闭交易，不扣分；但如果商家未经客户同意就关闭交易，就触犯了违背客户承诺规则。为避免麻烦，如果客户要求关闭订单，可以请客户自行关闭或者告之三天内不付款淘宝会自行关闭订单。

③ 如果商家开通了货到付款、信用卡支付或蚂蚁花呗付款服务，则拒绝该付款方式也是违背客户承诺规则。

④ 无货空挂、延迟发货问题。一般商家需要在客户付款后 48 小时内发货，如果超出时限属于违背客户承诺。

4. 返现违规问题

网店客服在旺旺中与客户沟通时，不要主动提及其他网店地址信息，不要提及通过QQ、手机等其他方式联系，不要提及"好评返现""全5分好评返现""好评返红包""免单""全额返现""高比例返现"等类似承诺，否则属于违规情况。

任务 4.2 网店客服工作主要内容

4.2.1 商品推荐

优秀的网店客服人员一定要善于做商品推荐，这更有利于提升转化率和客单价。在网络交易中，了解买家需求不是等待买家明确告知需求，而是需要网店客服细心发现买家需求，抓好买家在购买时对商品价格、风格、品质、功能、品牌等的心理预期，主动引导买家进行商品购买。客服人员在向买家推荐商品时要把握好以下几个技巧。

1. 买家提出需求时有针对性地推荐

对买家在购买过程中表现出的犹豫心理进行有效分析，针对不同需求主动引导买家进行选购。当买家提出需求时，网店客服要有针对性地做出商品推荐。例如：买家要送给父母礼物，网店客服应结合店铺实际情况，考虑哪些商品更适合推荐给买家，哪些商品次之或不适合推荐，保证买家不会因为所推荐的商品与其想法差异过大而流失。整个过程中，网店客服要注意"三分问、七分听"，尽量站在买家的角度，提出有针对性的推荐方案，让买家感受到专业的客服服务。

2. 产品缺货时推荐合适的替代产品

当买家问到某种产品时，如果该产品正好缺货，要及时调整思路，不妨根据产品的特性向买家推荐店内其他合适的产品，而不要说本店暂时没有这款产品而导致买家遗憾地离开。在实际工作中，买家的需求有时表达得不够明确，若网店客服未进行深入挖掘，便顺势放弃了再次推荐，这也是订单大量流失的原因。

3. 开展促销活动时及时告知并引导购买

如果店铺正在进行促销活动，客服可以在买家咨询完后及时告之这一消息，以此吸引买家的关注，并为店铺引入流量。这里要特别注意，如果买家未及时回复，那么要奉上结束语，以示礼貌；如果买家没及时看到，还能起到提醒作用；如果买家只是因为忙碌而忘记看但还是有意向购买，那么客服要及时快速地提醒买家。

4.2.2 订单催付

在网购过程中，即使买家已经下单，也有可能因为犹豫而最终放弃订单，或者与网店客服进行价格谈判。在此环节，如果网店客服不能很好地参与，很容易导致本来可以成交的订单因买家未付款而流失。因此，催付款需要网店客服采用精湛的技巧来挽留住买家。

店铺或品牌运营人员通过后台数据分析，可以实时监控到未付款的订单。通常这种情况有主观原因和客观原因，运营人员应及时与客服主管沟通，安排工作人员及时应对处理，分析产生订单催付的原因并采取合理的应对策略。

1. 订单催付的原因

订单催付有两个原因：一是店铺新买家，由于首次购物不懂使用在线付款方式，不知该如何付款或账户余额不够，客服可以主动热情地提供解决方案，利用截图来指导买家顺利完成支付；二是买家对商品存在疑虑、对价格有异议、对店铺服务有意见等主观原因，客服应态度亲切且得体地根据买家的反馈，告知店铺优势和服务保障的优势，强调商品的性价比符合买家的预期，情感上做到与买家共鸣，从而顺利地完成订单催付。在通常情况下，如果客服在这个环节能够耐心地回答买家所有的问题，并为之提供若干帮助，往往会收到附加效果，即买家会对店铺留下良好的印象，提高二次回购率。

2. 订单催付的应对策略

在整个催付环节中，催付用语是非常关键的。针对不同情况，客服人员应当采取不同的催付话术，如表4-1所示。

表4-1 订单催付的应对策略

订单催付应对策略	催付话术
核对地址和快递方式	亲，很高兴看到您拍下商品了，××××× 这个地址对吗？发×××快递您能收到吗？为了您能尽快收到商品，请您尽快付款哦！
告知买家同意为其提供包邮服务或折扣优惠	亲，运费改好了，请尽快付款吧！付款后才能尽快给您安排发货哦！ 亲，折扣已经帮您改好啦，申请了很久呢，亲！尽快付款吧，付款后马上安排给您发货哦！

续表

订单催付应对策略	催付话术
询问买家是否还有疑问	亲，还有其他方面的问题吗？这是咱家的爆款，很多亲都在抢购呢！咱家是付款减库存的哦，为了防止您拍下的商品被别的亲抢走，就尽快付款吧！ 亲，这个商品很热销，同一时间很多买家都在抢购，您的眼光真好！不知道亲在哪方面还有疑问，有没有需要我帮助的呢？
向买家强调发货	亲，我们已经在安排发货了，看到您的订单还没有支付，提醒您现在付款我们会优先发出，您可以很快收到包裹哦！ 亲，我们仓库是下午五点前统一发货，您在五点之前方便付款吗？我们可以及时给您安排发货，这样您就能早一天收到我们的商品和礼物哦！
告知买家交易即将关闭	您好，看到您在活动中抢到了我们的商品，真的很幸运呢。您还没有付款，不知道遇到什么问题呢？再过一会儿交易就要自动关闭了，如果有别的买家在有货的时候支付，您就失去这次机会了。请尽快付款哦！
告知买家可以享受优惠	亲，您在我们店铺拍下的商品已经确认，现在我们每天前50名付款的买家有精美礼品赠送，您现在付款还来得及哦！
为老买家提供超值优惠	亲爱的××（买家名字），我是××（卖家名字），看到您已经在我们店里拍下了您想要的商品，您已经是我们的老顾客了，所以您付款后我们会优先安排您的订单发出哦！

4.2.3　商品问题处理

网店销售始终围绕的是商品和服务。买家在购买的过程中会提出许多疑问，作为客服，需要做出及时、专业的回复并协助买家解决问题，增强其购买信心，从而促成订单（如表4-2所示）。

表4-2　商品问题处理

售前商品问题处理	问题类型	1	商品问题（包含质量、适配度、功能等问题）
		2	价格问题
			物流问题
			优惠券问题
	处理技巧	1	取得客户信任
		2	分析自己店铺商品的优势
		3	强调完善的服务
		4	强调价格的合理

续表

售后商品问题处理	问题类型	1	与商品、平台相关的咨询
		2	与投诉相关的问题，是指买家对商品质量、数量等不满对店铺或者平台突出投诉
	处理技巧	1 咨询类问题	要从买家的角度不断完善产品使用说明书、使用说明视频，让买家可以更加直观地掌握产品使用技巧，提高体验感，可通过电话或视频连线指导
		2 投诉类问题	重视买家的投诉并及时道歉，缓和沟通氛围
			掌握倾听的艺术，耐心分析纠纷原因
			确认问题后写上解决方案，如退换货、退款、维修等，并积极跟进、执行

4.2.4 支付问题处理

支付是买家完成交易订单的一个重要环节。由于这个环节具有一定的技术性，因此买家在支付这个环节会遇到各种问题。对于不同的平台，支付问题的处理方法有所差别，如表4-3所示。

表4-3 支付问题的处理方法

平台因素	问题来源	平台活动促销期间，由于爆发性的流量导致平台支付系统崩溃，买家无法支付的问题
	处理方法	客服首先应该尽量安抚买家情绪，然后迅速检查自身原因，判断是否存在库存短缺等问题，并耐心给予解释并引导买家在订单支付限期内再次尝试错峰支付，或者引导买家对前一个失败订单发起退款流程，重新下单
客户因素	问题来源	买家出现的网络问题、支付宝未成功开通，或者没有选择有效的支付方式导致的支付失败
	处理方法	客服必须采用规范的话术快速安抚买家，引导买家尝试换一个场景区域再次支付，也可以利用视频引导的方式，尽量详细地引导买家完成设置步骤
支付方式因素	问题来源	由于支付限额限制导致的支付失败
	处理方法	网络支付的限额问题，一般由平台限额和各大银行限额两种因素构成。对于大额的交易，一般采取"定金+线下交易"的方式。例如：在平台支付部分定金以避免购买行为的虚假性，然后买卖双方签订正规的销售合同，到银行柜台办理余额的支付业务

4.2.5　物流问题处理

在网店交易的各个环节中，由于物流运输时间受多方面因素的影响，一般是卖家无法控制的，所以产生的物流纠纷很多，物流既是卖家最难以把控的环节，也是买家投诉最多的一个环节。

1. 物流问题的风险界定

当买家提出未收到货时，作为卖家需要通过物流跟踪信息来判断货物风险到底是属于买家还是卖家。具体来说，货物在收货人或者得到收货人授权的签收人在签收地签收之前，货物风险由卖家承担，由卖家负责向承运的物流公司进行索赔；而货物一旦被收货人或者得到收货人授权的签收人在签收地签收，货物风险就转移至收货人。

2. 国内平台物流问题处理

国内平台物流问题，通常由卖家因素、物流公司因素、不可抗力因素组成，见表4-4。

表4-4　国内平台物流问题处理

卖家因素	发错货问题	发错货包括错发、漏发、多发等，客服在接收到此类信息后，应与买家进行图片核实及协助核实底单，确定后为买家进行相应处理并备注；涉及退换货的订单由客服进行换货下单或由客服引导做退款处理
	破包问题	若买家拒签或者涉及退换货，均可按正常流程处理
	质量问题	如果签收三天内，并无使用痕迹，则客服需尽量要求买家上传照片。若买家配合，核实后正常处理（退换或自行修补处理，卖家承担一定费用，也可以进行一定的折扣补偿）。若买家不配合，可要求买家退回商品，然后核实：如确实是存在质量问题同前处理；如无问题则交售后，让其与买家进行沟通
		超出售后处理时间或已使用后发现质量问题的，协商赔偿。若买家不同意，则请示主管给予处理意见
		属于买方责任的，原则上不退换，但也要尽量处理好，避免中差评与客户流失
物流公司因素	物流信息不更新	客服应首先到后台及快递公司的官网查询该订单的物流信息，是否后台有延迟更新的情况。如果确实没有物流信息，要及时联系快递公司给予解决方案，同时安抚好客户，并约定处理时间。在此过程中要给订单做好备注，以防遗漏问题，并且要及时跟进
	物流超区	建议商家最好能与多家快递公司合作，互补盲区；或者记录超区的地方，针对这些地方快递可到达的快递公司。若已发生了超区情况，商家首先要与快递公司沟通，转发可到达的快递公司，或者让买家更换可到达的收货地址，待包裹退回后，重新发可到达的快递公司

续表

物流公司因素	显示签收但买家未收	客服要引导买家查看是否别人代签收，同时也要联系派件员，核实包裹的签收情况，及时为买家反馈解决方案，做好退款、补发等准备
	破损处理	客服要让买家提供有收件人信息的完整外包装图片及清晰的破损处、外包装导致内部破损的图片，及时联系快递公司要求赔偿，并安抚好买家，协商退款或补发事宜
不可抗力因素		客服人员应据此及时提醒买家存在不可抗力的风险因素，并向买家做好因为不可抗力因素导致无法履行物流协议的解释工作

知识拓展　　　　　　**千牛卖家工作台**

千牛是阿里巴巴集团官方出品的供淘宝卖家、天猫商家使用的工作软件，是在卖家版旺旺的基础上升级而来的。千牛工作台不仅集成了即时沟通工具（旺旺），而且还有商品管理、店铺流量实时监控工具等，更适合有网站管理需求的卖家用户。

千牛是集成商家后台功能操作及客户接待设置、应用的客户端，分为移动端和PC端两种，由于移动端应用便捷，所以商家通常用千牛移动端查看网店的运营数据，方便客户接待及简单的营销推广、活动报名等应用操作；用PC端进行商家后台深度应用及客户接待设置、交流沟通、订单处理等。快捷窗口展示主要包括接待中心、消息中心、工作台、搜索四大部分。接待中心的设置功能主要包括团队管理、店小蜜、客户服务、互动服务窗口等内容，对这些内容进行设置不仅便于提升工作效率，提升客户体验，而且有利于宣传品牌形象；消息中心是平台发给商家的各类系统通知；工作台就是商家后台；搜索主要是用来查找千牛客户端的其他应用功能。

实训任务 4.1　使用催付工具催付客户付款

实训目标

- 掌握使用催付工具催促客户付款的相关知识。
- 通过具体的案例来加深对催付的认识和理解。

实训分析

催付对网店和客服人员非常重要。在催付的过程中，客服人员可以通过主动提问等方式获知客户未付款的原因，并帮助客户解决问题。在这个沟通过程中，客服人员既需要选择合适的沟通工具，还需要组织好话术，再运用沟通技巧。在催付过程中，客服人员切记以客户为中心，注意语气和频率，要让客户体会到客服人员的目的不是催付，而是帮助客户能解决其遇到的问题。对于客服人员来说，催付成功率与最终付款成功率息息相关，最终付款成功率则与客服人员的收入息息相关。所以，催付是客服人员必须做好的一项工作。

① 商家要登录"千牛卖家工作台"，选择交易里的"订单管理"单击"已卖出的宝贝" ｜ "等待买家付款"，查看未付款的订单，如图4-1所示。

图4-1　未付款订单

② 商家要与客户沟通，分析客户未付款的原因，包括客观原因和主观原因。

③ 商家要使用不同的催付工具，如千牛、短信和电话。商家使用千牛自带的催付话术，并编辑催付语。订单总金额较大的客户，一般推荐使用打电话的方式进行催付。

实训任务 4.2　阿里店小蜜基本功能的设置

实训目标

● 掌握阿里店小蜜基本功能的设置。

● 熟练使用阿里店小蜜进行客户服务。

实训分析

在电商快速发展中，客服工作逐渐暴露出了很多短板，即无法满足电商企业的需求，它更需要自由度高、人员能够灵活切换、回复及时且精准的客服团队，简单来说，就是易管理、低成本、高产出。在这种形势下，智能客服应运而生，智能客服可以帮助企业提升电商团队的服务能力，提高买家的购物体验。阿里店小蜜是阿里巴巴推出的商家版智能客服机器人，2016年8月1日第一版上线，2016年12月27日开启公测，2018年8月13日正式版上线。

1. 开通阿里店小蜜

阿里店小蜜的开通很便捷。通过阿里店小蜜官网及千牛工作台，所有淘宝、天猫商家都可以签署店小蜜，使用协议，以使用阿里店小蜜。签署阿里店小蜜如图4-2所示。一键授权激活后，阿里店小蜜就可以投入使用。

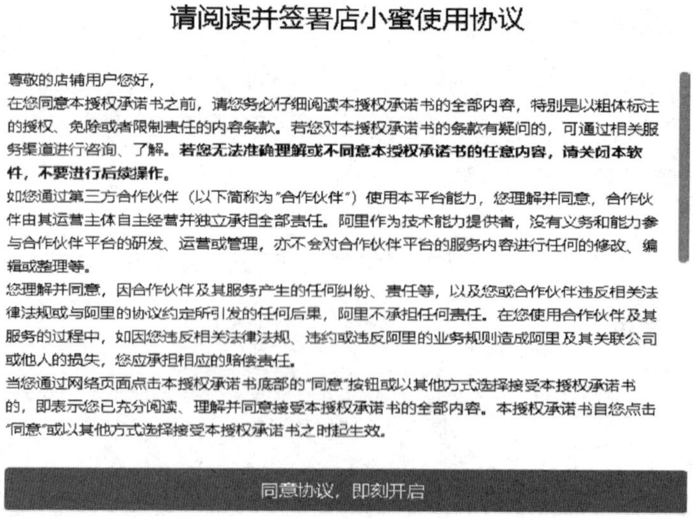
请阅读并签署店小蜜使用协议

尊敬的店铺用户您好，

在您同意本授权承诺书之前，请您务必仔细阅读本授权承诺书的全部内容，特别是以粗体标注的授权、免除或者限制责任的内容条款。若您对本授权承诺书的条款有疑问的，可通过相关服务渠道进行咨询、了解。**若您无法准确理解或不同意本授权承诺书的任意内容，请关闭本软件，不要进行后续操作。**

如您通过第三方合作伙伴（以下简称为"合作伙伴"）使用本平台能力，您理解并同意，合作伙伴由其运营主体自主经营并独立承担全部责任。阿里作为技术能力提供者，没有义务和能力参与合作伙伴平台的研发、运营或管理，亦不会对合作伙伴平台的服务内容进行任何的修改、编辑或整理等。

您理解并同意，因合作伙伴及其服务产生的任何纠纷、责任等，以及您或合作伙伴违反相关法律法规或与阿里的协议约定所引发的任何后果，阿里不承担任何责任。在您使用合作伙伴及其服务的过程中，如因您违反相关法律法规、违约或违反阿里的业务规则造成阿里及其关联公司或他人的损失，您应承担相应的赔偿责任。

当您通过网络页面点击本授权承诺书底部的"同意"按钮或以其他方式选择接受本授权承诺书的，即表示您已充分阅读、理解并同意接受本授权承诺书的全部内容。本授权承诺书自您点击"同意"或以其他方式选择接受本授权承诺书之时起生效。

同意协议，即刻开启

图4-2　签署阿里店小蜜

2. 阿里店小蜜基本功能

（1）问答管理

问答管理在此区域编辑，主要分为常见问答配置、自定义问答配置和关键词回复三种类型，根据问题的方向又分为聊天互动、商品问题、活动优惠、购买操作、物流问题、售后问题6个类型，如图4-3所示。

在添加行业通用问题及自定义问题的答案时，店小蜜除了能提供文字回复，对于买家提出的相同问题还能提供多种不同回复，对于一些复杂问题可在答案后附加图片。

（2）商品知识库

在商品知识库功能页面中，卖家可新增商品知识。商品知识库功能页面如图4-4所示。回复方式可选择新建自定义场景。新增自定义场景页面如图4-5所示。

图4-3　常见问答配置

图4-4　商品知识库功能页面

图4-5　新增自定义场景页面

当客户咨询的问题无法在商品知识库中识别，则直接由人工接待。

（3）店铺问答诊断

店铺问答诊断功能可根据卖家店铺的客服接待数据给出知识优化建议，卖家无须再逐一浏览客服聊天记录即可获取知识库的配置提示。该功能包括按照智能诊断结果优化知识库内容、从客服日常沟通过程中自动学习、参与优化自动识别模型。店铺问答诊断如图4-6所示。

图4-6 店铺问答诊断

（4）跟单助手

跟单助手包括配置面板、任务列表、数据看板、话术管理四个模块，如图4-7所示。

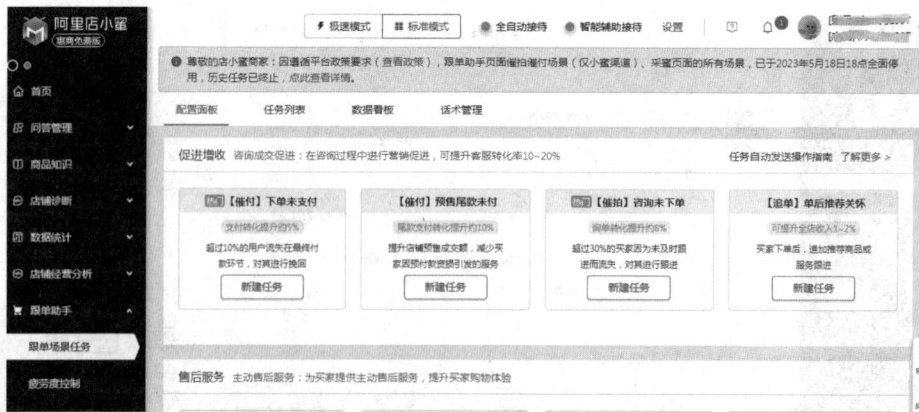

图4-7 跟单助手

① 配置面板。配置面板包括促进增收、售后服务和自定义外呼。其中，促进增收用

于在咨询过程中进行营销促进，可提升转化率10% ～20%；售后服务可为买家提供主动售后服务，提升买家购物体验；商家通过自定义外呼可以自定义圈人和自定义话术，创建个性化的自定义场景。

② 任务列表。任务列表展示了任务名称、任务场景、发送渠道、任务有限期、任务状态及操作等信息。

③ 数据看板。数据看板展示了下单未支付、预售尾款未付、咨询未下单、意向用户唤醒、复购营销、智能私域营销、签收未确认、确认收货后邀评及发送使用说明等信息。

④ 话术管理。话术管理展示了自定义话术配置规则，包括自定义场景要求和话术要求等信息。

5. 智能商品推荐

智能商品推荐是基于店小蜜"千人千面"的智能推荐算法。在不同场景下，给买家推荐最有可能成交的商品，最终提高客单价。在该页面可设置求购推荐、搭配推荐及其他推荐，如图4-8所示。

图4-8　智能商品推荐

巩固 与 提高

一、单选题

1. 要想获知来店客户感兴趣的宝贝，可以通过什么方式得到？（　　　　）

　　A. 查看旺旺对话框中客户当前浏览的宝贝

　　B. 查找客户的访问轨迹

    C. 对客户访问轨迹进行跟踪，查看其浏览宝贝频次

    D. 以上答案都正确

2. 跟客户在线谈判的中心内容是（　　　　　）。

    A. 付款方式　　　　　　　　　　B. 包装方式

    C. 议价　　　　　　　　　　　　D. 发货期

3. 哪种营销方式只能通过客户关系管理工具来进行？（　　　　　）

    A. 电话回访　　　　　　　　　　B. 短信营销

    C. 电子邮件营销　　　　　　　　D. SNS营销

4. 网络客户服务最大的优势在于（　　　　　）。

    A. 价格非常低廉，效果更佳

    B. 能够轻松打败竞争对手

    C. 能够与客户建立起持久的一对一服务关系

    D. 信息传递的及时性

5. 以下不属于售后服务的是（　　　　　）。

    A. 客户跟踪服务　　　　　　　　B. 产品使用培训

    C. 产品使用说明　　　　　　　　D. 产品或服务设计

6. 以下不属于电话服务禁语的是（　　　　　）。

    A. 我不能　　　　　　　　　　　B. 对不起

    C. 我不会做　　　　　　　　　　D. 但是

7. 关于优化阿里店小蜜答案的目的，以下哪个说法是正确的？（　　　　　）

    A. 提升客户体验　　　　　　　　B. 降低阿里店小蜜转人工率

    C. 提高询单转化率　　　　　　　D. 以上都是

8. 作为一名客服人员，有客户问："我身高162 cm，体重49 kg，这件T恤（普通款）哪个尺码合适我呢？"最佳的回复是（　　　　　）。

    A. 亲，个人建议S码，如果您不放心可以具体看下详细的尺码表

    B. 亲，您的身材很不错，这件T恤您穿S码会合适一些，小码比较显身材；但如
       果您平时喜好宽松一些的话，可以选择M码

    C. 亲，个人觉得您还是自己选择吧，因为您最了解自己的身材

    D. 亲，您好瘦啊，穿什么码的都合适

9. 在购物过程中，经常会有客户问卖家关于食品的保鲜期、药品有无副作用、电器有无漏电现象等问题。在卖家解说后，才能放心地购买。这体现了客户的（　　　　　）。

    A. 安全心理　　　　　　　　　　B. 疑虑心理

C. 求实心理   D. 个性化消费心理

10. 如果客户说："衣服穿着不合身，怎么办？"作为一名售后客服，你该怎么回答？（   ）

  A. 亲，这款衣服我们的设计师是根据轻盈、凉爽的理念设计的，所以拿在手上是有比较薄、比较纤柔的感觉，但是，亲，穿在身上是很舒适的

  B. 您好！请问是什么地方不满意呢？您告诉我们，我们会尽全力为您解决的

  C. 亲，如果衣服实在穿着不合身的话，我们是可以为您提供退换服务的，您先了解一下我们的退换货须知噢（发退换货须知截图或文字）

  D. 亲，您先别着急！您的衣服从××（城市名）发到××（城市名）需要大概5～7天的时间，预计您在×天内就能收到您的衣服了

二、多选题

1. 网店客服的售后工作包括（   ）、赔付补偿、客户评价管理、投诉管理、客户关系管理等内容。

  A. 售后客户地址确认   B. 订单核实
  C. 订单跟踪查询   D. 退换货

2. 客服人员应具备的基本知识有（   ）。

  A. 商品专业知识   B. 电商平台交易规则
  C. 支付宝的流程和规则   D. 物流知识

3. 网店客服工作主要内容有（   ）。

  A. 商品推荐   B. 订单催付
  C. 商品问题处理   D. 支付问题处理
  E. 物流问题处理

三、简答题

1. 什么是网店客服？
2. 网店客服工作注意事项有哪些？
3. 网店客服工作主要内容是什么？
4. 作为一名淘宝客服应该掌握哪些知识？

参考答案

网店促销活动与营销工具

知识框架

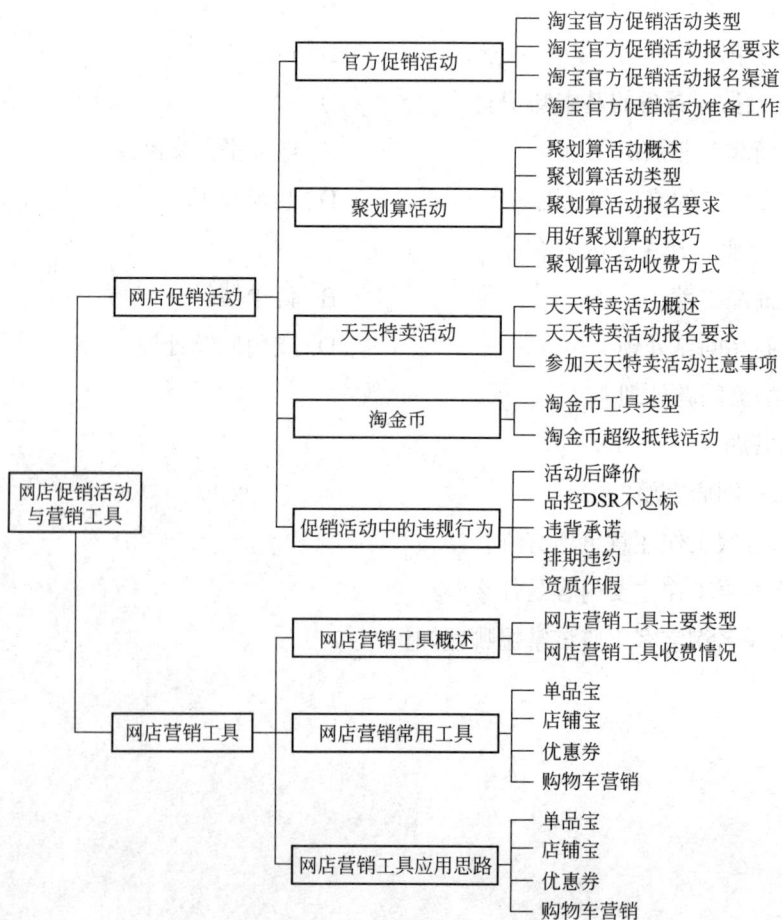

学习目标

了解淘宝平台网店促销的常见活动形式，熟悉淘宝平台官方促销活动的报名条件、报名渠道，熟悉聚划算、天天特卖活动等的类型、报名流程，熟悉淘宝平台网店营销工具的使用。

思政目标

在网店促销活动中，更多地强化中国传统节日的主题，深化中国元素，让学生牢记中国传统文化，增强文化自信，以此弘扬中华文化。

理论知识

任务5.1　网店促销活动

促销活动已经成为提升平台活跃度的常规手段，有力的促销措施不仅能提高商品的曝光率，还能有效地提高订单量，也是激活老客户、拉动新客户的有力手段。促销活动的实施不仅可以促进店铺销售转化，而且有助于商家迅速提升其品牌影响力。

5.1.1　官方促销活动

在日常的网店运营中，店铺活动一般包括店铺、官方平台及第三方平台的促销活动。由于目前官方促销活动是网店运营工作的主流，所以下面主要以官方促销活动为主进行介绍。

官方促销活动是指由电商平台组织商家开展的活动促销行为。一方面，平台引导商家按要求参与各种活动；另一方面，平台在站内各大主要栏目及站外进行宣传推广，拉动客户参与。由于平台拥有广泛的受众群体及活动宣传影响力、诱惑力，商家适度地参加活动对促销量、积累客户、提升影响力方面都有明显的拉动效应。目前，在电商平台上比较突出的活动有：淘宝网的聚划算、"双十一"购物狂欢节、"6·18年中大促"活动，京东秒杀、每日特价等活动，拼多多的年货节、秒杀、爱逛街、断码清场等活动。

下面主要以淘宝网为例，系统地介绍官方促销活动。

1. 淘宝官方促销活动类型

淘宝官方促销活动主要包括品牌型活动、行业型活动、节庆类活动。

（1）品牌型活动

聚划算、淘抢购、全球购、极有家、天天特卖、阿里试用等活动属于品牌型活动。这类活动面向整个淘宝平台，在PC端、移动端首页及主要栏目都有流量入口，受众广、流量大，因此其销量拉动和品牌推广的效果比较明显。

（2）行业型活动

行业型活动即面向行业的专场活动。例如：女装、男装、女鞋、男鞋、运动户外、母婴、美妆、家居百货、家电数码等常规类目的活动，中国质造、潮电街、淘宝美食、农村淘宝等特色市场类目的活动。这类活动流量入口主要分布在类目频道页，虽然没有品牌型活动影响力大，但客户针对性更强。

（3）节庆类活动

节庆类活动，如面向淘宝商家的"淘宝嘉年华""双十二""双十一""6·18年中大促"及"女王节""年货街"等活动，尤其是"双十一""双十二""6·18年中大促"专场是影响整个互联网的大型活动。

2. 淘宝官方促销活动报名要求

由于营销活动流量巨大，促销、品牌效果较明显，因此官方促销活动成了商家竞相拼抢的"香饽饽"。为了保障平台的信誉度、提升客户体验，平台要求参加活动的商家必须具备一定的资质。一般要求商家必须符合《营销平台基础招商标准》，且对商家和商品做出了详细规定。淘宝官方促销活动报名要求如表5-1所示。

表5-1 淘宝官方促销活动报名要求

报名要求	退出	
	主动退出	被清退
【违规限制】 ① 近90天内无一般违规行为节点处理记录 ② 近90天内无虚假交易扣分 ③ 近365天内无严重违规行为节点处理记录 ④ 近730天内出售假冒商品分值未达24分，近365天内出售假冒商品分值未达12分，且本自然年度内无出售假冒商品扣分 ⑤ 未在搜索屏蔽店铺期 ⑥ 无其他被限制参加营销活动的情形 【服务能力】 ① 店铺DSR评分三项均高于4.6 ② 近30天内纠纷退款率不超过店铺所在主营类目纠纷退款率均值的5倍，或纠纷退款笔数少于3笔 【经营能力】 淘宝网还将结合卖家多维度经营情况（如诚信经营情况、店铺品质、商品竞争力等）及各营销活动侧重等进行综合评估	无合理理由不得主动退出	不满足报名要求立即清退

3. 淘宝官方促销活动报名渠道

淘宝平台为了商家参加官方营销活动提供了多元化的活动入口。

（1）统一的淘宝官方营销活动中心入口

为了方便商家报名，平台提供了淘宝官方营销中心统一的导航页供商家参加各种类型的活动，如图5-1所示。

图5-1　淘宝官方营销中心统一的导航页

（2）淘宝商家后台营销活动中心入口

淘宝商家也可以通过自己的"卖家中心（商家后台）—营销中心"栏目报名活动。由于淘宝商家后台和天猫商家后台有一定差异，且淘宝商家后台变化比较快，因此后台活动报名入口方式上有一些不同，但总体基本接近。由于商家店铺类型不同及所属类目不同，商家在对应后台报名页面看到的报名列表也有所不同，图5-2为淘宝商家后台营销活动中心活动报名页面。

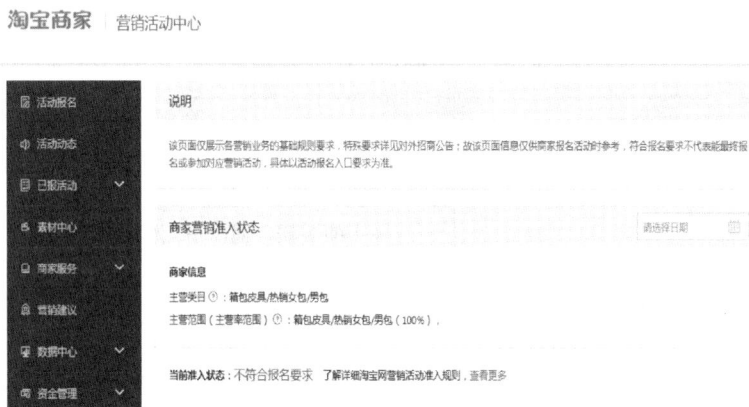

图5-2　淘宝商家后台营销活动中心活动报名页面

（3）官方主页报名入口

商家也可以在对应的官方主页直接报名参加活动，如聚划算（见图5-3）、试用中心、淘抢购等，还有一些活动可以在淘金币论坛、旺旺群报名。尤其对于头部商家而言，旺旺群是一些优质资源活动的主要报名渠道。

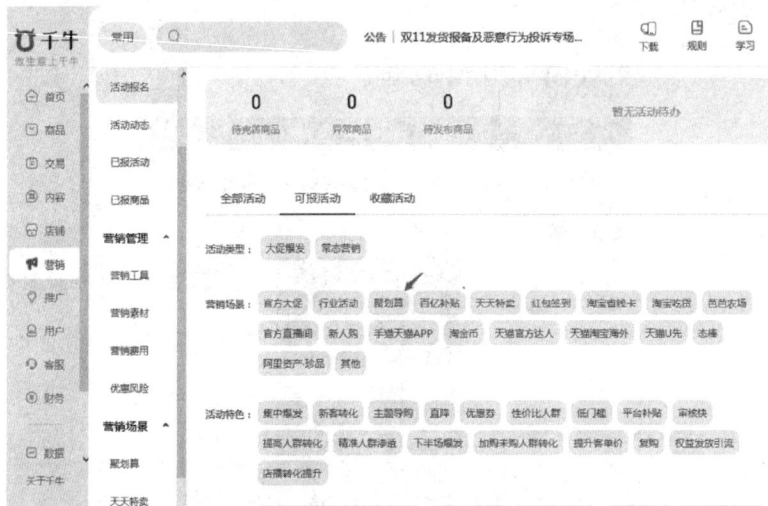

图5-3　聚划算报名入口

4. 淘宝官方促销活动准备工作

淘宝官方促销活动运营不仅涉及报名条件核实、报名流程中资料提交等问题，而且涉及商品选择、定价、关联营销、促销品、客服、库存准备等一系列问题，因此每一次成功的活动都是周密策划和准备的结果。

（1）明确活动目的，做好选品与定价工作

表5-2是不同活动目的的促销策略。

表5-2　不同活动目的的促销策略

活动目的	促销策略
清库存（清理积压商品和过季商品）	为避免压货可以低价促销
提升店铺业绩	选择店铺爆款，辅以适当优惠大量促销
展示形象和新品预热	可以适当优惠，扩大新品影响力与提升客户体验，同时做好新品搭配促销或者全店推荐工作。

（2）准确把握每种活动的特性，有选择地报名

① 聚划算、淘抢购、"双十一"等活动，其规模大、门槛高，对商家资质、综合运

营能力要求较高，比较适合有一定基础的淘宝商家。

② 天天特卖、淘金币相应要求条件不高，比较适合中型商家或者初级商家。

③ 从商品角度而言，聚划算流量大，适合库存比较充足的宝贝。

④ 试用中心以试用为主，适合新品发布或重复消费型的商品。

⑤ 天天特卖、淘金币更适合集市店及低客单价的商品。

（3）考虑不同活动对目标商品的要求，提前做好准备

不同的活动对目标商品有明确的指标要求，因此要提前做好店铺的销量、评价整理等准备工作，为保障报名顺利通过、后期在活动中赢取客户信任奠定基础。

（4）做好商品准备工作

由于大部分活动流量大、成交量大，且准备时间有限，因此商家要对库存、供应链有良好的预期，避免成交后出现供货不足的现象，造成客户投诉、店铺权重下降的问题。同时，由于活动涉及出货，压制现金流大，要缴纳一定的保证金，所以要提前做好资金准备和后续的资金周转工作。

（5）提前关注并注意报名流程中各项工作

做好报名工作中商品价格和标题的设置，以及图片、链接的提交工作，避免因提交的资料不合格而耽搁活动报名。

（6）提前做好部门人员职能分工

为保障活动高效进行，提前对各部门人员进行分工，早做准备。各部门人员主要包括运营主管、设计美工、推广活动人员、客户服务人员和仓储物流人员。活动前各部门人员职能分工如表5-3所示。

表5-3   活动前各部门人员职能分工

运营主管	分解活动目标并监督活动各环节的执行 确定活动主推商品、关联商品，并确定商品的活动价格 活动前培训，活动后总结分析
设计美工	首页设计、活动页设计、商品详情页设计等 推广宣传用图设计
推广活动人员	付费推广（直通车、钻展、淘客、短信、E-mail等） 免费推广（微淘、微信、QQ群、旺旺、论坛等） 活动报名
客户服务人员	快捷短语设置、话术整理 客户接待推荐、售后服务
仓储物流人员	联系供应商备货、准备辅料 根据订单配货 物流对接

5.1.2 聚划算活动

1. 聚划算活动概述

淘宝聚划算是团购的一种形式，是由淘宝网官方开发并组织的一种线上团购活动，日访客过千万。从 2010 年诞生到现在，聚划算几经变革，从前期隶属于淘宝的一个频道到现在的淘宝平台的独立部门，从前期商家免费参加到后来的商家竞拍、付费方式参加，尽管聚划算活动不停地发生着变化，但它依然是在淘宝平台上影响最大的官方活动之一。

2. 聚划算活动类型

聚划算开团类型主要包括单品团、品牌团、主题团，如表5-4所示。

表5-4　聚划算开团类型

开团类型	团型介绍
单品团	单品团（含直降单品团）是指汇聚淘宝和天猫的优质单个商品，以单个商品参团的活动形式
品牌团	品牌团是指汇聚国际、国内知名品牌（含知名淘品牌），以单个店铺单个品牌的多款商品同时参团的活动形式
主题团	主题团是指针对某一特定主题，由两个以上符合该主题的店铺同时参团的活动形式

聚划算业务类型如表5-5所示。

表5-5　聚划算业务类型

业务类型	业务介绍
聚名品	聚名品以汇集国际高端、知名品牌（含港澳台）商品为目标，致力于打造成为时尚人士购买品牌商品的首选团购聚集地，从而更好地实现为消费者挑选具备更高性价比的商品
品牌清仓	品牌清仓是为品牌提供库存货品的销售渠道，同时为广大消费者带来高性价比的品牌商品的活动形式。 品牌清仓分品牌团、主题团、单品团和大牌常驻
全球精选	全球精选汇聚了全球进口商品，向消费者提供极具性价比的海外商品体验，所有商品均为原装进口，商家来源于淘宝/天猫/天猫国际经营进口商品的店铺

3. 聚划算活动报名要求

不同类型的聚划算活动对商家及商品的要求各有差异。下面以单品团为例具体介绍活动对商家及商品的要求。报名条件要满足淘宝营销平台基础招商要求，具体要求表现在商家店铺资质和商品资质两大方面。

（1）商家店铺资质

商家店铺要符合《营销平台基础规则》中以下几条。商家店铺须支持淘宝消费者保障服务；近半年店铺DSR评分三项指标均值不得低于4.7（开店不足半年的自开店之日起算），主营一级类目为保险的店铺除外；近半年店铺DSR评分三项指标分别不得低于4.6（开店不足半年的自开店之日起算），主营一级类目为保险、特价酒店/特色客栈/公寓旅馆的店铺除外；店铺实物交易占比须在95%及以上，店铺近30天的纠纷退款率必须小于0.1%。除此之外，符合商家报名聚划算不同活动还应满足下述条件。

① 所有店铺类型（含天猫、淘宝、天猫国际、飞猪等）开店时长须超过（含）30天。

② 特殊行业要求：主营类目为"装修设计/施工/监理，装修服务"的店铺报名时，须通过淘宝企业店铺认证；主营类目为"平行进口车、新车/二手车"的店铺报名时，必须支持售中未使用退款和过期自动退款。

（2）商品资质

① 商品资质要求除符合《营销平台基础招商标准》外，商品的报名信息应清晰、规整，商品标题和图片符合特定的格式要求。

② 报名商品必须设置为拍下减库存。

③ 价格要求：商品活动期间，如某商品及其价格竞争力不足、交易效率不高，在系统提示后仍未优化调整，则聚划算可对该商品采取在聚划算频道内降级展示资格、取消发布、清退处理，而为其他具有竞争力的平台商家及其商品提供展示机会。

④ 经平台采用特定方式判定，商家所经营的商品或品牌对他人品牌、商品名称、包装或装潢、企业名称、产品质量标志等构成仿冒或容易造成买家混淆、误认的，聚划算有权对该商家及商品采取报名审核不通过、不在聚划算频道页向消费者展示商品等管控措施。

4. 用好聚划算的技巧

（1）细心挑选参团商品

卖家可以根据自己店铺的定位和商品的定位进行消费群体细分，所选择的参团商品尽量与店铺内的商品有一定的关联，并与店铺内的主要客户群体相关。选择参团商品时，卖家还应注意以下几点。

① 最好选择热卖的、市场认知度比较高的，而且好打包的、不会超重的商品。

② 一定要选择物流过程中不易碎裂的商品，以降低损耗率。

③ 参团商品的使用人群最好与店铺中的主要客户人群类似。

④ 参团商品的品质要和平时卖的一样，切忌向买家发假货。

⑤ 价格不要过高。当然，关联销售的商品价格也不能过高，不然买家不会轻易下单。

⑥ 准备好充足的库存，这就不容易发生缺货问题；清仓款建议放在主题团或品牌团里做，能让整个活动更加饱满。

（2）加入关联促销商品

卖家可以精挑细选出店铺内近一个月内人气商品、热销商品、收藏量大的商品作为活动关联促销商品。对这些"镇店之宝"进行商品描述优化，并在聚划算团购当天限时秒杀连带促销。

在挑选关联销售商品时，卖家可以从以下四个方面来考虑。

① 同类的商品关联推荐，也就是功能类似关联推荐。

② 商品功能相关，即功能互补关联推荐。在做这类关联推荐时，最好采取图片展示的方法，对聚划算商品本身与关联促销商品的互补作用进行说明。例如：参团上衣和关联商品裤子相配，为买家提供穿搭参考，以刺激买家的购买欲望。

③ 搭配套餐推荐。

④ 配合其他活动推荐，如淘金币等。

（3）对参团商品进行优化

一个优质的商品详情描述能够代替至少10个客服人员，所以参加聚划算的商品一定要做好优化，以便减少客服人员的工作量，提高商品的销量。优化的内容包括店铺优化、商品图片优化、商品名称优化、商品详情页优化，以及物流、售后服务等方面的优化。

（4）做好客服培训

聚划算客服的培训也是非常重要的一个环节。针对团购当天可能会出现的问题咨询，卖家都要提前设计好快捷回复，因为客服人员的响应速度和服务态度都会对当天团购的客户群造成直接的影响。卖家必须做好准备，确保在客服这一关不出现问题，用专业的客服沟通技巧来留住团购客户，给客户提供最好的购物体验。

在开团当天，最好保证客服在线，以实现不同买家、不同问题的分流。另外，自动快捷回复以5个左右为好，其内容最好包含聚划算商品的各种信息、优惠、赠品、生产日期、快递信息等，让买家一看就能清楚。

卖家平时在发货过程中经常会发现部分订单拍下后并没付款，但这在聚划算较少发生，因为聚划算的规定是买家拍下商品15分钟内未付款就会自动取消订单，把机会留给下一位买家。这种情况如果发生，卖家可以安排客服人员利用电话与买家取得联系，看买家是否还需要购买。

还有一点需要特别注意，聚划算活动中大批量的发货肯定会带来大批量的售后工作，需要客服人员提前做好准备工作。

（5）做好老客户关怀营销

客服人员应该把将要进行的聚划算活动以群发的方式提前告知老客户，做好老客户的关怀营销。在店铺首页、微博、微信平台中也要提前预告此次活动，以有效地吸引之前成交过的买家。

5. 聚划算活动收费方式

费用问题关系到活动的投入回报比，费用是网店运营每个环节都必须考虑的。由于活动类型、活动类目及活动资源的不同，通常费用结算也有所差异，其具体分为以下三种模式。

（1）基础收费模式

所有商品正式参团时，基础费用划扣至聚划算账户并不予退回。

① 当实时划扣技术服务费等于或低于基础费用时，不会执行实时划扣技术服务费操作（即系统免收技术服务费）。

② 当实时划扣技术服务费大于基础费用时，对超出部分按照对应类目费率扣取实时划扣技术服务费，直至达到封顶费用时系统停止扣费。

③ 单品团基础费用的标准为2 500元/天，封顶费用的标准为25 000元/天；品牌团基础费用的标准为25 000元/天，封顶费用的标准为60 000元/天；主题团基础费用的标准为每团20 000元/天，按该团审核通过商家数分摊，封顶费用的标准为每团60 000元/天。

以主题团活动为例。主题团活动在发布前是统一先支付总的费用，按该团审核通过的商家数分摊。例如：3天团的活动，先统一支付60 000元，有5个商家审核通过聚划算主题团活动，每家承担1/5的费用，即每个商家的团费=60 000元/5=12 000元。

（2）"实时划扣技术服务费的收费模式"（即佣金模式）

仅按照确认收货的成交额及对应类目费率实时划扣技术服务费。

（3）"固定费用收费模式"

商家审核通过后提前支付一笔固定费用，开团时划扣至聚划算，开团后系统将不再实时监控确认收货成交额，商家也无须再缴纳实时划扣技术服务费。

5.1.3 天天特卖活动

1. 天天特卖活动概述

天天特卖（原天天特价）是淘宝网扶持中小企业成长的营销平台，天天特卖联合源头供应商提供高性价比的商品，参加活动的宝贝除在天天特卖频道展示外，还有机会在淘宝特价版、支付宝、手淘主搜等多渠道展示。

天天特卖意图打造一个"C2M智能中台""天天特卖定制工厂"，其目标是要成为新制造的生态服务平台。一方面，根据阿里巴巴所积累的数据对产品销量进行预测，从而对企业产能作出判断，以减少产能过剩；另一方面，结合菜鸟、阿里云、1688、蚂蚁金服等阿里系业务，为中小企业提供仓储配送、云计算、小微贷款等服务。天天特卖主要包括日常单品、店铺团两种开团形式。日常单品是通过店铺优质单品参团的活动方式进行推广；店铺团是淘宝店铺的商家通过店铺形式的方式，把性价比的商品推广到买家面前。招商对象不再仅仅面向淘宝商家，同时向天猫商家开放。

2. 天天特卖活动报名要求

① 报名参加天天特卖的商家及商品须符合《营销平台基础规则》的要求。

② 报名参加天天特卖的生鲜类目（新鲜水果、冰淇淋/冻品、净菜/半成品菜/快手菜、新鲜蔬菜/蔬菜制品、蛋/蛋制品、腌制蔬菜/泡菜/酱菜/脱水蔬菜、海鲜/水产品/制品、生肉/肉制品、熟食/凉菜/私房菜）淘宝商家：商家星级标准要求1钻及以上；店铺综合体验分≥4.2分。

③ 裸价直降：商品标价即为消费者下单时的成交价。

④ 须不高于该商品近15天内的最低标价（具体以商家报名后台提示为准）。

⑤ 须符合天天特卖可报商品类目范围内（具体以商家报名后台提示为准），且不高于所在类目价格上限（各类目价格上限以商家报名后台提示为准）。

⑥ 商品一旦报名并通过审核后至活动期间，如出现任何变化导致不再符合上述活动报名价格要求，或商品及其价格竞争力不足，交易效率不高，且在系统提示后仍未优化调整的，天天特卖有权采取降级、取消该商品在天天特卖频道内的展示资格，中止或终止该商品继续参加本次活动的处置。

⑦ 商品库存要求：商品报名库存数量须≥500件。

⑧ 报名天天特卖活动商品，不得报名同一活动时间段的其他营销活动（天猫大型营销活动、淘宝指定的营销活动除外）。

⑨ 在天天特卖的活动周期内，活动商品将不支持跨店满减优惠，以及通过优惠券、店铺宝等营销工具设置的优惠。

3. 参加天天特卖活动注意事项

1）商品选款

每个店铺对自己的产品都应该有所定位，根据天天特卖的产品需求，应季、热卖、爆款三大因素是最受平台欢迎的，要综合比较来选款，下面举例说明如何选择天天特卖的商品。

备选第一款：烟台大樱桃。这款宝贝优势是：应季水果，市场需求大。烟台大樱桃只有5—6月才能采摘，参加天天特卖活动比较有竞争力。但缺点是必须发顺丰快递，如果发普通快递可能就存在腐烂的可能，而且某些地区无法到达。

根据天天特卖活动必须全国包邮的要求下，这个产品参加活动存在成本高、售后处理麻烦的缺点。综合考虑的结果：放弃！

备选第二款：长岛金钩小海米。这款产品优势是：镇店之宝，是本店最热销的渔家自晒干货品种之一。但缺点是产品货源不充足，这是参加活动的大忌。综合考虑的结果：放弃！

备选第三款：咽炎莓茶糖。这款产品是家族祖传，传统百年工艺，在当地口碑很好，优势明显：一个月内超高销量+大量的好评+超多的回头客，强大的客户带动作用。缺点是产品利润很低。综合考虑的结果：就选这款！

2）商品定价

商品定价要低于近 30天销售的最低价格，最好是3折以下。给商品定价时，淘宝首页中搜索并查看同款商品的定价，建议活动价格要低于竞争对手同款商品的价格。

3）做好初审期间商品维护

卖家在"天天特卖"报名后不能只等待审核，在初审期间还要注意保持报名商品销量和评分的稳定，避免在初审期间出现商品销量或评分下降的情况发生。在系统审核期间，卖家要定期查看审核情况，若在活动前2～4天没有收到审核通知，卖家就必须到"天天特卖"商品管理页面查看审核结果，查找未通过的原因，以免因为没有及时按照审核过后的要求在规定时间内做好相关准备工作而被取消资格。

天天特卖经过第一轮审核后还会有第二轮，卖家要记录好活动要求下架的时间，开始检查产品各项数据，如标题、关键词、库存数量和广告投放的具体位置等，确定这些都没有问题后就可以等待活动的来临。

4）做好关联销售

要对目标买家的思维进行分析，要从买家的需求心理出发，通过搭配套餐商品的形式做好关联销售。

5）积极处理活动中出现的各种问题

在参加"天天特卖"活动的过程中，卖家难免会遇到各种各样的问题，这时一定要积极、及时地解决问题，以保证"天天特卖"活动的效果。

（1）活动人员安排

"天天特卖"活动有一天的预告时间，在活动的前一天店铺中就会产生流量，卖家要提前安排好活动期间的服务人员，并在预告前事先进行测试，拟定活动应急措施。

（2）订单催付

在"天天特卖"活动中，卖家经常会遇到买家拍下商品却没有及时付款的情况，这时卖家可以提醒买家及时付款。在"天天特卖"活动中，买家在下单 20 分钟内没有付款系统就会自动关闭订单。如果条件允许，卖家可以在买家下单的 15 分钟后提醒买家及时付款。

（3）活动商品提前售完

参加"天天特卖"活动很可能会遇到活动商品提前售完的情况，这时可以采取两种措施来解决：一是页面被锁定前，在活动商品的详情页中做好类似款或价格相近商品的关联营销；二是对已经购买过商品的买家进行回访，通过旺旺向买家发送相关商品的信息。

（4）流量不足

为了避免出现流量不足的情况，卖家可以采取以下措施：可以在活动商品主图上提前 3～5 天进行活动预热，通过淘宝店铺首页、旺旺、短信等提前告知老客户，让老客户帮助带动流量；还可以通过直通车、引力魔方、淘宝客助力，活动前进行收藏加购，活动当天才可能使坑产得到提升，实时权重得到更好的提高。

6）做好数据分析工作

活动结束后，卖家一定要对此次活动进行总结与评估，认真分析活动数据和效果，包括买家评价、评分情况、关联销售的效果、后续回头率等。此外，卖家还要关注活动为店铺销售带来的后续影响。

5.1.4 淘金币

淘金币是淘宝的一种虚拟积分，是淘宝的用户激励系统和通用积分系统。用户通过登录、购物、玩互动游戏等行为获得淘金币，并在淘宝网使用淘金币获得折扣，参与互动，享受乐趣。

商家淘金币自循环模式：商家可以通过用户交易赚取淘金币，并使用淘金币获得公域流量，以及运营店内粉丝。商家开通"淘金币抵扣"功能后，消费者可以"100 淘金币：1 元"的比例使用淘金币抵扣商品金额。消费者购买活动商品时所使用的淘金币的 70% 被奖励给商家，当消费者确认收货后淘金币奖励自动发放到淘金币账户。商家参与淘金币活动，可进入卖家中心，单击"营销中心"｜"淘金币"按钮进入淘金币卖家服务中心。淘金币工具目前主要有 6 种类型，如图 5-4 所示。

1. 淘金币工具类型

（1）金币全店抵扣

商家要参与淘金币活动，必须先开通淘金币抵扣工具。淘金币抵扣工具可按3%、5%、10%的比例设置全店商品的淘金币抵扣比例，并且可对不同的商品设置不同抵扣比例。淘金币抵扣展示如图5-5所示。商家通过设置淘金币抵扣优惠让利消费者，获得手淘搜索、猜你喜欢、商品详情等醒目显示，吸引千万级淘金币高活买家下单。

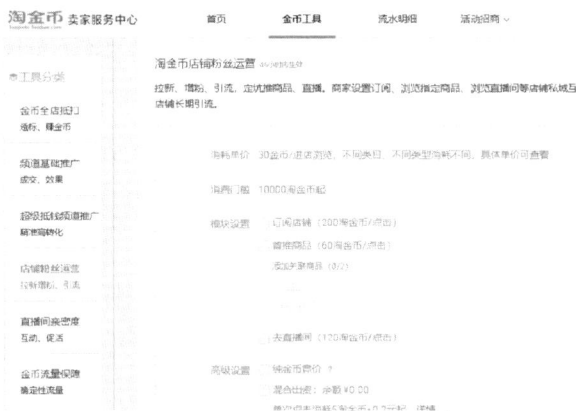

图5-4 淘金币工具类型

（2）频道基础推广

淘金币工具除了有抵扣的功能，还有频道基础推广的功能，即商家可通过发放淘金币的方式为网店引流。频道基础推广如图5-6所示。商家网店需信用等级在三钻至五金冠才能开通频道基础推广。商家的商品/网店/直播/短视频，按照算法个性化推荐，系统自动识别转化效率较高的推广类型，并按用户点击量消耗商家的淘金币，以全方位、综合性地提升展示效率，助力商家金币频道成交转化。

图5-5 淘金币抵扣展示 　　图5-6 频道基础推广

（3）超级抵钱频道推广

超级抵钱（简称"金币超抵"）活动，是商家以单品形式报名参与的淘金币高额抵扣活动。活动期间商家可选择单品支持淘金币抵扣报名活动价的50%或抵扣30%，商品的金币抵扣让利货值要求3 000元起（实际最低货值要求以对应的资源专区要求为准），最终通过淘金币折扣优惠快速打造高转化的成交单品。

（4）店铺粉丝运营

店铺粉丝运营工具是通过在淘金币频道公域流量布点，官方提供淘金币并发放给每日完成浏览店铺、关注店铺、点击定向商品、观看直播等任务的消费者作为奖励，通过算法大数据千人千面帮助商家精准找到潜在消费者和已购消费者，留存为店铺粉丝用户，并引导粉丝单击定向商品、观看直播，促进日常粉丝活跃的重要手段，全面呈现粉丝运营的推广价值。浏览好店送金币如图5-7所示。

（5）直播亲民度工具

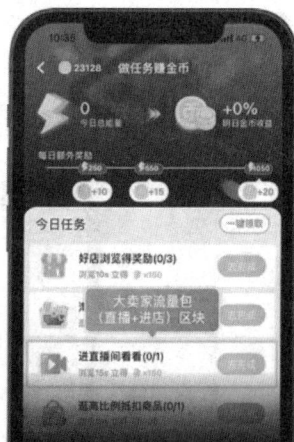

商家开通了金币频道推广，才能开通直播亲民度工具（见图5-8），开通后直播间将获得更高的流量加权。商家可通过发放淘金币奖励，引导粉丝参与直播间内互动和购买。

（6）金币流量保障

商家应在后台自主选择流量投放的时间及量级，并做好从淘金币各渠道至网店首页或者直播间的确定性流量的承接工作。金币流量保障工具能助力卖家提升短期流量、大促前蓄水及实现大促当日流量爆发。做任务赚金币如图5-9所示。

| 图5-7 浏览好店送金币 | 图5-8 直播亲民度工具 | 图5-9 做任务赚金币 |

2. 淘金币超级抵钱活动

商家通过淘金币指定入口报名支持淘金币高比例抵扣的活动商品，通过审核的活动商品在淘金币超级抵钱频道内展示。活动商品须支持淘金币30%或50%的高抵扣比例。在活动期间，系统会自动应用对应的高抵扣比例，无须商家在后台设置。

（1）商家准入要求

满足以下条件的商家方可报名。

① 商家须为淘宝或天猫商家。

② 淘宝商家网店信用等级在三钻以上，且满足《淘宝网营销活动规范》的要求。

③ 天猫商家须满足《天猫商家营销准入基础规则》的要求。

④ 网店近30天支付宝交易金额不低于15 000元。

⑤ 网店DSR不低于4.6分。

（2）商品准入要求

① 活动时间：商品在线时间为2天。

② 报名商品的近30天销量不低于30件。

③ 当淘金币抵扣比例为50%时，报名商品价格大于1元且不低于5 000元；当淘金币抵扣比例为30%时，报名商品价格高于40元且不低于5 000元。

（3）注意事项

① 淘金币抵扣比例为2%及3%时，不计入天猫及营销平台最低成交价；淘金币抵扣比例为5%、10%、30%及50%时，计入天猫及营销平台最低成交价。

② 报名商品图片尽量为纯色底图或者氛围图，且不要大量堆砌。

③ 报名商品库存要求"一盘货"，报名商品库存要求不低于200件。在活动期内，报名商品所有的库存都会应用活动优惠价。

5.1.5　促销活动中的违规行为

通常在淘系平台营销活动中的违规行为包括以下几种形式。

1. 活动后降价

活动后降价是指商家的商品在参加营销平台活动结束后15日内，出现实际成交价格低于其参加营销平台活动期间实际成交价格中位数的情形。

2. 品控 DSR 不达标

品控DSR不达标是指商家参加营销平台活动结束后30日内，成交笔数为100笔及以上且有效评价占比大于50%的活动商品，其活动订单对应的三项DSR均值不高于4.5分的情形。

3. 违背承诺

违背承诺是指商家未按照承诺向买家提供既定的服务或向营销平台履约的行为，具体包括以下内容。

① 出现强制搭售或拼款。

② 出现商品换款，与报名商品不一致。

③ 未兑现营销活动的承诺。

④ 使用非官方工具进行免单、返现等活动。

⑤ 商家参与聚划算、淘抢购、超级秒杀活动期间，商品活动价高于任一国内市场电子商务平台中商家及其关联方控制的各类型店铺的同款商品价格（含拼团价格）。

4. 排期违约

排期违约是指商家获得营销平台排期后，在活动开始前因自身原因临时退出，导致活动无法正常进行的行为。

5. 资质作假

资质作假是指商家在报名营销平台活动时所提供的资质材料（如质检报告、品牌授权书等），存在作假行为。

出现上述违规行为后，商家将面临以下惩罚：警告、取消当次商品活动权，取消当次活动参与权，限期中止活动，永久终止合作等，而且需要接受不同程度的扣分处理。

任务5.2 网店营销工具

商家为了让店铺销售更好地达到预期效果，在引流推广或店铺活动环节都要适当地配合一定的营销力度，主要通过送优惠券、搭配销售、拼购降价等形式来实现，要配合完成这些营销活动就需要网店营销工具的支持。

5.2.1 网店营销工具概述

网店营销工具是指在网店运营过程中从事营销活动所使用的工具。由于营销工具的设置既能体现一定的优惠力度，又有一定的时效限制，商家将这些营销工具与推广活动配合起来使用，能起到促进客户购买、提升店铺转化率、提升客单价、促进关联消费、提升店铺业绩的目的；同时，基于网络数字化特征，网店营销工具在优惠分发、定向投放、效果统计方面收效尤为突出。

1. 网店营销工具主要类型

传统市场营销活动中，商家主要的营销形式表现为折扣券、减价优惠、组合销售、多买多送、赠品抽奖或团购活动，在网店运营中也同样存在这些形式，如淘宝的红包优惠券、拼多多的拼购等。下面以淘宝平台营销工具为例进行介绍。

淘宝平台为商家提供的营销工具主要有优惠券、单品宝、赠品、店铺宝、搭配宝、购物车营销等，这些在商家后台营销工具都有展示，如图5-10所示。

除了官方配套的这些营销工具，在淘宝服务市场交易平台还有第三方提供的各种各样的服务工具，同样可以帮助商家实现限时打折、打折促销、首件优惠、自动评价等诸多功能，满足商家多种场景的使用。

图5-10　淘宝商家后台营销工具

2. 网店营销工具收费情况

在营销工具的使用费用上，淘宝店铺和天猫店铺是有明显差别的：一般淘宝官方提供给天猫商家的营销工具是免费的，而对淘宝商家则需要收费。淘宝商家后台营销工具收费情况如图5-11所示。

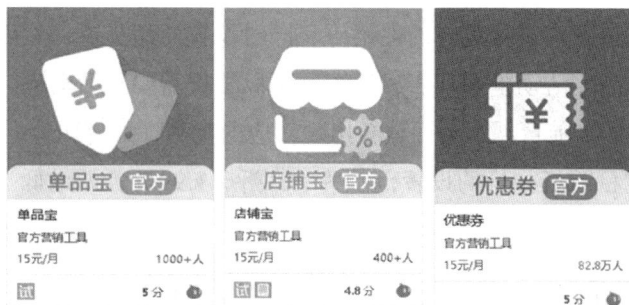

图5-11　淘宝商家后台营销工具收费情况

139·

5.2.2 网店营销常用工具

1. 单品宝

1）单品宝概述

单品宝是针对店铺某个商品灵活设置打折、减现、促销价的工具，是原来"限时打折"工具的升级版。此外，针对已结束的活动，可以实现一键重启等。商家应用单品宝对商品进行设置后，对应商品的前台会自动体现出打折优惠的效果。

2）单品宝应用流程

打开营销工具，选择单品宝，单击"+创建新活动"按钮，经过活动设置、选择活动商品、设置商品优惠三个步骤后，即可完成单品宝的创建活动（见图5-12）。随着系统升级，目前淘宝已经把单品宝升级为粉丝专享价、会员专享价、新客专享价及老客专享价等多种应用场景。

图5-12 单品宝创建活动页面

（1）活动设置

单品宝活动需要填写活动标签、活动名称、活动描述，选择开始时间、结束时间、优惠级别、优惠方式、定向人群及包邮与否。优惠级别可以选择商品级或 SKU 级，优惠方式有打折（按折扣算），也可以直接减钱或者直接设置促销价。

（2）选择活动商品

选择需要设置优惠的商品，可以对多个商品一起设置，也可以选择一个商品。对多个商品进行设置，其设置的最终效果会体现在各单品页面。

（3）设置商品优惠

根据选择的优惠方式设置对应的促销价，同时设置商品优惠，然后进行保存，后台就会显示对应的单品宝活动管理列表，后续还可以根据需要对活动进行修改、删除、暂停。上述设置完成后，前台展示页面就会出现对应的优惠，如有原价、促销价等。

注意：单品宝目前折扣价的设置范围为0.01折～9.99折，即最低打0.01折，最高打9.99折。

3）单品宝应用要点

商家设置商品优惠价是网络零售中常用的单品促销手段，但在这里需要注意以下事项。

① 单品宝通常最多可以设置100个模板，商家要有针对性地使用，避免活动无效。

② 使用单品宝设置的折扣力度不得低于店铺最低折扣，否则页面将会报错或折扣不生效。

③ 单品宝活动类型的选择取决于营销目的：以拉新促销为目的的，可以设置价格为新客专享价；以回馈激活客户为目的的，可以选择会员和老客户专享价；以提升内容为目的的，可以设置价格为粉丝专享价。

④ 应用单品宝后要随时关注优惠价格的到期时间及使用效果，必要时可以进行适当调整，避免其过期后影响客户体验。

2. 店铺宝

1）店铺宝概述

店铺宝是店铺级优惠工具，支持创建部分商品或全店商品的满减/满折/满包邮/满送权益/满送赠品等营销活动，是"满就减（送）"的升级版。店铺宝设置完成后，前台对应商品会自动体现对应优惠效果。

2）店铺宝应用流程

商家进入营销工作台，打开店铺宝，可以根据营销目标需要选择满件打折、满元减钱、多件多折等活动。店铺宝的创建如图5-13所示。

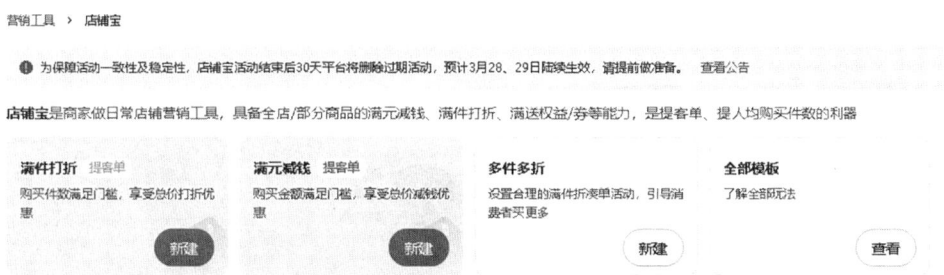

图5-13　店铺宝的创建

（1）填写活动基本信息，选择优惠类型

商家设置活动名称、开始时间、结束时间、是否活动预热、优惠类型及定向人群。

注意：自选商品只针对选定的商品享受活动，自选商品活动类型可创建100个（未开始+进行中+暂停中）；全店商品是全店商品享受此活动，全店商品活动类型可以创建10个，活动时间最长可设置180天，且不低于15分钟。

（2）选择优惠条件，设置优惠门槛及内容

优惠条件是指商家实施优惠的方式按照"满件（打折）"还是"满元（减钱）"。其中，优惠门槛是商家在设置优惠条件的基础上对"满件"和"满元"的具体要求。优惠内容包括支持满减、满折、满送赠品、满送权益（如优惠券）。若需要多级优惠，可单击"增加一级优惠"，最多支持5级优惠，优惠力度逐级增加。

（3）选择商品

商家选择参与活动的商品。可以选择全部商品，也可以选择部分商品。

（4）设置活动推广

商家进行活动推广。通过阿里妈妈的超级推荐、淘宝群聊、专属客服推广争取更多流量，也可以选择福利中心推广的方法增加活动宣传的覆盖面。商家设置成功后就可以在前台页面看到本店的活动。

3. 优惠券

优惠券是一种虚拟的电子券，也是商家常用的营销工具，买家可以使用获得的店铺优惠券在购买宝贝时抵扣现金。商家既可以独立使用，促进客户快速下单，又可以结合店铺宝、购物车营销、淘宝客推广等多种场景使用，应用比较灵活。

优惠券的设置流程比较简单。打开"千牛卖家中心"，在如图5-14界面上，单击左侧的"营销"进入"营销工具"，选择"优惠券"，然后单击"创建"，优惠券即可完成。

图5-14 优惠券设置页面

创建店铺优惠券时设置的主要内容包括推广渠道、基本信息（优惠券名称、使用时间、活动目标、到期提醒）、面额信息（优惠金额、使用门槛、发行量及每人限领）。创建优惠券如图5-15所示。下面重点介绍优惠券推广渠道。

图5-15　创建优惠券

（1）全网自助推广

全网自助推广是优惠券在公开渠道应用的一种形式。允许在全网传播的通用券，是指优惠券创建以后会自动在商品搜索结果页或者商品详情页标题下面直接显示，客户可以自主领取使用。全网自助推广前台展示页面如图5-16所示。

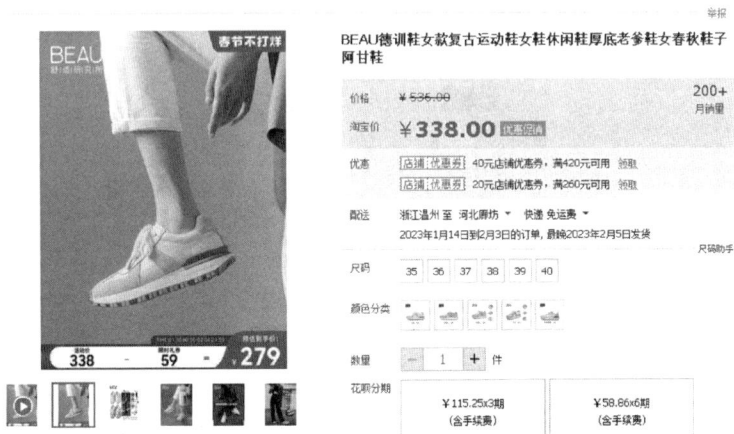

图5-16　全网自助推广前台展示页面

（2）官方渠道推广

官方渠道推广是优惠券在特定场景公开应用的一种形式，主要应用于淘宝官方场景。图5-17为官方渠道推广应用场景，包括阿里妈妈推广、权益营销平台、商家抽奖平台、客户关系管理、店铺宝满就送等。

图5-17　官方渠道推广应用场景

（3）自有渠道推广

自有渠道推广是优惠券非公开应用的一种形式。商家创建优惠券后，会生成优惠券链接。商家可以使用通用领券链接，也可以给老客户发送一次性链接。自有渠道推广如图5-18所示。

图5-18　自有渠道推广

知识拓展　　　　　　　　**裂变优惠券**

裂变优惠券是以"邀请领券"的形式来吸引网店新粉丝和新买家的。例如：买家抽中裂变优惠券的大额父券后，被告知只有分享给3～5个好友才能领取，于是分享给好友，被分享的好友看到分享的优惠券链接或淘口令后，打开淘宝，进入店铺，获得子券，并发现"分享得大额券"活动，再次发起共享，继续裂变触达3～5位好友。裂变优惠券建议设置为店铺优惠券，分享范围和使用范围会更广。如果设置为商品优惠券，则一定要选择爆款商品。

4. 购物车营销

（1）购物车营销概述

购物车营销的推出目的在于调动对某些商品感兴趣的买家的购买欲，可以是已经把这些商品加入购物车未付款的买家，也可以是已购买过这些商品的买家，是商家通过对购物车商品进行降价，从而促进买家购买的营销活动。与其他营销工具不同，购物车营销对象主要是将商品加入购物车或已购买过此商品的买家，因此其针对性更强，转化效果更为突出。

（2）购物车营销应用要点

① 活动对淘宝全网商家开放，但只有在近15日内加购未成交人数超过100人的商品才能设置购物车营销。淘宝网每天仅限10 000个活动，每天上午10点准时开抢。

② 活动在创建成功的30分钟后开始生效，并在当天24:00结束。每日可创建活动的时间为10:00—22:00，在其他时段创建活动时系统会提示不可用。

③ 活动设置后30分钟内，未生效前可以删除。生效后也可以删除，但删除后会禁用创建功能7天。

④ 每一个商品，商家只能设置一个购物车营销活动，每个商家同时在线生效的活动不得超过5个；同一个商品对同一个客户，商家只可设置一次活动。

5.2.3　网店营销工具应用思路

对比上述四种营销工具会发现，由于各自应用特点的不同，其应用各有差异，其总体应用思路表现如下。

1. 单品宝

单品宝适用于单个商品，可以直接起到提升单品当次购买力度的作用，且对客户群体定向设置，因此它既适合于日常单品促销，加快客户购买决策，提升单品销量，又适合有针对性的客户群体的拉动。

2. 店铺宝

店铺宝可以同时应用于店铺多个商品，且有明确的门槛设置及对应福利赠送，总体优惠力度大、普适性强，在促进客户下单的同时提升客单价，尤其是与优惠券配合使用时还可以拉动客户回购。

3. 优惠券

优惠券应用得最为灵活，可以设置应用门槛，不但应用类型多样而且发放形式也比较灵活，既可以独立应用又可以配合活动应用，同时还可以定向发放。因此，无论对于日常营销还是大型活动，优惠券都是促销利器，既可以提升商品当下销量，又可以提升整体客单价。

4. 购物车营销

购物车营销主要应用于客户已将商品放入购物车未购买的场景。

总体而言，各种营销工具各有所长，为达到更好的营销效果，商家应根据目标灵活使用或组合使用营销工具，同时要避免多种优惠累加使用，以致出现亏损问题。

实训任务　网店促销活动实训

实训目标

能够为网店创建天天特卖促销活动。

实训分析

买家最希望买到物美价廉、性价比高的商品。如果卖家能够在价格上给买家一定优惠，成交的可能性会大大增加。卖家可以通过一系列促销活动如聚划算、天天特卖活动处理库存、提高销售额、推销新品、提升品牌认知度、扩大网店竞争力和影响力等，其中提高销售额、扩大网店竞争力和影响力是策划促销活动的主要目的。

① 进入千牛卖家中心，在左侧"营销"栏中单击"天天特卖"超链接，打开天天特卖首页，如图5-19所示。

图5-19　天天特卖首页

② 单击"天天特卖"进入活动报名页面。商家可根据需要选择适合的活动，单击所选活动右侧的"去报名"按钮，如图5-20所示。每一个活动的规则和要求的商家资质是不同的，商家可以在活动报名页面中查看。

图5-20 单击"去报名"按钮

③ 填写基本信息。填写商品信息（宝贝名称、活动价、活动库存等）和活动时间，如图5-21所示。

图5-21 填写基本信息

④ 再次确认信息后等待。在活动开始2～4天，系统会发消息通知商家审核结果。审核通过后，商家须根据活动要求在活动开始前两天的15点前，对参与天天特卖活动的商品进行设置，完善商品的库存信息，恢复商品原价，取消其他的促销价格，对要参加活动的商品图片进行必要的美化，设置商品全国包邮，保持商品在线状态，等等。审核通过的商品将会在天天特卖平台展现。

巩固 与 提高

一、单选题

1. 营销活动促销的本质是（　　　　　）。

    A. 免单   B. 秒杀

    C. 折扣   D. 销售

2. 关于网店促销时机的说法，错误的是（　　　　　）。

    A. 逢节日是现在卖家惯用的手法   B. 新品促销可以作为网店的促销活动

    C. 网店周年店庆时可以促销   D. 淡季不能进行商品促销

3. 以下选项中，不能有效地使赠品促销达到理想效果的是（　　　　　）。

    A. 不要选择劣质品作为赠品   B. 要体现赠品的额外价值

    C. 赠品价格越高越好   D. 注意赠品的时间性和空间性

4. （　　　　　）是指购买商品达到指定数量或者规定金额才可以享受的包邮。

    A. 满额包邮   B. 单品包邮

    C. 限制包邮   D. 普通包邮

5. 下列选项中不属于淘宝官方促销活动的是（　　　　　）。

    A. 品牌型活动   B. 行业型活动

    C. 淘宝客   D. 节庆类活动

6. （　　　　　）是针对店铺某个商品灵活设置打折、减钱、促销价的工具。

    A. 店铺宝   B. 单品宝

    C. 搭配宝   D. 优惠券

二、简答题

1. 网店促销的最佳时机有哪些？

2. 网店运营过程中常见的促销方式有哪些？

3. 常见的淘宝官方促销活动有哪些？

4. 常见的淘宝官方网店营销工具有哪些？

参考答案

项目6

网店搜索引擎优化

知识框架

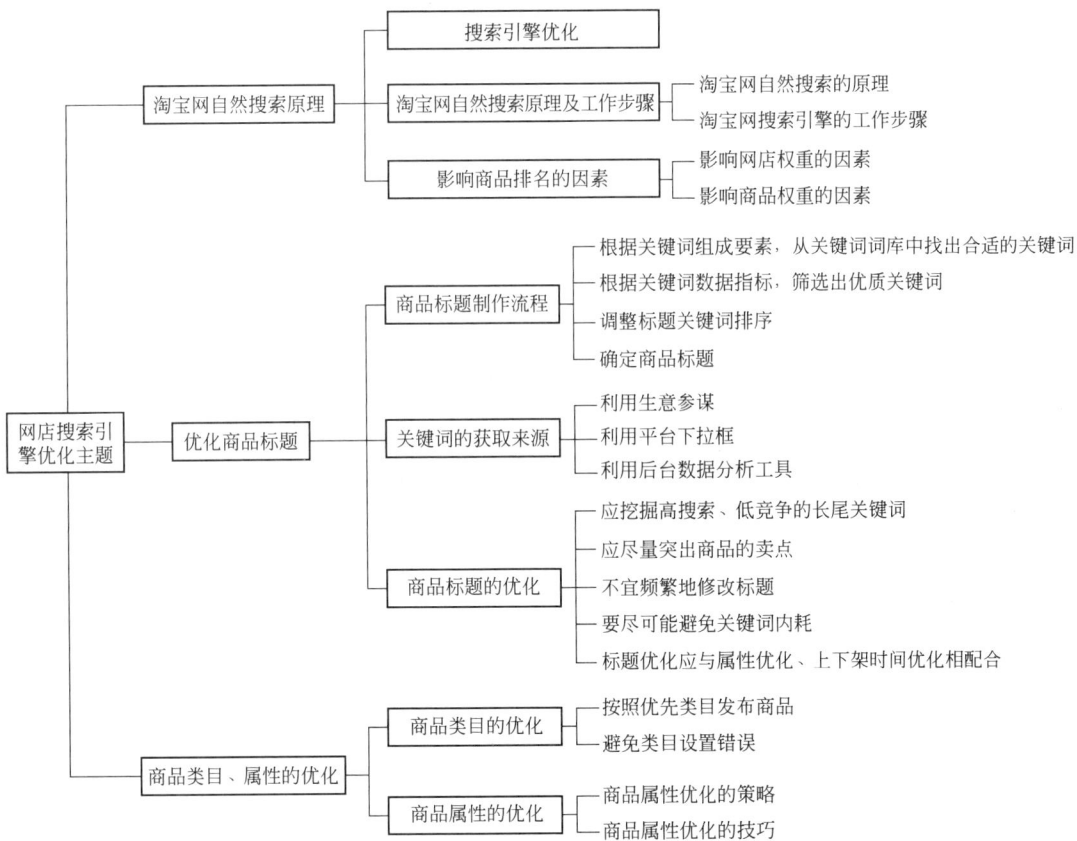

学习目标

了解影响商品排名的因素，掌握影响SEO的主要因素及具体工作，深刻理解SEO的工作内涵。

思政目标

在进行搜索引擎优化（SEO）的过程中，一定要坚守以"安全、守正、创新"为中心，顺应市场需要，将"以德为先、以德育人"作为首要职责，建立"厚商德、明规范、强技能"的人才培养目标，达到德行素养与技术技能相统一。SEO也应与社会责任和社会安全结合在一起，将SEO与社会责任相结合，与可持续发展理念并进。

理论知识

任务6.1 淘宝网自然搜索原理

6.1.1 搜索引擎优化

搜索引擎优化（search engine optimization，SEO）是利用搜索引擎的搜索规则来提高网站或网店在搜索引擎中的自然排名。从狭义上讲，SEO是通过总结搜索引擎的排名规则对网店进行合理优化，提高网店在搜索引擎的排名。从广义上讲，SEO是基于搜索引擎的营销思路，为网店提供生态式的营销方案，目的是让其在行业内占据领先地位，获得品牌收益，从而获得品牌效应。其本质是迎合搜索引擎的排序机制，让搜索引擎认为该店铺的商品或服务能够为搜索引擎的用户带来价值，最有可能实现成交转化。

网店SEO主要分两种：一种是网店在站外搜索引擎（如百度）中的优化；另一种是提升网店在淘宝网内的自然搜索排名，通过优化网店商品标题、类目、属性等来获取较好的搜索排名和更多的平台推荐机会，带来更多免费流量。SEO是网店获取平台免费流量的重要手段，因此SEO对网店推广极为重要。本项目主要介绍第二种。

6.1.2　淘宝网自然搜索原理及工作步骤

1. 淘宝网自然搜索的原理

网店流量来源包括免费流量和付费流量。免费流量是指当买家在搜索商品时，卖家不用付费，其网店的商品获得的自然搜索流量。一个网店能不能有长远的发展，自然搜索流量起着关键的作用，网店自然搜索流量稳定，不但会降低网店的获客成本，也会带来精准客户，对网店的转化率会有积极的影响。淘宝网的自然搜索流量一般占据淘宝网店30%～40%的流量入口。了解淘宝网的自然搜索原理可以帮助卖家更好地制定SEO策略。图6-1为淘宝网自然搜索原理示意图，反映了关键词自然搜索的整个流程。从图6-1中可以看出，商品的类目、属性、标题出现在前二步的筛选环节中，之后再进行竞争排名，从而获得最后的展现商品的排名。

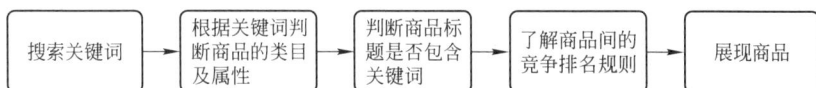

图6-1　淘宝网自然搜索原理示意图

2. 淘宝网搜索引擎的工作步骤

根据淘宝网自然搜索的原理，商品的类目、属性、标题、商品间的竞争排名规则是淘宝网自然搜索的关键，那么当买家在搜索栏中输入关键词时，淘宝网的搜索引擎是怎样工作的呢？

1）提取关键词并推荐关键词

当买家使用关键词进行搜索时，搜索引擎工作的第一步是"猜"，不管是关键词搜索还是类目搜索，搜索引擎会"猜"买家到底想要搜索什么结果，然后把结果提取并推荐出来。例如：用户在输入"运动裤"时，搜索引擎会按照商品排名等条件，罗列出与关键词"运动裤"相关的关键词，如运动裤女、运动裤男、运动裤加绒、运动裤束脚等，图6-2就是用"运动裤"关键词搜索出的结果。可以发现，搜索结果页面共有100页，每页展现48件商品，共4 800件，而淘宝网买家一般只会翻看前几页，其余的页面就没有展现机会，所以获得一个好的排名非常重要。

淘宝网搜索引擎的这个"猜"的过程分为三个阶段。

（1）匹配关键词

淘宝网搜索引擎"猜"买家输入的关键词并非毫无根据，而是对买家在某个时间段内搜索关键词的行为进行记录和概率统计的结果，从而"猜出"买家想要什么。例如：买家输入"苹果"，搜索引擎会猜出买家可能想要一部苹果手机，而不是可食用的苹果，从而将苹果手机推荐给买家。

图6-2 在淘宝网搜索关键词"运动裤"的结果

（2）匹配类目

淘宝网搜索引擎会对提取出来的商品进行类目匹配。例如：买家搜"牛仔裤"时，就会展现出"品牌""适用季节""风格"等分类，从而便于买家进一步根据类目筛选要找的商品，如图6-3所示。

图6-3 在淘宝网搜索关键词"牛仔裤"的结果

（3）个性化推荐

当淘宝平台用户积累到一定数量时，根据用户各种交互行为（浏览、点击、收藏、加购等）和不同偏好，采用大数据挖掘和人工智能技术构建用户画像，刻画出该用户的偏好（如内容偏好、价格偏好、地域偏好、品牌偏好等）。当该用户输入某一个关键词时，搜索引擎会迅速判断买家的本次搜索倾向于要找什么样的商品。例如：通过分析买家的交易记录、加购、收藏、浏览页面记录等，判断买家本次搜索会倾向于要什么样的商品。

2）商品排序

淘宝网搜索排名越靠前的商品，获得的展现机会就越多，得到的流量也就越多。为了给众多商品排出顺序，搜索引擎就需要进行一番计算。一般来说，淘宝网搜索引擎主要考虑商品的综合权重分值，商品的综合权重又分为网店权重和商品权重两个方面。网店权重就是店铺的综合分数，影响网店权重的因素有旺旺在线时长、店铺层级、店铺动态评分、信用、跳出率、动销率、滞销率、退款率、纠纷率、降权、回头客、消费者保障服务等。影响商品权重的因素有相关性、属性的完整度和准确度、主图和详情、点击率、转化率、交易量、评价、收藏率、加购率、上下架时间等。图6-4为商品的综合权重。

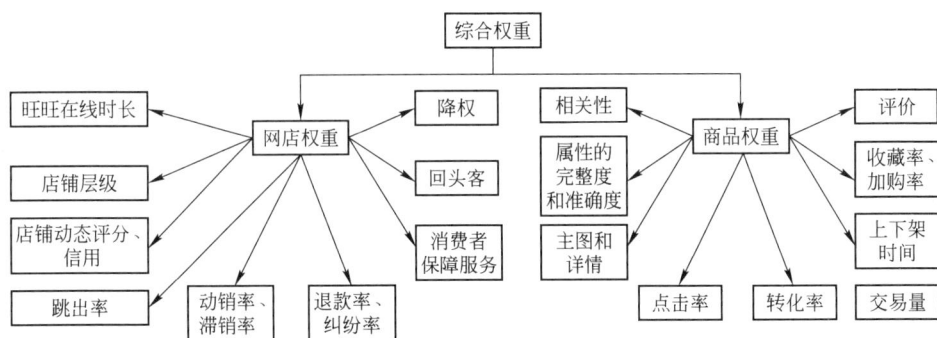

图6-4　商品的综合权重

知识拓展　　　　　　　　**权重**

权重是一个相对的概念，是针对某一指标而言的，某一指标的权重是指该指标在整体评价中的相对重要程度。权重是指要从若干评价指标中分出轻重来，一组评价指标体系相对应的权重就组成了权重体系。某淘宝网店的权重较高，说明淘宝网对该网店的评价较高，就有可能将该网店排到搜索页面前面。一般来说，淘宝网搜索引擎排序时主要考虑的是商品综合权重（网店权重与商品权重的综合）的分值。

影响搜索权重的因素

搜索权重主要受三个因素的影响：停留时间的长短、有无跳出和有无上下浏览。简单来说，就是一个访客进来之后是否会把对商品的描述浏览完，然后单击这个页面上的任何一个链接，包括购买商品、收藏首页或者浏览其他商品等。停留时间过短就关闭、没有上下浏览的行为、商品描述的页面未被打开或看了该页面就直接关闭，都会被淘宝视为该商品的页面不吸引人。

6.1.3 影响商品排名的因素

影响商品排名的因素主要有影响网店权重和影响商品权重两个方面。

1. 影响网店权重的因素

（1）旺旺在线时长

保持旺旺时时在线是非常重要的。在淘宝搜索时，位于前几页的网店其旺旺几乎始终保持在线状态。旺旺在线和旺旺的回复响应时间都是影响搜索排名的因素。当然，如果卖家实在太忙，可以给旺旺设置一个自动回复，作为一种快速响应。

（2）店铺层级

店铺层级是指淘宝网根据卖家最近 30 天的支付宝成交金额计算的层级。从生意参谋首页可以看到店铺层级，如图6-5所示。提升一个层级需要完成四个任务：发布一个商品，加入淘宝商家社区，用淘口令分享店铺或商品，完成一单商品成交。店铺层级越高得到的流量就越多，店铺层级又分淘宝店铺层级和天猫店铺层级。

图6-5　店铺层级

（3）店铺动态评分、信用

店铺动态评分（detail seller rating，DSR）是指连续6个月内，所有店铺买家就宝贝与描述相符、卖家的服务态度和物流服务质量三项指标对卖家进行分项评分的算数平均值，如图6-6所示。每项店铺评分均为动态指标，起始评分均为5.0分。DSR评分高的店铺才能健康、良性地发展，拥有良好的买家体验。淘宝将店铺动态评分与同行业的平均水平相比较，超过平均水平的权重就会高，低于平均水平的权重就会低。

图6-6　店铺的动态评分

DSR评分作为衡量店铺服务水平的重要指标，近年来在自然搜索排名中的权重不断提升。DSR评分低将对店铺及商品带来以下三方面的影响：

① 直接影响店铺及商品搜索排名；

② 造成店铺流量减少且严重影响转化率；

③ 影响各种活动的报名及审核，活动受到限制，无形中降低店铺权重及销量，尤其当DSR评分小于4.4分时，店铺所有商品将被搜索降权。

淘宝卖家店铺的信用等级是根据买家评价而得出的。每得到一个"好评"就能够积累信用分1分，中评不得分，差评扣1分。店铺信用等级越高，越有利于搜索排名。

（4）跳出率

跳出率是指买家从某个页面进入网店后没有再单击其他页即离开的次数与所有进入这个页面的次数的比率。淘宝网根据买家在网店的停留时间和跳出率来判断商品描述是否吸引人，买家停留时间越长、在网店中浏览的页面越多，跳出率就越低，就越有利于提高搜索排名。

（5）动销率、滞销率

动销率是指在一定周期内有销量的商品数量与全部上架销售的商品数量的比值。一般以 30 天为一个周期。例如：卖家有 10件商品，30 天内有6件商品卖出，那么动销率就是60%。动销率能反映在店铺上架销售的所有商品种类里产生过销量的商品种类占比情况。这个指标可以反映出店铺中各类商品的销售情况。

滞销率为滞销商品与全部上架销售的商品数量的比值。滞销商品是指在90天内没有任何一笔交易，这类商品通常会被搜索屏蔽，不会进入搜索库，即：用所有的标题去搜索也搜索不到这类滞销商品。另外，假如店铺中存在滞销商品，那么在搜索排序中是要被降权的。从这个意义上来说，店铺的动销率越高越好。滞销商品越多，滞销率就越高，网店的权重也就越低。一般来说，卖家如果能够做到在7天之内每种商品都至少有一笔销量，网店的动销率就会提高，对网店权重的增加也越有利。通常情况下，动销率为80%是及格线，90%是优秀，100%是最好。建议卖家将滞销商品进行重新编辑或下架，以便提升网店的权重。

（6）退款率和纠纷退款率

退款率是指30天内成功退款笔数占支付宝成交笔数的比例。纠纷退款笔数是指买卖双方自行协商未达成协议，由淘宝网介入并且判定为支持买家及维权成立的维权笔数总和。纠纷退款率是指30天内纠纷退款笔数占支付宝成交笔数的比例。

退款率和纠纷退款率是判断商品质量和服务质量的重要指标，退款率比同行退款率高的网店，排名会降低；而纠纷退款率高的网店会被淘宝网做降权处理。

（7）降权

当淘宝网判断网店出现违规行为时会对网店进行降权处理，因此卖家要熟知淘宝网的规则，避免出现违规行为。被降权的主要原因有炒作信用、故意堆砌关键词、重复铺货、广告商品、错放类目和属性、标题滥用关键词、虚假邮费、价格做假，以及标题、图片与描述不一致等。目前最长的降权时间是从最后一次不规范的操作开始计算，30天左右结束降权。

知识拓展　　　　淘宝网搜索引擎处罚的重点

网店违规就会被降权，一旦被降权就意味着之前的努力付之东流，网店使用淘宝网搜索引擎时同样不能违规。淘宝网搜索引擎有12个处罚重点。

1. 宝贝超低价格

发布商品的定价不符合市场规律或所属行业。

处罚：搜索降权，最快5天后恢复。

2. 宝贝超高运费

运费不符是常见的一种作弊方法。例如：商品卖10元，运费却设置了30元。

处罚：系统识别后立即降权，降权时间依据作弊的不同严重程度而不同。

3. 偷换宝贝

修改原有商品的标题、价格、图片、详情等，变成另外一种商品继续出售。

① 完全替换成另一个宝贝，保持销量和评价。

② 在原有宝贝描述基础上增加其他宝贝，使用同一个宝贝链接。

③ 单个商品更改为套装或将套装更改为单个商品。

处罚：系统识别后立即降权，降权时间根据作弊的不同严重程度而不同，一般为30天左右，严重的可永久降权或屏蔽。

4. 滥用名称等

商品名称中滥用品牌名称或使用与本商品无关的字眼，包括对赠品、奖品的描述。

处罚：搜索降权，最快5天后恢复。

5. 宝贝不符

商品标题、图片、价格、描述等信息相互不一致。

① 宝贝图片没有意义，不展示宝贝信息。

② 宝贝描述在说不相关的信息，没有主要宝贝的介绍。

③ 描述中价格与发布的价格不一致。

④ 信息中含有不文明用语，如诽谤、谩骂或公布他人信息的。

处罚：系统识别后立即降权，降权时间依据作弊的不同严重程度而不同。

6. 违规商品

发布淘宝禁止或者限制发布的商品，详细参照淘宝规则。

① 禁止发布的物品：枪支弹药、毒品、彩票、发票、身份证、伪造文件、走私盗窃物品等。

② 限制发布的商品：酒精饮料、车票、文物、植物、外币等。

处罚：降权，严重的直接删除或封店。

7. 重复铺货

发布完全相同以及商品的重要属性完全相同的商品。

处罚：降权，重复的商品删除后最早可在5天内结束降权。

8. 广告商品

无实际商品、仅提供发布者联系方式及宣传广告的商品。

① 发布实体店铺的店面图片、介绍，或者品牌故事、行业知识的。

② 已售勿拍、广告等形式发布的商品。

③ 在商品描述中或阿里旺旺上出现外网交易链接信息或诱导买家去外部网站上购买。

④ 商品信息出现"拍前请询问价格后才能购买"或"不询问就拍下不发货"等字样。

⑤ 发布相关免费网站注册的信息。

⑥ 发布仅提供发布者联系方式或其他非出售商品信息的商品。

处罚：降权或屏蔽，修改正确后最早可在5天内结束降权。

9. 错放类目

商品属性与发布商品所选择的属性或类目不一致。

处罚：降权或屏蔽，修改正确后最早可在5天内结束降权。

10. 同一个商品放在不同类目

同一个商品在不同类目下分别发布。

处罚：降权或屏蔽，修改正确后最早可在5天内结束降权。

11. 虚假交易

被淘宝查出来的刷销量做法，具体如下。

① 同IP或者曾经同IP。

② 支付宝关联或者间接管理。

③ 大量没有聊天记录的成交。

④ 有前科的小号。

处罚：系统识别后对涉嫌虚假销量、信用的宝贝给予30天单个宝贝搜索降权，同时根据卖家店铺涉嫌虚假交易情节严重程度给予卖家7～90天全店宝贝搜索降权。

12. SKU（属性类）违规

① 常规商品和尾货配置放在一起。

② 常规商品和样机放在一起。

③ 常规商品和二手放在一起。

④ 虚假一口价。

⑤ 常规商品和批发商品放在一起。

⑥ 常规商品和赠品放在一起。

⑦ 常规商品和配件放在一起。

⑧ 不同材质的商品放在一起。

处罚：降权或屏蔽，修改正确后最早可在5天内结束降权。

（8）回头客

回头客越多的网店，排名会越靠前。同理，商品复购率越高的网店，排名也会越靠前。

（9）消费者保障服务

淘宝网的消费者保障是指卖家通过淘宝网发布商品信息并向买家出售商品时，根据消费者保障协议约定的条款和条件及淘宝网其他公示规则的规定，应履行商品如实描述、7天无理由退货、其他保障义务等消费者保障服务义务。网店加入消费者保障服务要交纳一定的保证金，卖家支付宝账户上的这部分资金将被冻结。是否加入消费者保障服务会影响店铺商品排名。登录千牛卖家中心，选择左侧的"首页"，单击"店铺保证金"，按照提示的步骤进行操作即可加入，如图6-7所示。

2. 影响商品权重的因素

1）相关性

相关性是指用户搜索关键词与店铺商品所属类目、商品标题、商品属性之间的相关性匹配程度，主要包括类目相关性、标题相关性和属性相关性。

图6-7　加入消费者保障服务

（1）类目相关性

类目相关性是指用户搜索关键词与店铺商品所属类目之间的相关性匹配程度。根据淘宝搜索引擎排序机制，当搜索引擎获取用户提交的关键词后会首先判断该关键词属于哪个类目。若商家在发布商品时商品类目选择错误或者不合适，那么即使标题优化等做得再好，也很难获得搜索展现。

以淘宝为例，淘宝搜索引擎具备强大的自我学习功能，会对用户的历史搜索行为（点击、加购、收藏、购买等）进行挖掘分析，得出当前用户最有可能成交的类目，然后优先推荐给用户。如图6-8所示，当用户搜索"睡衣"时，淘宝搜索引擎优先推荐的类目是"女士内衣/男士内衣/家居服"，放在这个类目下的商品会被优先展示。

图6-8　关键词"睡衣"搜索下的自然搜索结果页

而放在"女装/女士精品""童装/婴儿装/亲子装装"等类目下的"睡衣"，将会在"女士内衣/男士内衣/家居服"这个类目下的商品被展示之后再被展示，甚至不被展示。基于此，可以认为"女士内衣/男士内衣/家居服"这个类目对于"睡衣"这个关键词是相关性最强的类目。

综上所述，在用户通过关键词进行搜索时，平台优先展示与该关键词相关性最大的类目的商品，放错类目的商品将不被展示，甚至会被降权，因此店铺在上新过程中务必要对商品的类目选择慎之又慎。

（2）标题相关性

标题相关性是指用户搜索关键词与商品标题之间的匹配程度。匹配程度越高，则相关性越大，将被优先展示。

以淘宝为例，当用户在淘宝平台中搜索关键词"变频空调"时，自然搜索结果页如图6-9所示。在综合排序下，店铺商品标题中核心词为"空调"的要比核心词为"空调防尘罩"的相关性高，将被优先展示。

图6-9 关键词"变频空调"搜索下的自然搜索结果页

综上所述，在用户通过关键词进行搜索时，平台优先展示商品标题中关键词与用户搜索关键词相关性最强的商品。

（3）属性相关性

属性相关性是指用户搜索关键词与商家发布商品时选择的属性之间的匹配程度。匹配程度越高，则相关性越强，此商品将被优先展示。若发布商品时属性错选，对于用户而言，将导致用户在搜索该属性关键词时，出现平台反馈的搜索结果与用户实际搜索需求不相符的情况，将影响用户购物体验；对于卖家店铺而言，将导致进入店铺商品详情页的流量不精准，对商品转化率、跳失率、交易量等指标带来极大不利影响，进而影响搜索排名。因此，商家在发布商品时应尽可能地填写符合自身商品特征的属性，提升用户搜索关键词与属性之间的相关性，从而提升搜索排名。

2）属性的完整度和准确度

淘宝网卖家在填写商品属性时，必须尽量完整且定位准确。尽量完整是指尽量按照淘宝网中列举的条目填写完整；定位准确是指描述商品的类目和属性时必须准确。例如：对于"平底鞋"而言，必须填写为平底鞋而不能写成高跟鞋等，否则容易被淘宝网进行降权处理。

3）主图和详情

主图应该真实反映商品最直观的部分，要避免让过多的文字、图片掩盖商品的真实面貌，要努力让买家通过主图了解商品的细节。为了更好地提升买家的搜索购物体验，淘宝网搜索引擎会将质量较差的主图进行流量限制。

如果主图能在第一时间吸引买家的注意力，详情又能给买家提供与商品本身密切相关的信息，就能提高商品的购买转化率。一般而言，详情对商品自然排名的影响主要体现在转化率、跳出率和访问时间等方面，如果这些指标均表现优秀，那么淘宝网搜索引擎会认为商品的主图和详情比较符合买家的需求，从而增大其权重。

4）点击率

点击率是指用户搜索后点击商品的点击数与用户搜索行为数量的比例。新品上架后点击率高，则表示该商品的标题和图片的搭配比较合理，能够获得不错的关注度，淘宝网则会增加该商品的展示机会；反之，商品的点击率过低可能会被降低排名。

5）转化率

转化率是指一定时间段内，来访客户转化为支付买家的比例。一般来说，转化率高的商品，其商品特点描述详细，商品展示图片清晰，并符合买家的实际需求，信任度也较高，淘宝网将对这类商品的排名进行提升。对于转化率过高的商品，为了鉴别真伪，将对其进行人工审核，审核合格则给予提升排名的处理，但如果被发现存在刷信誉、刷单等情形，则会被做降权处理。

6）交易量

交易量分为商品总交易量和最近30天的交易量，搜索引擎会以最近30天的交易量作为参考。交易量越大，商品的权重越大。

7）评价

商品在淘宝网的排名受买家对商品的评价的影响。淘宝评价的字数、是否有追评、追评的字数、有没有晒图等都会影响排名。

8）收藏率、加购率

收藏量和加购率从侧面反映了网店或商品的受欢迎程度。收藏率是收藏人数与访客数的比值；加购率是将商品加入购物车的人数与访客数的比例。淘宝收藏率和加购率的提升，意味着网店转化率有提升的潜在动力，相应也会提升商品的排名。

9）上下架时间

在淘宝网，商品即将下架时会获得排名提升和更多的展示机会，这就是为什么要慎重设置商品上下架时间的原因。不同商品上架要分时段，可以保证商品在一天的不同时段都有展示。在交易高峰时段，卖家最好能在线提供服务。一般情况下，一天中淘宝网的交易高峰有三个时间段：9:00—12:00，14:00—17:00，20:00—22:00。

知识拓展　　　　淘宝网的"千人千面"

根据淘宝网的"千人千面"排名算法，不同的买家搜索同样的关键词展现的商品排名是不一样的。一般第一名的位置是不变的，其他的商品排名都会针对不同的人群进行匹配，卖家可以利用这个机制，找出商品的对应人群进行商品优化。

任务 6.2　优化商品标题

买家在网上购买商品通常是通过搜索关键词来寻找，所以商品的标题与自然搜索流量密切相关。一个优秀的商品标题可以为商品带来更多的展现机会和自然搜索流量，因此卖家必须做好商品标题的撰写与优化。

6.2.1　商品标题制作流程

在制作标题时，网店需要从关键词词库中把这些优质关键词筛选出来。

1. 根据关键词组成要素，从关键词词库中找出合适的关键词

网店通过对商品特性进行剖析、提炼，分解出具有商品特征的关键词；对商品类别、网店类型等进行分析，确定关键词组合类型。从商品相关性角度出发，挑选出相关度较高的关键词，最终从词库中精炼出与商品具有高相关性的各类优质关键词。

2. 根据关键词数据指标，筛选出优质关键词

根据网店类型、商品数据的时效性、周期性与竞争性等不同角度对关键词进行筛选；根据关键词的展现量、点击率、转化率等指标进行关键词的排序与筛选；分析重复出现或含义类同的关键词，删除不必要的重复关键词；最终选出最优关键词，并进行组合。

3. 调整标题关键词排序

网店需要根据买家的搜索习惯调整关键词的顺序。例如：商品标题中到底用"舒适透气运动鞋"还是用"运动鞋舒适透气"关键词组合呢？这时网店可以将这两个关键词组合放到淘宝搜索中去验证，判断哪个关键词更符合买家的搜索习惯。目前多数买家使用移动端在网上购物，在移动端展现搜索结果时标题往往被截断，分成两行进行展现，买家一般倾向于先看前面的关键词，所以将核心词放在前面，能够有效地提高商品的点击率。网店还需要根据关键词与商品的相关性、淘宝搜索引擎排序机制调整关键词排序。

4. 确定商品标题

网店进行商品标题测试，查询关键词的商品排名，更换搜索排名高的关键词。根据商品的动态经营数据，网店可以适当地对商品标题进行优化调整。

6.2.2   关键词的获取来源

商品标题是关键词的直接体现。关键词的好坏会直接影响买家能否搜索到卖家的商品，选择适当的关键词是提高网店访问量的第一步。可以通过以下三种途径来选择关键词。

1. 利用生意参谋

淘宝卖家可以利用生意参谋搜索查询词、行业热搜词榜建立词库并进行筛选，把与品牌、人群、属性不相关和人气太低的词删除，删除后留下来的词就是店铺要进行组合的词。

2. 利用平台下拉框

在电商平台首页的搜索框里面搜索出商品的下拉关键词。例如：分别在淘宝平台和京东平台搜索框中输入"手机"，在搜索下拉框中会出现某些关键词，如图6–10和图6–11所示。由此可见，不同平台通过搜索框中得到的关键词的区别很大，所以在寻找关键词时要基于平台，同样的商品在不同平台发布，标题选词也要有所区别。

图6-10   淘宝平台搜索结果

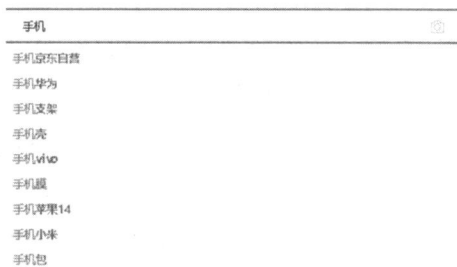

图6-11   京东平台搜索结果

3. 利用后台数据分析工具

例如：对手成交词和流量词可以通过生意参谋后台的商品店铺榜查看，排除活动流量和直通车流量，只选择查看搜索关键词就能知道对手使用哪个词，使成交量和流量最多。

6.2.3 商品标题的优化

1. 应挖掘高搜索、低竞争的长尾关键词

有时，在使用相关推荐词、系统推荐词进行搜索时，会发现有些商品的在售数量虽不多但是搜索量却不小，这些高搜索、低竞争的关键词通常能为网店引来不少流量，所以卖家要经常主动挖掘这些长尾关键词并将其应用到商品标题优化中。

2. 应尽量突出商品的卖点

商品被买家搜索到后，如果标题中没有直观展示买家需要的信息，就无法吸引其点击，这就相当于商品虽然获得了展示的机会，却没有提高点击率，从而无法转化为交易量。

3. 不宜频繁地修改标题

频繁地修改标题可能会导致搜索降权，建议至少7天以上才考虑优化一次标题，等新标题的权重形成了之后，再酌情进行商品标题优化。通过生意参谋来监控商品，重点关注的是标题中哪些关键词给网店带来了流量，哪些关键词连展现机会都没有带来，继续观察一到两周之后，就需要将没有带来展现机会的关键词删除，替换为新的关键词，将能给网店带来流量的关键词保留。对于爆款商品，修改其标题时一定要慎重，最好不要轻易修改标题。

4. 要尽可能避免关键词内耗

一般来说，对于同一时间内的相同关键词，一个网店通常最多只能有两个商品排到展示的第一页，其他页面也有类似的约束。例如：一家网店有5款连衣裙，销量接近，下架时间也比较接近，而且商品标题都包含"2024夏季新款"，那么就会出现关键词内耗，可能会有3件商品的展示机会被浪费。为此，卖家应挑出其中的3款商品，修改其标题中的关键词，不采用"2024夏季新款"，不与另外两款商品发生关键词内耗，这样会有助于获得更多的展示机会。品类相同、下架时间接近、销售权重接近的多个商品，卖家应适当替换掉一些关键词，以获得更大的展示范围。

5. 标题优化应与属性优化、上下架时间优化相配合

为了达到更好的效果，标题优化应与属性优化、上下架时间优化相配合，且标题不能一成不变，应根据流量情况进行反复测试。

知识拓展　　　　淘宝网使用关键词的相关规定

淘宝网使用关键词的相关规定为：①在标题中不能加入与商品无关的名字和功效陈述；②不能乱用与本商品无关的热推关键词；③不能使用非该商品制造或生产公司的品牌名称；④不得与其他商品和品牌相比较，不得出现贬低其他商品和品牌的词语；⑤不能在标题中使用"最高""最好"等词语进行陈述；⑥不允许任何商品在标题中添加对赠品、奖品的描述；⑦不能以任何理由在同一件商品中使用多种属性关键词；⑧不得在标题中添加未获得的授权及未提供的服务等。

任务 6.3　商品类目、属性的优化

6.3.1　商品类目的优化

淘宝网的类目是指为适应消费人群有针对性地选购各种各样的商品而对商品作出的分类，同时也能对网店起到规范和引导作用。

大多数买家搜索商品时，是通过输入关键词来进行的，还有部分买家是根据商品的类目进行搜索的，或者将关键词和类目两种搜索方式相结合，先用关键词找出相关商品，再通过类目做进一步的筛选。

1. 按照优先类目发布商品

淘宝平台掌握着大量的数据，可以根据数据统计出用户在一段时间内侧重搜索某些关键词时购买哪个类目下的商品；平台也能够清楚地统计出该关键词对应的商品每天在哪个类目下成交量最多，从而将该类目作为优选类目。优先类目是淘宝网根据买家搜索和购买习惯对买家搜索用的关键词匹配的优先展示类目。

例如：在淘宝网搜索"连衣裙"关键词时，会发现搜出来的结果无论是自然搜索结果页面，还是右侧和底部的直通车商品展示，几乎都是女装，而不是童装或其他。实际上，"连衣裙"不仅属于"女装"类目，也属于"童装"类目，毕竟"童装"类目下也有"儿童连衣裙"。因为"女装"类目下的"连衣裙"成交量最大，所以搜索引擎会优先匹配"女装"类目，而且搜索出来的商品也全部是女装，如图6-12所示。

图6-12 在淘宝网首页输入"连衣裙"的搜索结果页面

一般而言，发布商品时，如果不确定商品属于哪个类目，可以用一个精准的关键词在搜索栏中进行搜索，然后选择系统推荐的排名第一的类目。商品所属的类目往往是分级的，要从一级类目开始，一级一级地正确选择，确保类目层次准确、清晰。

2. 避免类目设置错误

由于淘宝网的类目众多，新手卖家很可能因为搞不清楚而选错商品的类目或属性，也有部分卖家故意错放商品类目，希望以此来获取更多的流量。不管是出于哪种原因选错商品的类目或属性，都会影响商品的展现机会。

① 类目与商品不相关。对于这种情况，最直接的影响就是在通过商品的标题搜索时找不到该商品。

② 属性设置有误。例如：在进行手机商品编辑时，属性里面有多个内存选项，如设置有误，该商品就有可能被降权。

③ 类目划分不清晰。在选择商品类目时，首先要明确商品的目标人群，要考虑其使用的场景；其次，将商品有区别度的信息和卖点信息放在标题中，如商品名称、品牌号、型号等。一般来说，标题中包含的信息越多，越有利于买家进行选择。

很多卖家在选择类目时比较随意，没有从根本上认识到类目选择的重要性。卖家在后台上传商品时，类目准确度越高，商品属性填写越完善，排名就越靠前，就越容易被买家精准搜索到，从而增加商品的展现机会和网店的流量。

6.3.2 商品属性的优化

商品属性是指用于描述商品特征和性质的信息，如服装的颜色、尺码、材质等，它们决定了买家的人群定位和购买意愿。商品属性也是淘宝平台了解商品特征、计算商品和买家相关性、计算用户偏好的一个重要依据。虽然现在人工智能、大数据技术等都能帮助平台更好地理解平台内的图片和视频，但是平台对图片和视频的理解处理能力还是远远不如对文本类信息的理解处理能力，因此商品属性的重要性就显得尤为重要。

淘宝平台会强制网店在发布商品时填写必要的商品属性信息，因为不完整的商品属性信息不仅会降低买家的购物体验也不利于平台了解商品，导致平台不能很好地为买家推荐合适的商品。如图6-13所示，淘宝平台在商品发布时为网店提供的可选择的商品属性。

图6-13 淘宝平台商品属性

1. 商品属性优化的策略

（1）系统属性优化

系统属性是指平台规定必须填写的属性。淘宝网搜察引擎可以根据系统属性准确地掌握商品的信息，获取商品的准确特征，进而将商品精准地推荐给买家。从买家的角度来看，可以在搜索结果网页通过筛选系统属性挑选出更加符合自己需求的商品。从SEO

的角度来看，属性中的词语能够参与关键词匹配，从而影响商品的排名。

系统属性优化的原则非常简单，即"详细"和"准确"。首先，尽可能将所有属性项目填写完整，不要留空，这样可以给搜索引擎更多信息，增加被搜索引擎抓取的机会。其次，也是更加关键的一点，是为商品选择精准的属性关键词，不精确的属性关键词会导致点击率下降，进而影响转化率和排名。

（2）自定义属性优化

自定义属性是指淘宝平台允许网店根据实际需求定义的属性。自定义属性给了卖家很大的发挥空间。卖家可以利用自定义属性，充分补充商品的长尾关键词或者提高网店关键词的覆盖率，从而覆盖更多精准的人群，获取更多的流量。从SEO的角度看，如果利用得当，将大大提高商品的排名。

自定义属性优化的原则是在不触犯平台既定规则的前提下，尽可能多地包含关键词，尤其是在标题中和系统属性中没有包含的关键词，根据实际需求可以通过适当的方式将关键词放到自定义属性中，包括一些长尾词、小词、冷词等，这样可以扩大关键词匹配的可能性，从而提高商品曝光的概率。需要提醒的是，自定义属性名和属性值都可以使用关键词，充分利用10个自定义属性，大大扩大关键词的覆盖面。

需要注意的是，无论系统属性还是自定义属性都应该准确，否则可能导致转化率降低和纠纷增加的现象，还有可能会导致类目错放、属性错选、标题类目不符等搜索作弊行为。

知识拓展　　　　　正确填写商品属性的重要性

①淘宝网、天猫搜索引擎调用的参数主要是标题，其次是商品的属性。

②从淘宝网首页的类目进去看到的商品，有的标题中并没有包含类目词，但同样也被展示出来，这是因为商品属性中有该类目词。

③淘宝网在搜索时会选取相应类目中具备某些属性的商品，然后进行排序。如果商品属性填写不完整或者填写错误，就会在按类目调用商品时被遗漏，这样就失去了按类目展示的机会。

---

2. 商品属性优化的技巧

（1）充分了解商品特性

卖家在开始销售商品前，必须清楚地了解应该从哪些方面去分析商品的属性；在确定了自己应该发布的类目后，单击"下一步完善商品信息"，进入商品发布界面，列举出对应的属性，如图6-14所示。卖家可根据商品具体情况填写属性，属性要尽量填全。

图6-14　填写商品属性

（2）填写商品属性的技巧

① 商品属性填写的准确程度和市场的匹配程度，会影响其搜索排名的权重，从而影响访问流量。

例如：发布一款孕妇连衣裙时，在其属性栏中可加入"韩版""欧美""休闲""原创设计"等风格，卖家要根据实际情况分析并选择。如果网店整体风格强调的是韩版，那么服装属性一栏可以侧重于填写韩版；如果网店没有明显的风格，只是想知道填写什么样的属性对搜索才有利，能够带来更多的流量，那么就需要进行数据分析。可以在淘宝网、天猫上搜索"孕妇连衣裙"，查看买家喜欢哪种服装风格。通常情况下，哪种风格被搜索得越多，就意味着在其他条件不变的情况下，哪种风格获得的流量更多。

② 填写商品属性时，不必一味追求搜索量大的属性关键词，而是要选择适合自己商品的属性关键词。因为搜索量越大的属性关键词竞争越激烈，所以卖家要选择热门关键词，要有足够的条件争取到较大的权重。相对而言，有些关键词搜索量小，竞争也不那么激烈。选用哪种属性关键词，卖家应根据市场及自己的情况来决定。

实训任务　商品标题优化实训任务

实训目标

能够制作商品关键词词库并进行商品标题优化。

实训分析

本实训主要介绍商家如何从制作的商品关键词词库中选择关键词并将其组合成标题，并从标题的长度控制、关键词分布、关键词词频及关键词组合等维度优化商品标题，然后在淘宝平台上完成商品的发布。

1. 商品关键词词库制作

为了使店内的新品尽快获得自然搜索流量并促进成交，商家应建立商品关键词词库。本实训将介绍如何为商品挖掘精准的关键词并建立一个完整的关键词词库，从而为后期对该商品进行标题优化做好准备工作。为新品挖掘关键词，需要对商品的标题、属性和商品描述进行分析，并通过拆分关键词等手段找出商品的核心词、属性词、品牌词、营销词、长尾词等。

本实训借助北京鸿科经纬科技有限公司研发的1+X网店运营推广平台，以非标品新品"百驼真丝连衣裙春夏新款杭州大牌直筒桑蚕丝印花长裙"为例，通过该平台的关键词分析工具对该商品的核心词、属性词进行拓展，完成关键词的挖掘与收集。商家应该侧重挖掘非标品新品的营销词与长尾词等竞争力相对较小的关键词，待关键词挖掘完成后，对关键词进行整理并分类，最终形成关键词词库。

1）关键词分类

① 在浏览器的地址栏中输入1+X网店运营推广平台的网址，注册成为会员，开通网店运营推广（中级）实训课程，打开网店运营推广中级实训系统。

② 进入网店运营推广中级实训系统后就可以进行任务练习了，实训任务页面如图6-15所示。这里，先选择"1.1关键词分类"。

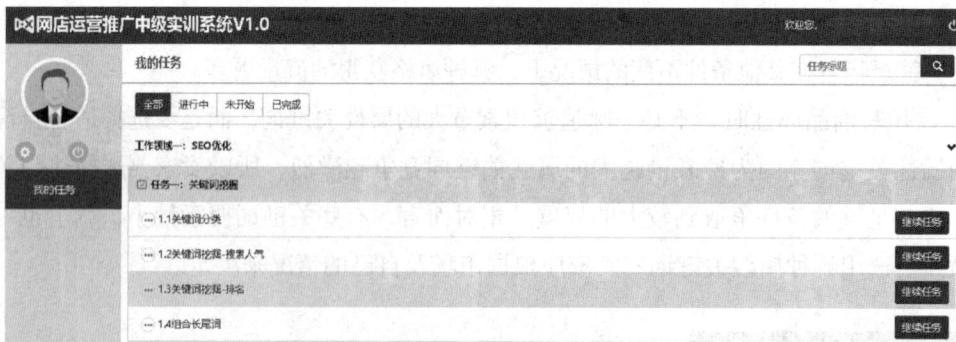

图6-15 实训任务页面

③ 单击"数据分析"中产品标题右侧的"商品说明"按钮可以获得非标品商品信息，如图6-16所示。

商品信息　　　　　　　　　　　　　　　　　　　　　　　　　　×

┃ 标题

海边度假女装新款潮流裙子夏季高腰法式淑女裙子

┃ 属性

品牌: 百驼

产品名称: 雪纺淑女连衣裙

适用年龄: 20-35周岁

尺码: XS S M L XL XXL

面料: 雪纺

风格: 通勤裙子

通勤: 雪纺淑女

领型: 蝴蝶结

衣门襟: 套头

颜色分类: 粉红 现货 粉红 预售

袖型: 喇叭袖

组合形式: 单件

裙型: 高腰裙子

年份季节: 2019年夏季

袖长: 长袖

裙长: 中长裙

流行元素/工艺: 度假雪纺

销售渠道类型: 纯电商(只在线上销售)

廓形: A型

材质成分: 聚酯纤维

适用人群: 青年女装

┃ 描述

炎炎夏季,又到了淑女一展风姿的季节,在周末聚会、在度假途中,本款雪纺高腰连衣裙,既适合通勤,也适合休闲,蝴蝶结套头充满民族风特色,同时也融合了欧美的时尚元素,是今年夏季女装中难得的新品。雪纺的面料,清爽透气,小仙女都想拥有的裙子! ZARA、CACHE 、优衣库等一线品牌的设计理念。

图6-16　非标品商品说明

④ 根据拆分原则对商品标题、属性和描述进行关键词拆分,挑选出与商品相关、符合消费者搜索习惯且具有推广意义的关键词。选择平台中的"关键词分类"选项,就可以把拆分的关键词按类别填写。关键词分类如图6-17所示。

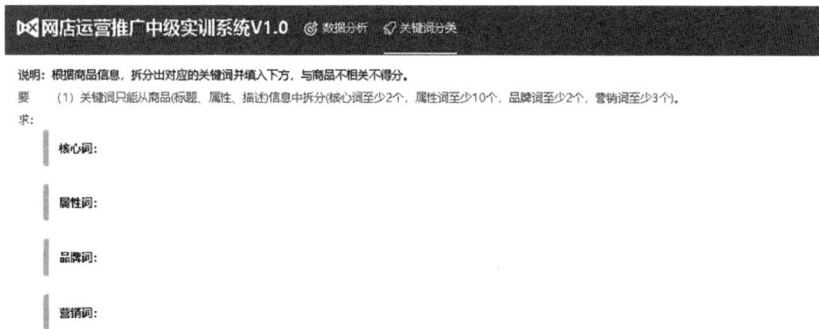

网店运营推广中级实训系统V1.0　⊘ 数据分析　✓ 关键词分类

说明: 根据商品信息,拆分出对应的关键词并填入下方,与商品不相关不得分。

要　　(1) 关键词只能从商品(标题、属性、描述)信息中拆分(核心词至少2个,属性词至少10个,品牌词至少2个,营销词至少3个)。
求:

核心词:

属性词:

品牌词:

营销词:

图6-17　关键词分类

2）关键词挖掘

① 拆分完关键词后还需挖掘高搜索人气的关键词，搜索人气如图6-18所示。在左侧的关键词列表中通过相关词搜索，将挖掘到的具有高相关性、高搜索人气的关键词添加到右侧的关键词列表中，也可以借助平台外的行业热搜词等工具挖掘关键词。

图6-18　搜索人气

② 挖掘高排名的关键词，关键词排名如图6-19所示。在左侧的关键词列表中通过相关词搜索，将挖掘到的具有高相关性、高排名的关键词添加到右侧的关键词列表中。

图6-19　关键词排名

3）关键词分析与整理

在获取关键词的基础上，借助1+X网店运营推广平台"数据分析"中的关键词分析工具、直通车中的关键词分析工具对关键词进行进一步挖掘与拓展，并对关键词进行分析整理，具体操作步骤如下。

① 新建一个Excel表格，将所有的关键词罗列在Excel表格中，以便对关键词进行分析和处理。

② 删除重复的关键词。利用Excel的"删除重复项"功能，删除重复关键词。

③ 删除不相关的关键词。在挖掘关键词的过程中，往往会找到一些与网店所处的行业或所售的产品不相关的关键词。例如：挖掘"百驼真丝连衣裙春夏新款杭州大牌直筒桑蚕丝印花长裙"的关键词时，会出现短裙、纯色连衣裙、纯棉等与产品不相关的关键词，需要把这些关键词删除。

④ 关键词分类整理。把挖掘到的关键词按核心词、属性词、品牌词、营销词、长尾词、其他词分类整理，以便在后面的实训中使用。

⑤ 整理带数据的关键词。在一定时间范围内，关键词的搜索人气、点击率、点击量、成交量、转化率在一定程度上反映了消费者的搜索与购买习惯。可以对挖掘到的关键词进行进一步整理，按照展现量进行排序，筛选并删除搜索人气较低的关键词。使用相同的方法，可以筛选并删除点击率较低、转化率较低、市场平均价较高的关键词。

根据以上操作步骤，将挖掘、分析、整理后的关键词制作成词库，词库中关键词数量应不少于500个。

2. 商品标题优化

在符合规则的情况下对商品的标题进行优化，使之能够在众多同类商品中排名靠前，增加展现量、点击量以提高转化率的过程。商品标题优化是提高商品排名、获取自然搜索流量的重要手段。

本实训要求通过北京鸿科经纬科技有限公司研发的1+X网店运营推广平台，对非标品"爆款"商品的标题"海边度假雪纺连衣裙女装新款潮流裙子夏季高腰法式淑女裙子"进行优化。前面已经学习了关键词词库的制作方法，接下来将学习如何从关键词词库中选择关键词组合成标题，并从标题长度控制、关键词分布、关键词词频及关键词组合等维度优化商品标题。结合非标品"爆款"商品的特点，选词时要优先选择具有高相关性、高搜索人气的款式词与风格词等，将关键词按组合规则有效组合，以覆盖更多的用户，获得更多的自然搜索展现量和点击量。

1）关键词拓展

选择网店运营推广中级实训系统的任务2.3，获取非标品"爆款"商品信息，如图6-20所示。对商品标题、属性和描述中的关键词进行提炼、总结并分类，制作成关键词词库。

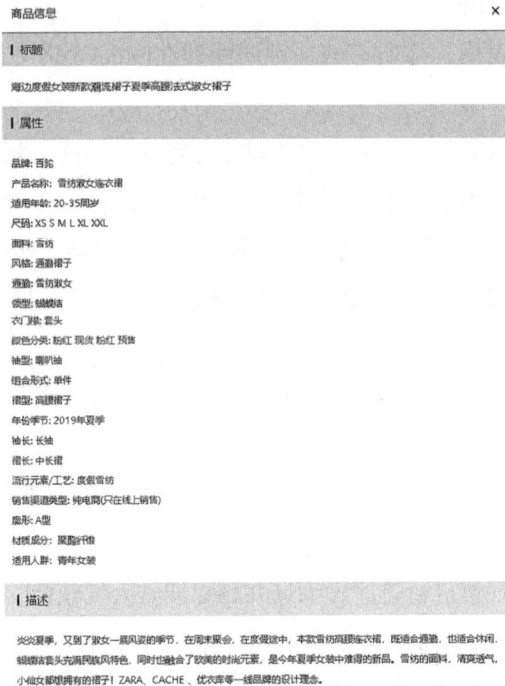

图6-20 非标品"爆款"商品信息

2）删除与商品相关性不大的关键词

打开商品关键词词库，从标题与商品的相关性角度删除与商品相关性不大的关键词，原标题变为"度假雪纺连衣裙女装潮流裙子夏季高腰淑女裙子"。

3）关键词排名查询

首先，对标题进行关键词拆分：度假/雪纺/连衣裙/女装/潮流/裙子/夏季/高腰/淑女/裙子。其次，利用"数据分析"中的关键词查询工具获取关键词搜索人气情况，如图6-21所示。最后，通过搜索排名查询的方式验证标题优化的效果，如图6-22所示。

搜索词	搜索人气	点击率	转化率	竞争指数
雪纺	79009	15.84%	9.96%	251
雪纺衫	40141	15.62%	9.32%	233
雪纺雪纺衣裙	14833	20.85%	6.24%	332
连衣裙雪纺	13874	21.23%	8.08%	361
雪纺短袖连衣裙	13305	16.65%	5.34%	318
裙子雪纺连衣裙	12967	15.59%	4.30%	327
大码雪纺	12761	27.68%	8.10%	355
雪纺衬衫	12671	19.94%	9.38%	311

图6-21 关键词搜索人气情况

图6-22 搜索排名查询

4）关键词组合

观察标题的长度，目前标题为21个汉字，由于标题最多为30个汉字，因此需要尝试添加合适的关键词以覆盖更多的消费者。可以从以下两个角度在关键词词库中添加的关键词。

① 根据关键词与商品的相关性，添加相关性高的关键词。例如：添加关键词"蝴蝶结"，因为这个关键词不仅出现在商品的属性信息中，还出现在商品的描述信息中，与商品具有较高的相关性。添加"蝴蝶结"后利用搜索排名查询功能查看排名，商品的排名为"65"。

② 根据关键词的搜索人气，添加搜索人气高的关键词。例如：关键词"中长裙"的搜索人气为"24184"，关键词"通勤"的搜索人气为"30195"，均属于搜索人气较高的关键词。添加这两个关键词后，利用搜索排名查询功能查看排名：添加关键词"中长裙"后，商品排名为"43"；添加关键词"通勤"后，商品排名为"45"。

根据上述分析，可将商品标题改为"度假雪纺连衣裙女装潮流裙子夏季高腰淑女裙子蝴蝶结中长裙通勤"。

5）标题的再优化

初步对标题进行优化后，通过搜索排名查询功能查询每个关键词的商品排名，然后进行标题的再优化。

① 根据关键词商品排名，更换商品排名靠后的关键词。例如：经过搜索排名查询发现，当搜索"潮流"时，商品的排名低于1 000名。将"潮流"更换为"仙女"，标题变为"度假雪纺连衣裙女装仙女裙子夏季高腰淑女裙子蝴蝶结中长裙通勤"。当搜索关键词"仙女"时，商品的排名为"1"，搜索其他关键词时商品排名无变化。在这种情况下，就可以用"仙女"代替"潮流"。

② 对于竞争力强的"爆款"商品，在保证商品排名不变的情况下，大词的效果往往

要优于小词。例如：将关键词“女装”换成“飘逸”后，商品排名变为“9”，虽然排名比较靠前，但是效果不如使用“女装”好，因为使用“女装”可以覆盖更多的消费者搜索词，而使用“飘逸”很难覆盖更多的消费者搜索词。图6-23为两个关键词的搜索人气对比。为进一步分析关键词“飘逸”和“女装”对标题的影响，需借助平台进行搜索排名查询。

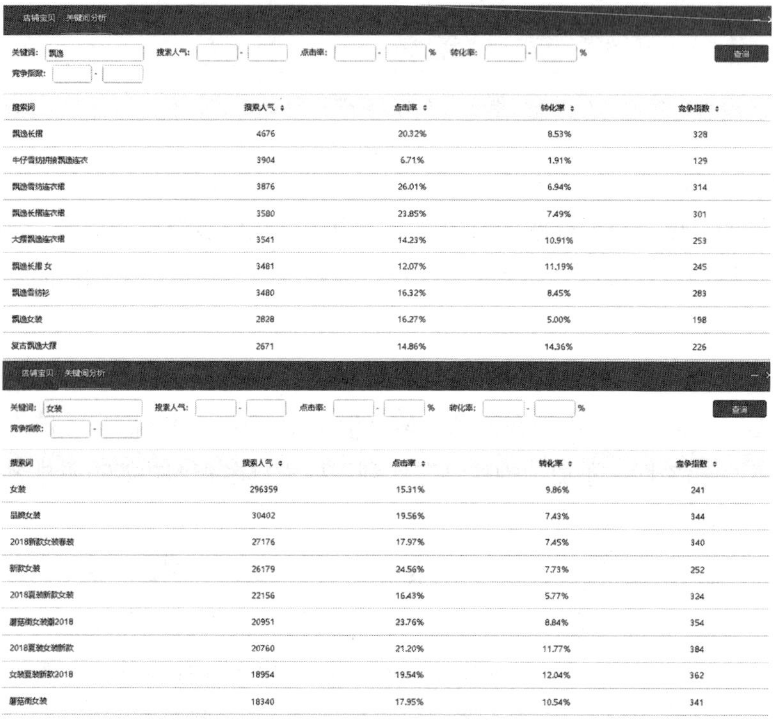

搜索词	搜索人气	点击率	转化率	竞争指数
飘逸长裙	4676	20.32%	8.53%	328
牛仔雪纺拼接飘逸连衣	3904	6.71%	1.91%	129
飘逸雪纺连衣裙	3876	26.01%	6.94%	314
飘逸长裙连衣裙	3580	23.85%	7.49%	301
大摆飘逸连衣裙	3541	14.23%	10.91%	253
飘逸长裙 女	3481	12.07%	11.19%	245
飘逸雪纺衫	3480	16.32%	8.45%	283
飘逸女装	2828	16.27%	5.00%	198
复古飘逸大摆	2671	14.86%	14.36%	226

搜索词	搜索人气	点击率	转化率	竞争指数
女装	296359	15.31%	9.86%	241
品牌女装	30402	19.56%	7.43%	344
2018新款女装春装	27176	17.97%	7.45%	340
新款女装	26179	24.56%	7.73%	252
2018夏装新款女装	22156	16.43%	5.77%	324
蘑菇街女装潮2018	20951	23.76%	8.84%	354
2018夏装女装新款	20760	21.20%	11.77%	384
女装夏装新款2018	18954	19.54%	12.04%	362
蘑菇街女装	18340	17.95%	10.54%	341

图6-23　两个关键词的搜索人气对比

通过对各关键词进行搜索排名查询和搜索人气分析后，组合成的商品标题为“雪纺连衣裙仙女裙子套头聚酯纤维高腰淑女裙子蝴蝶结中长裙通勤”，单击“结束产品标题优化”按钮后，优化后的商品标题如图6-24所示。

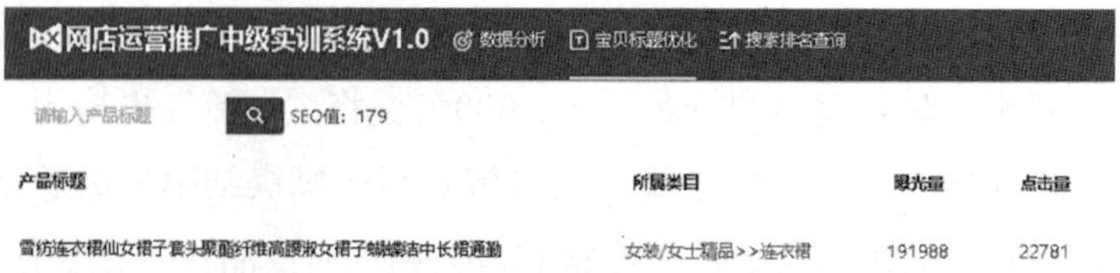

产品标题	所属类目	曝光量	点击量
雪纺连衣裙仙女裙子套头聚酯纤维高腰淑女裙子蝴蝶结中长裙通勤	女装/女士精品>>连衣裙	191988	22781

图6-24　优化后的商品标题

③ 结束任务后，返回实训系统首页查看该任务的得分，如图6-25所示。

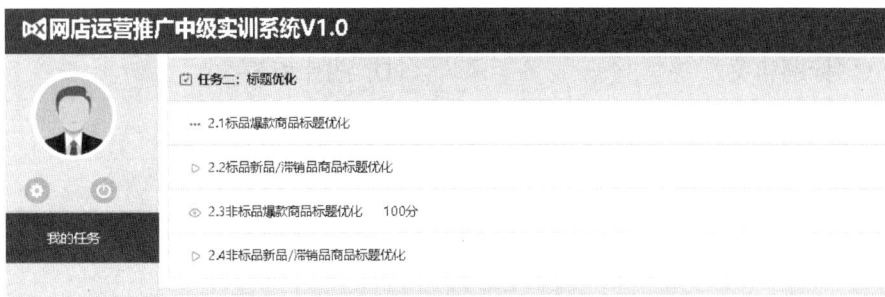

图6-25 任务得分

巩固 与 提高

一、单选题

1. 网店搜索引擎优化的基本内容不包括（ 　　　　　）。

　　A. 商品标题优化 　　　　　　　　B. 商品主图优化

　　C. 商品详情页优化 　　　　　　　D. 淘宝网店的站外优化

2. （ 　　　　　）不是优化商品主图方法。

　　A. 图片关键词越多越好 　　　　　B. 突出重点

　　C. 保证图片的清晰度 　　　　　　D. 注重实际效果

3. 下列关于商品详情页优化的说法中错误的是（ 　　　　　）。

　　A. 简洁有力并且精确的文案 　　　B. 商品描述面面俱到

　　C. 把握好详情页首页 　　　　　　D. 紧抓核心卖点

4. 新手卖家最好选择（ 　　　　）关键词。

　　A. 顶级关键词 　　　　　　　　　B. 二级关键词

　　C. 长尾关键词 　　　　　　　　　D. 类目关键词

5. 计算淘宝网店的滞销率，一般以（ 　　　　）天为一个周期。

　　A. 30 　　　　　　　　　　　　　B. 90

　　C. 10 　　　　　　　　　　　　　D. 60

二、多选题

1. 淘宝网的SEO应主要优化（ 　　　　　）。

　　A. 类目 　　　　　　　　　　　　B. 商品上下架时间

　　C. 标题 　　　　　　　　　　　　D. 属性

2. 淘宝排名规则中的"相关性"主要包括（ 　　　　　）三个方面。

A. 类目相关　　　　　　　　　　B. 属性相关

C. 标题相关　　　　　　　　　　D. 图片相关

3.（　　　　）对搜索权重是有帮助的。

A. 停留时间长　　　　　　　　　B. 无跳出

C. 上下浏览　　　　　　　　　　D. 快速浏览

4. 影响网店权重的因素有（　　　　　　）。

A. 跳出率　　　　　　　　　　　B. 买家保障

C. 回头客　　　　　　　　　　　D. 店铺动态评分

5. 下面的关键词中，属于长尾关键词的有（　　　　　　）。

A. 凉鞋　　　　　　　　　　　　B. 平跟凉鞋

C. 平跟凉鞋女夏季新款　　　　　D. 平跟凉鞋女夏2018新款

三、判断题

1. 优化商品标题时，不宜频繁地修改标题，变化幅度也不能太大。（　　　）

2. 商品标题中关键词位置的变动对搜索权重有影响。（　　　）

3. 新手卖家可以通过顶级关键词获得较多的流量。（　　　）

4. 动销率60%就是及格线。（　　　）

5. 编写商品标题时，要尽量追求"标准化"。（　　　）

6. 商品标题中某一个关键词带空格和用文字隔开的效果是一样的。（　　　）

7. 淘宝网店做促销时，可以在商品标题中添加对赠品、奖品的描述。（　　　）

8. 在选择类目时，卖家如果不知道该放在哪个类目，可选择"其他"类目凑合使用。

（　　　）

四、简答题

1. 什么是网店搜索引擎优化？

2. 网店搜索引擎优化的基本内容有哪些？

3. 怎样优化商品主图？

参考答案

项目7

淘宝直通车推广

知识框架

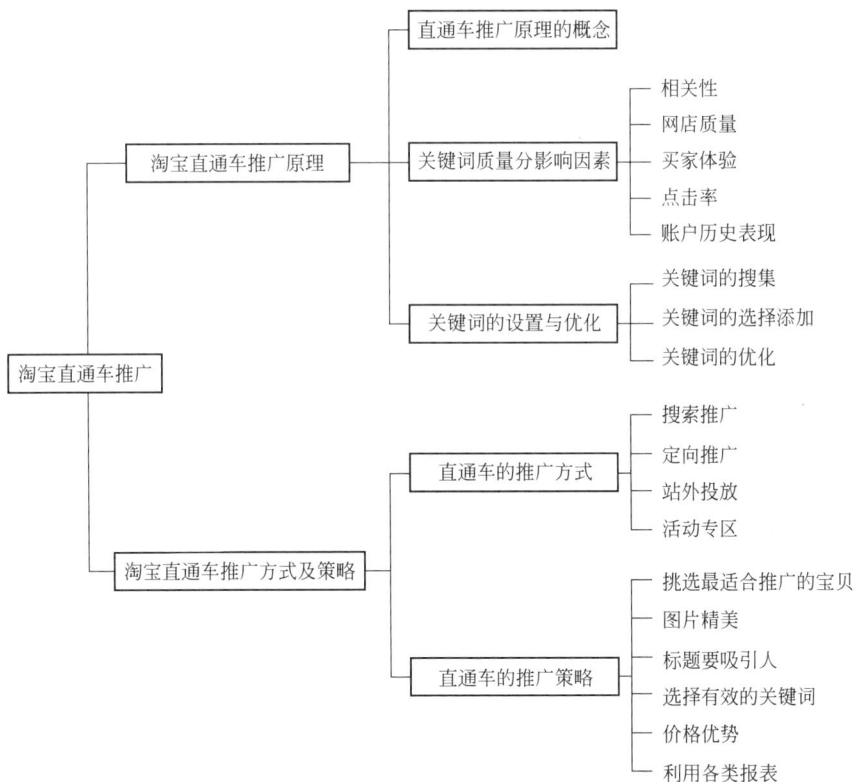

学习目标

了解淘宝直通车推广原理，熟练使用直通车推广商品和店铺，了解影响直通车广告效果的因素。

思政目标

学生在淘宝直通车的工作任务实施中，利用各种营销方式进行引流，培养学生文化传承的社会责任感，同时还要使之学会运用新的媒体技术进行创新营销推广，培养学生的创新精神。

理论知识

任务 7.1 　淘宝直通车推广原理

淘宝直通车是为卖家量身定制的按点击量付费的推广工具，它根据宝贝设置的关键词来对商品进行排名展示，实现宝贝的精准推广。淘宝卖家利用直通车可以在淘宝网的多个展示位置推广自己的商品。

7.1.1　直通车推广原理的概念

淘宝直通车是根据宝贝设置的关键词来进行排名展示，然后按照点击量进行扣费，是淘宝目前付费推广手段中最知名也是最有效的一种方式。直通车竞价结果不仅可以在淘宝网以全新的图片+文字的形式展示，而且可以展现到站外，如网易、搜狐等。淘宝直通车是为淘宝卖家量身定做的推广工具，让淘宝卖家方便地在淘宝上推广自己的宝贝。

淘宝卖家的每件商品可以设置200个关键词，并且可以针对每个竞价词自由定价，价格越高，排名也越高。

淘宝直通车推广原理具体如下。

① 如果卖家想推广某一个宝贝，首先为该宝贝设置相应的关键词及宝贝标题。

② 当买家在淘宝网通过输入关键词搜索商品，或按照宝贝分类进行搜索时，就会展现推广中的宝贝。

③ 如果买家通过关键词或宝贝分类搜索后，在直通车推广位点击宝贝，系统就会根据设置关键词或类目的出价来扣费。

直通车有多种推广形式的营销产品，它们都是按点击量进行计费的。只有当买家点击了卖家的推广信息后系统才进行扣费，单次点击产生的费用不会大于卖家所设置的出价。例如：当买家搜索一个关键词时，卖家设置了该关键词的商品就会在直通车的展示位上出现。当买家点击了卖家推广的商品时，系统会扣费，扣费小于或等于卖家的关键词出价。

直通车扣费公式为

$$扣费 = \frac{下一名的出价 \times 下一名的质量分}{卖家的质量分} + 0.01$$

从上述公式可以看出，关键词的质量分会影响扣费，某个关键词的质量分越高，卖家所需付出的费用就越低。

④ 直通车商品排名规则。直通车根据关键词的质量分和关键词出价的综合得分确定商品排名。综合得分=出价×质量分。在同等出价的情况下，质量分越高，综合排名越靠前；在排名一致的情况下，质量分越高，单次点击价格越低。卖家都希望以较低的费用获得较靠前的排名，这时就需要提高质量分。关键词质量分越高，代表关键词推广效果越好，就可以用相对更少的推广费用把更优质的商品信息展现在更适当的位置上，使买卖双方获得双赢。

7.1.2　关键词质量分影响因素

关键词质量分是指搜索推广中衡量关键词与推广商品信息和用户搜索意向三者之间相关性的综合性指标，是系统为每个关键词计算的质量分。质量分受相关性、网店质量、买家体验、点击率和账户历史表现等因素影响（见表7-1）。

表7-1　关键词质量分影响因素

影响因素	具体内容
相关性	相关性是指关键词与商品本身信息、商品类目及商品属性的相符程度 ● 关键词与商品本身信息的相关性：关键词要与商品的名称、描述等基本信息一致 ● 关键词与商品类目的相关性：网店商品的类目和关键词的优先类目应保持一致，商家应注意不要错放类目 ● 关键词与商品属性的相关性：网店发布商品时选择的商品属性与关键词的属性应保持一致，商家应尽可能填写符合网店商品属性的关键词
网店质量	网店质量主要是指推广网店的信息质量和服务质量。网店信息质量是指网店推广商品信息是否如实描述、信息完整程度与丰富度、推广创意的关键词点击反馈、图片质量等。 服务质量包括网店的网页服务质量与用户服务质量。网页服务质量包括网页的加载速度、是否简洁无干扰等；用户服务质量包括网店整体交易转换能力与推广商品的交易转化能力、好评率与差评率、客服响应速度等

续表

影响因素	具体内容
买家体验	买家体验是指根据买家在店铺的购买体验和账户近期的关键词推广效果给出的动态得分，包括直通车转化率、收藏与加入购物车情况、关联营销情况、详情页加载速度、好评率与差评率、旺旺反应速度等影响购买体验的因素。当关键词对应的各项分值越大时，代表推广效果越好。但不同行业的关键词质量分也是与实际行业类目相关的，所以要以实际情况为准，参考优化中心的建议进行优化，不断提高各项指标值
点击率	点击率是指广告被点击的次数与该广告展示次数的比率。点击率的高低会影响质量分。如果点击率高，平台就会认为该关键词与广告的相关度、用户搜索需求的相关度比较高，会给予一个高的质量分。较高的质量分能使客户以更低的价格获得更靠前的排名。因此，排名与点击率是相互促进的关系
账户历史表现	账户历史表现是指账户广告以往推广的总体效果，它也会影响质量分。要保证网店没有被惩罚，搜索作弊、违规等都会受到平台惩罚，从而降低质量分，影响推广效果

7.1.3　关键词的设置与优化

关键词就好比店铺的导购人员，关键词的设置直接影响着直通车引入流量的精准度，甚至影响订单是否会成交。

1. 关键词的搜集

下面介绍几种常用的有效搜集直通车关键词的方法。

1）直通车系统推荐词

从"宝贝匹配的关键词""综合推荐词"等获取到系统推荐词，如图7-1所示。如果关键词比较多，可以使用筛选功能，以方便、快速地选词。为了保证质量得分，最好选择相关性较好、市场点击率较高的关键词。

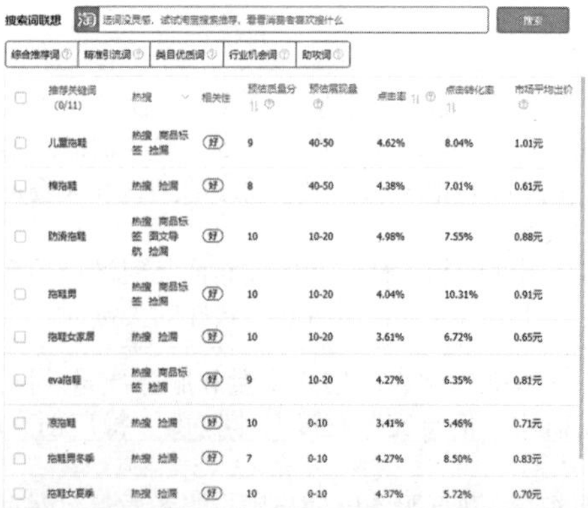

图7-1　直通车系统推荐词

2）流量解析

流量解析工具为卖家提供了关键词的相关衍生词。卖家进入直通车后台，在左侧"工具"中选择"流量解析"即可使用该模块。

流量解析工具为卖家提供了热门词表的下载功能。卖家在流量解析工具页面输入相关的关键词，如"拖鞋"，在"相关词推荐"选项卡中即可看到相关词表，如图7-2所示。

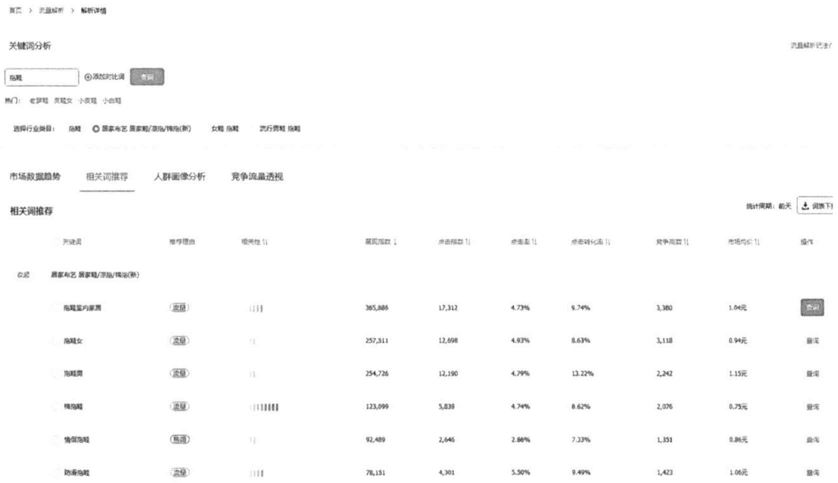

图7-2　直通车后台流量解析

3）生意参谋

通过生意参谋行业热搜词推荐及搜索词查询获取关键词，进入生意参谋后台，打开"市场"｜"搜索排行"页面（见图7-3），卖家可以根据搜索人气、支付转化率高低进行加词。

图7-3　生意参谋"搜索排行"页面

4）搜索框下拉列表

卖家可在淘宝首页搜索框中输入与商品相关的关键词，下拉列表中会出现一些与关键词相关的长尾词，从中选择使用频率较高的关键词。

5）其他渠道

卖家还可以参考淘宝排行榜词表、竞争对手的标题、淘宝搜索页面下方"您是不是想找"等渠道来搜集关键词。

2. 关键词的选择添加

在选择添加关键词时，需要遵循如表7-2所示的原则。

表7-2　选择添加关键词的原则

原则	具体内容
热门关键词	选择添加当前所售商品最核心、最热门、搜索量最大的关键词，如"连衣裙""雪纺连衣裙""连衣裙夏"等搜索热度较大的关键词
符合买家搜索习惯	站在买家的角度来进行思考，分析买家会搜索什么样的关键词，如"显瘦连衣裙"等
精准属性	能够描述细节和精准表达商品本质的关键词，直击买家的购买需求，如"无袖长款纯色连衣裙"
优势组合	从不同的角度考虑相关词，并将其与商品中心词进行适当的组合，尽可能覆盖商品的各个方面，如"印花连衣裙复古""短裤韩版连衣裙"

选择添加关键词的注意事项如下。

如果预算不多，可以选择添加20～30个精准词，不添加大词或者只添加4～5个大词；如果预算较多，则一定要添加大词，可以选择添加60～100个关键词，选择与自己商品相匹配的关键词；如果预算较低，可以只选择几个与商品匹配的大词，选择展现指数较高的词语。

3. 关键词的优化

关键词的优化是影响后期直通车效果的关键因素。对表现优异的关键词和有潜力的关键词，要通过调整让其发挥更好的效果，带来最大化的利益；对效果不好的关键词，则要果断删除，避免其对直通车整体产生不良的影响。

在对关键词进行优化时，卖家可以参考表7-3的关键词优化原则。

表7-3　关键词优化原则

优化原则	具体内容
前期注重养词 （优化周期:1～2周）	在开展直通车推广的前期，最主要的工作是养词，提高关键词的质量得分和点击率。在这个阶段，卖家最好选择使用一些精准词，建议选择使用20%的热门词加80%的长尾精准词。 在前期养词阶段，有些关键词不会带来转化是可以容忍的，但要注意分析这些关键词的收藏率和点击率，并分析这些词未带来转化的原因。随着流量的不断引入，卖家应对这些词及时做出调整
以点击率为导向对关键词进行优化 （优化周期：每周）	直通车开通一段时间后，关键词的质量分有所提升，直通车的平均点击花费自然就会下降。此时卖家需要重点关注的就是关键词的点击率，根据点击率来调整关键词的出价。 卖家可以使用流量解析工具来查看关键词的市场平均点击率，然后将其与自己所使用的关键词的点击率进行对比：若自己所使用的关键词的点击率高于市场点击率，则可以适当调高该关键词的出价；若自己所使用的关键词的点击率低于市场点击率，则可以适当调低该关键词的出价
删除或添加关键词（优化周期：每周）	卖家要对关键词按照优胜劣汰的原则进行淘汰与更新，删除点击率低的词，并适当添加新的关键词，以保证自己所使用的每一个关键词都能为商品或店铺带来点击

知识拓展　　　　**优化直通车展现和点击量**

① 提升有展现量的词的出价。提价幅度及方法：提价幅度在0.01～0.20元即可，并且使用自定义出价，这样做的目的是区别于无展现量的词。

② 删除没有展现词的同时添加新词。对于无展现量的词，需要定期删除。因为无展现量的词白白占据了一个设置词的位置，却没有实际的用处。在删除的同时添加新词。

③ 养成习惯，经常优化。建议卖家经常对自己账户的词进行优化。

任务 7.2　淘宝直通车推广方式及策略

7.2.1　直通车的推广方式

淘宝直通车是目前淘宝网上推广效果非常好的一种方法。下面介绍直通车推广的几种方式。

1. 搜索推广

搜索推广指的是卖家通过设置与推广商品相关的关键词和出价，在买家搜索相应关键词时获得推广商品展现与流量，卖家按照所获流量（点击数）付费，进行商品精准推广。卖家加入淘宝直通车，即默认开通搜索推广。

关键词搜索结果页面右侧"掌柜热卖"区域、下方"掌柜热卖"区域，类目搜索结果页面下方"掌柜热卖"和右侧"掌柜热卖"区域，以及通过点击淘宝搜索框下的热搜词后搜索结果为直通车展示位，如图7-4～图7-7所示。

图7-4　关键词搜索结果页面右侧"掌柜热卖"

图7-5　关键词搜索结果页面下方"掌柜热卖"

图7-6 类目搜索结果页面右侧"掌柜热卖"和下方"掌柜热卖"

图7-7 点击热搜词后搜索结果"掌柜热卖"

2. 定向推广

定向推广依据淘宝网庞大的数据库，构建出买家的兴趣模型。它能从细分类目中抓取那些特征与买家兴趣点匹配的推广宝贝，展示在目标客户浏览的网页上，锁定潜在买家，实现精准营销。除了淘宝网站内的热门页面，淘宝直通车还整合了多家外部优质网站，帮助卖家的推广宝贝覆盖更多目标客户。定向推广设置之后，卖家也可以自己取消，在直通车后台点击设置投放平台页面就可以选择投放或未投放。

1）定向推广优势

定位准确，转化率高：以宝贝找人，数十万个兴趣节点判断意向买家，转化率更高。

流量丰富，收藏量多：多个展现位，每天吸引1.4亿流量。

操作便捷，省时省力：选好位置，定好出价，设置人群，轻松获得精准流量。

2）展现位置

展现位置包括：淘宝首页热卖单品（适用于精品商品）（见图7-8）、我的淘宝（已买到商品的底部、购物车底部、物流详情页底部）、我的宝贝（收藏列表页底部）、旺旺发货提醒页、我要买首页底部，以及站外一些页面（如网易、新浪、搜狐、环球网等大型媒体网站的优质位置）。

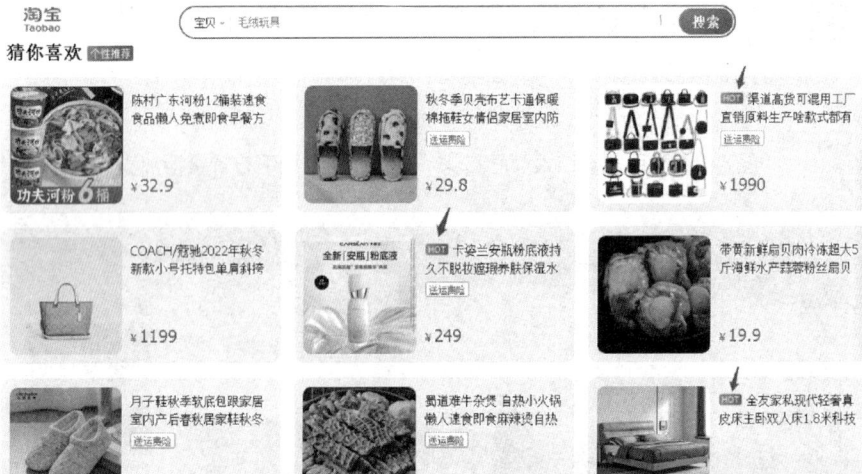

图7-8　淘宝首页热卖单品展现的商品

3）展现规则

宝贝出价、推广质量、宝贝属性和买家兴趣匹配等因素都影响着定向推广的展示量。其中，宝贝出价中的"出价"指的是综合出价，是通投出价、单独位置出价、人群维度加价和分时折扣的综合结果；推广质量主要包含宝贝和类目相关性、宝贝点击率，以及宝贝点击转化率等其他反馈因素。

3. 站外投放

直通车站外投放是站内推广资源的拓展和补充，把推广的商品投放在淘宝以外的网站上，以Banner、文字链、搜索栏等形式展示，并根据数据分析锁定人群，匹配相应的宝贝，将外部客户吸引到专门展示直通车宝贝的页面。

目前直通车站外合作的媒体包括百度、360、搜狗等多家头部媒体，以及各类门户网站、中小媒体。

（1）站外投放优势

流量大：直通车站外投放与众多知名网站合作，目前每天有超过40亿的优质流量。

投放准：通过媒体用户的行为分析，多维度定位外网用户的兴趣偏好，将商品精准投放到媒体网页上。

省成本：为了保证用户的外部流量转化，提升收入成本比，淘宝网采用二跳计费的形式。

（2）展现位置

直通车站外投放流量巨大，这些流量将会以文字链、图片创意等方式被引入展现掌柜外投放宝贝的页面。这些流量可分为6类：门户类、客户端、搜索引擎、网址导航、中小媒体、二级导航。

（3）展现形式

在搜狗、新浪等外网上展现的是人工制作的图片、文字等创意，当用户点击了这个创意时，便进入外投宝贝集合页，再点击宝贝就到了某个宝贝详情页。如图7-9所示为搜狗外网展现。

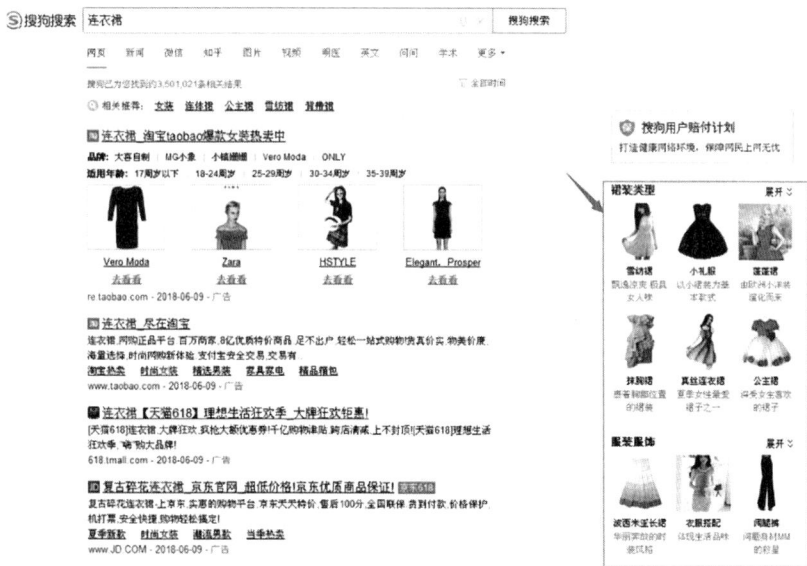

图7-9 搜狗外网展现

4. 活动专区

淘宝热卖单品也称首页热卖单品活动，是淘宝直通车的长期活动，日均百万流量，以其独特的人群兴趣模型展现方式帮助卖家精准定位到目标客户，聚集千万客户关注，将宝贝推向网购狂潮的风口浪尖。

（1）活动专区优势

投精准：通过自动人群定向功能，锁定目标客户，实现精准投放。

打爆款：每日600多万活动流量，单品形式呈现，助卖家打造爆款。

聚划算：活动起价0.05元，花最少的预算获最大的利润。

（2）展现规则

热卖单品活动采用人群定投的原理，根据买家兴趣类目展现宝贝，展现概率与宝贝的出价及点击率高低相关。同时，所有报名成功的宝贝会匹配相关性较高的宝贝，展现至其他活动展位，包括站外一些资源位置。

（3）展现位置

活动位置在淘宝网首页及搜狐网各大资讯频道底部，以"热卖单品"方式展现，如图7-10和图7-11所示。

图7-10　淘宝网首页最上端的"热卖单品"

图7-11　搜狐网投放的"热卖单品"

7.2.2　直通车的推广策略

开通直通车后，每天的流量却还是没多少，直通车效果不怎么明显。这是什么原因呢？想提升开通直通车广告效果，还需要做好以下各方面的工作。

1. 挑选最适合推广的宝贝

参加直通车推广首先要选好一个宝贝，这是所有推广的第一步。被选出来做推广的宝贝，一定要有突出、清晰的卖点，能让买家在最短的时间内注意到此宝贝。如卖点可以是性价比高（如价格有优势、有促销等）、产品功能强（如产品本身功效好、漂亮等）、品质好（如行货、正品等），如图7-12所示为适合推广的宝贝。

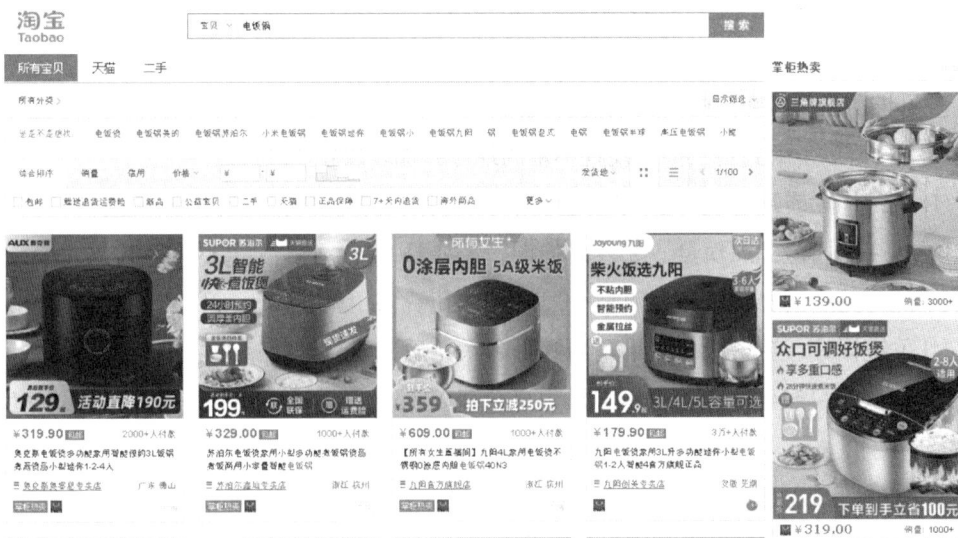

图7-12　适合推广的宝贝

2. 图片精美

买家在购买商品时，浏览的速度是很快的，如果卖家的商品没有在最短时间内吸引住买家，就会造成客户流失。网店吸引买家的实际是图片，图片越精美、越真实，就越能吸引买家，这对要进行推广的商品来说尤为重要。如果商品的图片不够清晰、明了，买家不清楚销售的是什么，就会造成大量的无效点击。

3. 标题要吸引人

买家主要通过标题了解商品的卖点，所以标题应该简单直接、卖点明确，让买家即使一扫而过，也能最快地明白商品的特点。

商品卖点有产品本身的特性、价格优势、品质或品牌保证、促销优惠信息等。当然，卖点一定要实事求是，夸大的卖点可能会让卖家花冤枉钱。店铺宝贝的标题与直通车广告的标题是各自独立的，差别很大，所以要认真了解直通车标题优化的技巧。

4. 选择有效的关键词

卖家需要对客户群体有足够的了解，最好做一定的客户调查，了解客户经常搜索的关键词是什么，以便花最少的钱做最有效的推广。

点击直通车首页导航栏中的"关键词查询"按钮，进入投放关键词查询页面，输入某关键词可以查询到此关键词的一周搜索次数、平均点击单价，以及设置了该关键词并且是在系统最精准类目下的宝贝列表。

5. 价格优势

买家选定一款商品，经常会在淘宝中定向搜索该款商品进行价格对比，如果某卖家的价格没有优势，那就是在花钱给别人打广告了。

6. 利用各类报表

宝贝推广后观察账户的点击数据，利用市场数据来检验推广效果。通过对各类数据的分析，卖家可以了解到自己推广设置不足的地方并加以改正。

① 关键词无展现量或者展现量过低的冷僻词需要替换掉，非冷僻词微调价格。

② 排在前面但无展现量、无点击的词，需要替换掉。

③ 部分关键词出价较高，流量一般，整体花费多，调整出价。

④ 关键词好、流量低，如果是因为排名太靠后，建议把价格适当提高。

⑤ 如果类目产生的扣费很多但没效果，建议也改低一下类目出价或者调整其他宝贝进行类目出价。

⑥ 对于展现量很高、没有点击量的词，检查是否因为关键词与宝贝的相关性太低，导致搜索了该关键词的人看到宝贝后并没有产生兴趣。如果符合这种情况，替换成与宝贝相关性更高的关键词。

知识拓展　　　　服饰卖家如何选择直通车宝贝

通过对宝贝单价的把握，从根本上提高宝贝的点击率，可以更精确地找到属于自己的客户。影响点击率的因素有三个：宝贝图片、宝贝推广标题、宝贝价格。点击率是影响质量分与排名的非常重要的因素。因此，建议如下。

① 女装宝贝选择：单价较低的宝贝；品牌、折扣等相关因素强的宝贝；价格属于高性价比的宝贝。

② 男装宝贝选择：侧重于性价比高的宝贝；价格具有一定优势的宝贝；买家需要比较明显的高品质宝贝。

实训任务　直通车推广实训

实训目标

能够根据网店商品与推广目标，合理分配推广资金，确定推广地域与时间，制定并实施推广策略。

能够根据推广策略，添加商品关键词，设置关键词出价；能进行创意编辑与优化、人群定向与溢价；能够分析推广数据，提出优化方案。

实训分析

本实训借助北京鸿科经纬科技有限公司研发的1+X网店运营推广平台，以标品的"爆款"为例，进行直通车推广。由于标品类目搜索词较少，竞争相对激烈，且推广资金有限，因此可选择部分商品进行推广，并合理分配推广资金。为了实现推广效果最大化，可以设置详细的推广地域与推广时间，针对不同的推广商品添加关键词，设置匹配方式及出价。为了降低推广成本，优化推广效果，可以进行创意编辑与优化、设置人群定向与溢价等。

1. 制定推广策略

卖家在进行推广之前，要确定推广商品，分配推广资金，确定推广地域、推广时间与推广方式，力求以最少的花费获得合理的流量，并达到打造"爆款"商品与新品或滞销品促销的目的。为保证推广效果，要合理分配资金，并进行地域流量解析与时间流量解析（见图7-13），合理选择推广地域，设置推广时间。直通车推广分为标准推广与智能推广，要了解不同推广方式的特点，选择满足自己需求的推广方式。

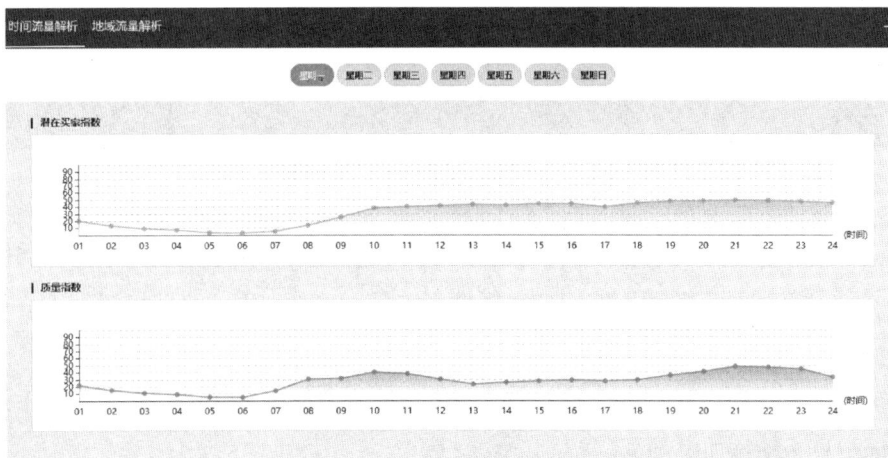

图7-13　时间流量解析

进入1+X网店运营推广平台的网店运营推广中级实训系统，选择任务6.1，制定推广策略，然后填入表7-4中。

表7-4 推广策略

序号	推广商品	推广资金	推广地域	推广时间	推广方式

2. 添加商品关键词

1）新建推广计划与推广单元

① 选择"直通车"选项，单击"新建推广计划"按钮，打开"新建推广计划"对话框，如图7-14所示，填写推广计划名称，选择推广计划类型，单击"确定"按钮。

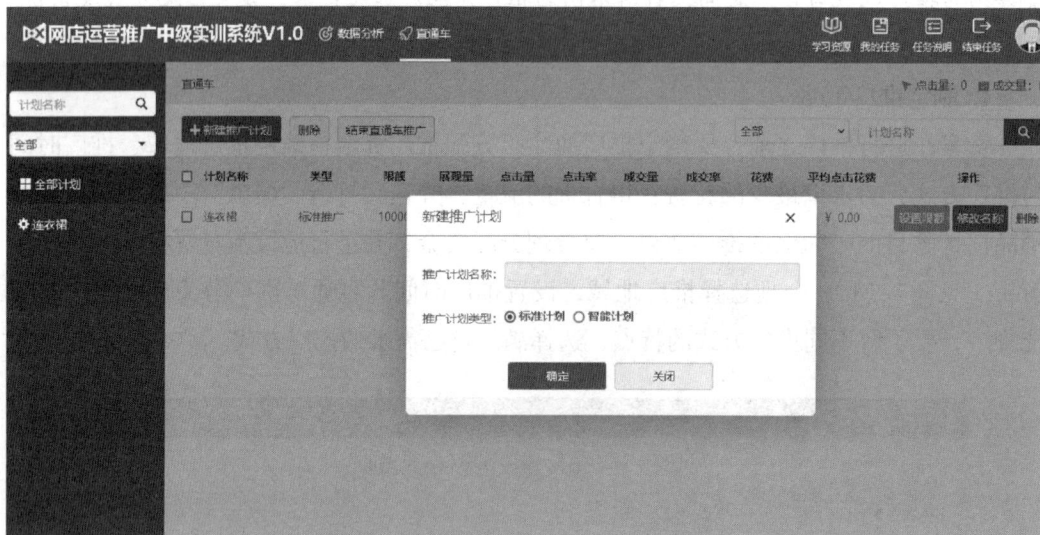

图7-14 "新建推广计划"对话框

② 进入标准推广计划设置页面，设置限额、投放时间和投放地域，如图7-15所示。

③ 单击"新建推广单元"按钮，选择推广宝贝，单击"下一步"按钮。

2）添加关键词

系统提供了三种添加关键词的方法：按照系统推荐添加关键词，全站搜索添加关键词、加词清单手动添加关键词。

图7-15 设置限额、投放时间和投放地域

"爆款"适合使用行业热搜词，因此加词时要注重关键词的搜索人气、点击率、转化率等数据。首先找出行业热搜词；其次分析关键词与商品本身的相关性，剔除不相关或者相关性低的关键词；最后找出目标关键词，将关键词添加到表中。

当手动输入通过其他渠道挖掘的关键词时，同样要考虑关键词的搜索人气、点击率、转化率、竞争度、相关性等。

① 单击"添加关键词"按钮，如图7-16所示。

图7-16 单击"添加关键词"按钮

② 选择或者输入关键词，单击"确认添加"按钮，如图7-17所示。

图7-17 单击"确认添加"按钮

3. 设置关键词出价

排名靠后的关键词很难为商品带来流量。当修改关键词出价时,可以看到关键词的预估排名发生变化。因此,在出价时要保证关键词的预估排名在一定的范围之内。在设置关键词时,可以根据关键词的出价、质量得分,估算关键词的每次点击花费。有"爆款"潜力的商品在市场竞争方面具有一定的优势,因此卖家可以适当地提高核心词、品牌词、属性词等热门短词的出价,以保证推广效果。

在修改关键词出价时,可以批量调整关键词出价。批量调整关键词出价的方式有默认出价、自定义出价、市场平均价的倍数。修改关键词出价如图7-18所示。卖家也可以逐一调整出价。

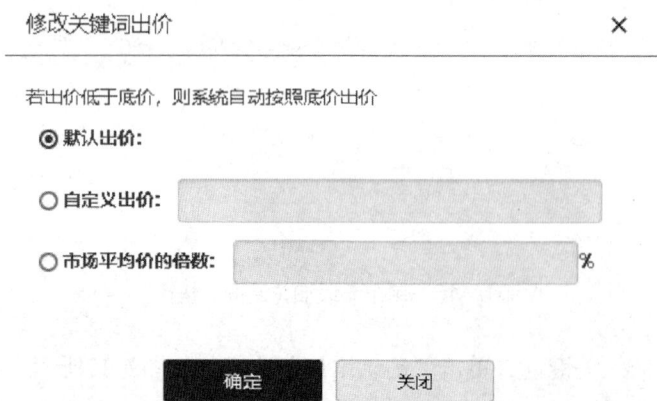

图7-18 修改关键词出价

4. 创意编辑与优化

卖家可以从两个角度编辑创意。第一个角度是根据商品信息进行创意编辑，保证消费者看到的创意信息与最初的购买需求、商品的详细信息相同；第二个角度是通过创意优化增强关键词与商品的相关性，进而提高关键词的质量分。由于标品类目的关键词数量较少，量相对集中，因此可以围绕推广的核心词、属性词或品牌词等关键词进行创意优化，通过提高关键词与推广商品的相关性来提高质量分，从而提高商品的竞争力。

1）创意编辑

（1）根据商品信息编辑创意

消费者通过搜索卖家设置的推广关键词，找到卖家推广的商品创意图片与创意标题，进入商品的详情页，浏览商品信息，最后产生购买行为。因此，卖家在进行创意标题的编辑时，要保证创意标题描述的信息与商品信息一致。

操作步骤：单击"添加创意"按钮，即可进行编辑创意，如图7-19所示。在完成编辑创意后，单击"确定"按钮。

图7-19　编辑创意

（2）根据推广的关键词优化创意

找出推广关键词列表中搜索人气高的行业热门关键词，如核心词、属性品牌词等，围绕找出的关键词优化推广创意。

2）设置创意流量分配方式

当选择创意优选时，系统会根据创意历史表现数据，帮卖家优选一个表现较好的创意进行集中展现；当选择创意轮播时，系统会根据上传的创意个数自动将流量平均分配给上传的创意。

操作步骤：单击"编辑流量分配"选项，选择相应的流量分配方式，如"优先"，单击"确定"按钮，如图7-20所示。

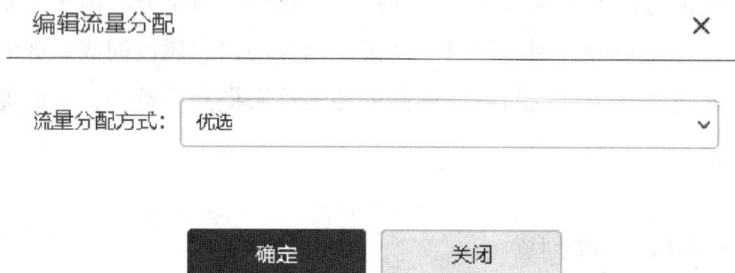

编辑流量分配   ✕

流量分配方式：   优选   ⌄

确定   关闭

图7-20　编辑流量分配方式

5. 人群定向与溢价

淘宝直通车人群可以分为四类：具有某种兴趣偏向的人群、淘宝网优质人群、本店或相似网店人群、自定义人口属性人群。标品类目的人群兴趣不明显，卖家可根据产品特征选择相对吻合的人群或不特定人群。卖家可适当地选择部分淘宝网优质人群、本店或相似网店人群进行定向。

人群溢价的实质是提高定向人群的关键词出价。在设置溢价的比例时，卖家可以参考人群特征、潜在买家数量、关键词出价、建议溢价。

操作步骤：单击"精选人群"选项，进入精选人群管理页面，单击"编辑人群"选项，然后编辑"店铺定制人群""淘宝优质人群"，输入溢价的比例，如图7-21所示。

编辑人群   ✕

店铺定制人群　淘宝优质人群

名称	溢价 ❓	建议溢价 ❓	潜在买家权重
店内商品放入购物车的访客	0 %	5%	2.22%
购买过店内商品的访客	0 %	10%	1.48%
购买过同类店铺商品的访客	0 %	5%	7.41%
浏览未购店内商品的访客	0 %	5%	3.70%

确定   关闭

图7-21　编辑人群

6. 账户数据分析与优化

账户数据分析主要是从推广计划、推广单元、推广关键词、创意、精选人群等方面进行分析。卖家可以从横向和纵向对推广计划、推广单元、推广关键词、创意、精选人群进行对比，分析具体的流量来源及花费是否合理，针对推广中出现的问题进行优化。其中，关键词推广要分清搜索词和进店词。

操作步骤：结束推广后，单击"推广词""进店词""搜索词""精选人群""创意"，如图7-22所示，查看并分析推广数据。

宝贝名称：超薄小巧便携苹果专用移动电源无线迷10000毫安大容量
类目名称：移动电源
价格：￥166

推广词　进店词❓　搜索词❓　精选人群　创意

☐	标签	关键词	匹配方式	质量分	排名	出价	展现量	点击量	点击率	成交量	成交率	花费	平均点击花费
☐	▪▪▪	2600毫安移动电源	广泛匹配	9	66	￥12.00	0	0	0%	0	0%	￥0.00	￥0.00
☐	▪▪▪	5000毫安移动电源	广泛匹配	9	66	￥12.00	0	0	0%	0	0%	￥0.00	￥0.00
☐	▪▪▪	diy移动电源	广泛匹配	7	129	￥12.00	0	0	0%	0	0%	￥0.00	￥0.00
☐	▪▪▪	mili移动电源	广泛匹配	8	63	￥12.00	0	0	0%	0	0%	￥0.00	￥0.00
☐	▪▪▪	oppo移动电源	广泛匹配	9	26	￥12.00	13	4	30.77%	0	0.00%	￥50.40	￥12.60
☐	▪▪▪	笔记本电脑移动电源	广泛匹配	9	26	￥12.00	13	4	30.77%	0	0.00%	￥50.40	￥12.60
☐	▪▪▪	笔记本移动电源	广泛匹配	9	26	￥12.00	127	31	24.41%	1	3.23%	￥387.58	￥12.50

图7-22　推广数据分析

巩固 与 提高

一、单选题

1. 为方便卖家在淘宝推广自己的宝贝，淘宝为卖家量身定做的推广工具是（　　　　）。

    A. 淘宝商盟　　　　　　　　　　B. 淘宝论坛

    C. 淘宝直通车　　　　　　　　　D. 友情链接

2. 直通车商品标题字数在（　　　　）个以内？

    A. 15　　　　　　　　　　　　　B. 10

    C. 20　　　　　　　　　　　　　D. 25

3. 申请热卖单品广告位的入口在（　　　　）。

    A. 淘宝卖家助手　　　　　　　　B. 直通车活动

C. 管理我的店铺　　　　　　　　D. 店铺收藏

4. 站内推广工具——直通车，每个商品可以设置最多（　　　　　　）个关键词。

    A. 100　　　　　　　　　　　　B. 200

    C. 300　　　　　　　　　　　　D. 50

5. 直通车的收费方式是（　　　　　）。

    A. 按实际点击收　　　　　　　B. 以显示时间收费

    C. 按显示位置收费　　　　　　D. 按实际成交收

6. 直通车可以设置的内容是（　　　　　）。

    A. 投放时间　　　　　　　　　B. 投放区域

    C. 日消耗金额　　　　　　　　D. 以上都可以

二、简答题

1. 淘宝直通车的推广原理是什么？

2. 淘宝直通车的优势有哪些？

参考答案

项目8

利用淘宝客推广产品

知识框架

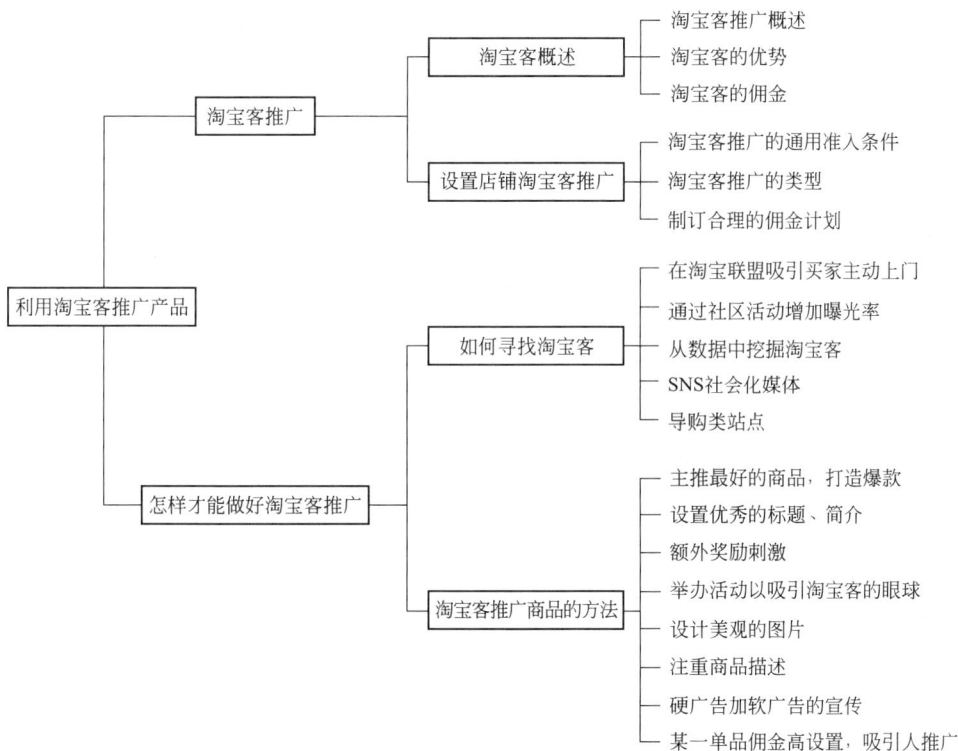

学习目标

了解淘宝客推广的概念，了解加入淘宝客推广的步骤，掌握淘宝客推广的技巧。

思政目标

利用淘宝客进行店铺和单品推广时培养学生遵守站内外平台规则、公平竞争的意识和团队合作精神；培养学生坚守商业底线，拒绝虚假交易行为。

理论知识

任务 8.1　淘宝客推广

8.1.1　淘宝客概述

淘宝客——简称"淘客"，是指通过互联网帮助淘宝卖家推广商品，并按照成交效果获得佣金的人或者集体（可以是个人、网站、团体、公司）。淘宝客的工作平台是淘宝联盟，只要获得淘宝商品推广链接，让买家通过淘宝客的推广链接进入淘宝店铺购买商品并确认付款，淘宝客就能赚取由卖家支付的佣金，无须投入成本，无须承担风险，最高佣金达商品成交额的50%。在淘宝客中，有阿里妈妈、卖家、淘客、买家四个角色，如图8-1所示。

图8-1　淘宝客

① 卖家：佣金支出者，他们提供需要推广的商品到淘宝联盟，并设置每卖出一件商品愿意支付多少佣金。

② 淘客：佣金赚取者，他们在淘宝联盟中找到卖家发布的商品并推广出去，当有买家通过自己的推广链接成交后，就能够赚到卖家提供的佣金（其中一部分需要作为淘宝联盟的服务费）。

③ 买家：单纯的购买者。

④ 阿里妈妈：阿里妈妈旗下的淘宝联盟，专门负责淘宝客管理，帮助卖家推广产品，帮助淘客赚取利润，每笔推广的交易抽取1%～50%不等的服务费用。

作为淘宝网推出的网络营销平台，任何网民都可以帮助淘宝掌柜销售商品，从中赚取佣金。未来一两年内，网上的"营销大军"预计将超过百万，至少将为国内提供几十万个直接就业平台，淘宝客将一跃成为庞大的网络职业人群。很多人关注淘宝客，依托淘宝联盟平台，越来越多的个人加入淘宝客推广，一些淘宝客的收入也很可观。

1. 淘宝客推广概述

淘宝客推广是一种按成交计费的推广模式。淘宝客只要从淘宝客推广获取商品代码，任何买家经过淘宝客的推广（链接、个人网站、博客或社区发的帖子），进入淘宝卖家店铺完成购买后，淘宝客就可得到由卖家支付的佣金。买家通过支付宝交易并确认收货时，系统会自动将应付的佣金从卖家收入中扣除并计入淘宝客的预期收入账户中。

简单说，就是去申请自己的网店做淘宝客推广后，在淘宝推广专区就会有所推广的商品代码。一些流量高的网店或网站就会把所推广商品的代码做成广告放在自己的网店或网站上，如果有人通过这些广告进入店铺并且成功购买了宝贝，那么就要支付设定的佣金给到这些网店或网站。

2. 淘宝客的优势

淘宝客推广是一种按成交计费的推广模式，其优势如下。

① 最小成本：展示、点击、推广全都免费，只在成交后支付佣金，并能随时调整佣金比例，灵活控制支出成本。

② 省时：只需要把佣金比例调整好，等着淘宝客来推广就可以了。

③ 最大资源：拥有互联网上更多流量，有更多人群帮助推广销售，让买家无处不在。

④ 推广精准：推广到店铺和商品，直击用户需求。

⑤ 推广内容和推广途径：完全自定义，灵活多样。

⑥ 推广流程简单：一键获取推广代码，甚至不需要拥有自己的网站。

3. 淘宝客的佣金

设置淘宝客佣金时，也不要一味地追求高佣金而忽视了商品本身的售价。要在商品单价和佣金之间寻找好平衡点：应该在自己能接受的范围内，给予淘宝客更多的佣金，只有这样才能激发淘宝客们推销商品的热情。

下面，介绍关于佣金的几个概念。

① 佣金比例：淘宝卖家愿意为推广商品而付出的商品单价的百分比。

② 商品佣金比率：卖家针对商品单独设置的淘宝客推广佣金比率。

③ 类目佣金比率：卖家为自己店铺的每个类目（类目分类以商品信息所在网站后台类目为准）所设置的淘宝客推广佣金比率（包括卖家默认的系统设定比率）。

④ 佣金：该商品的单价×佣金比例，是淘宝卖家愿意为推广商品而付出的推广费。当淘宝客推广的交易真正通过支付宝成交后，除去阿里妈妈服务费，就是淘宝客的收入。

买家通过支付宝交易并确认收货时，系统会自动将应付的佣金从卖家收入中扣除并在次日记入淘宝客的预期收入账户。每个月的15日都会做上一个整月的月结，月结后，正式转入淘宝客的收入账户。

知识拓展　　　　巧用SEO结合淘宝客推广店铺

将SEO结合淘宝客推广店铺可提升淘宝客网站在百度的关键词排名，从而提升店铺宝贝的曝光率，获得更多的客户，同样可以使推广店铺商品的淘宝客获得更多的佣金、淘宝客网站获得更多的流量，方法如下。

① 选择30个优势商品，即选择店铺最有竞争优势的30个商品（淘宝客最多可以推广30个商品）。

② 为商品选择精确关键词，这样可以提升店铺的转换率。查找精准的关键词的方法有：在搜索栏内搜索提示关键词；淘宝系统推荐关键词；淘宝排行榜；根据店铺客户搜索习惯选择关键词。

③ 为淘宝客主推商品进行关键词优化。

为主推商品选择核心关键词，每个商品可选1～3个；将选好的1～3个关键词放置于宝贝名称中，并在宝贝描述中多次出现，增加关键词密度；为图片加alt属性，如alt="关键词"；在商品详情明显位置摆放当前商品核心关键词，以便淘宝客网站运用。

8.1.2　设置店铺淘宝客推广

1. 淘宝客推广的通用准入条件

① 店铺状态正常（店铺可正常访问）。

② 用户状态正常（店铺账户可正常登陆使用）。

③ 淘宝店铺近365天内未存在修改商品如类目、品牌、型号、价格等重要属性，使其成为另外一种宝贝继续出售而被淘宝处罚的记录、详细规则；天猫店铺无此要求。

④ 店铺账户实际控制人的其他阿里平台账户（以淘宝排查认定为准），未被阿里平台处以特定严重违规行为的处罚，未发生过严重危及交易安全的情形。

⑤ 店铺综合排名良好。店铺综合排名指阿里妈妈通过多个维度对用户进行排名，排名维度包括但不限于用户类型、店铺主营类目、店铺服务等级、店铺历史违规情况等。

2. 淘宝客推广的类型

为了满足不同类型店铺的需求，淘宝客推广为卖家提供了多种类型，包括通用计划、定向计划、营销计划、自选计划等，如表8-1所示。卖家可以根据自己的实际需求来选择和设置推广计划。

表8-1　淘宝客推广类型

类型	计划定义	佣金范围
通用计划	商家开通淘宝客推广后，默认开通并全店商品参加推广的计划。该计划仅支持设置类目佣金比率；未设置佣金比率的商品，系统默认按照商品所在类目最低佣金比率计算	类目最高佣金比率为70%
定向计划	商家与指定淘宝客合作的推广计划。计划创建后，商家/官方助力邀请淘宝客来申请，设置佣金比率一般比通用计划要高。可以针对单品设置佣金，但是限定某些淘宝客来推广——精准匹配淘宝客，优质定向流量	类目最高佣金比率为70%
营销计划	营销计划是公开的，全部淘宝客均可推广的单品推广计划，商家可自定义设置推广单品、阿里妈妈推广券、推广佣金、推广时间等，并支持查看推广实时数据及多维度推广效果（如单品效果数据）	类目最高佣金比率为70%
自选计划	商家指定单品单独设置佣金，可查看单个淘宝客推广效果，并可限制部分淘宝客不可推广	类目最高佣金比率为70%

3. 制订合理的佣金计划

淘宝联盟提供了推广计划管理，可设置1个通用推广计划、1个工具推广计划、9个定向推广计划。9个定向推广计划根据店铺不同情况针对不同等级的淘客，提供不同的佣金计划。

1）佣金计算规则

① 卖家可以在佣金范围内直接调高佣金比率。

② 卖家不能直接调低佣金比率，但可以通过先删除推广计划，再新建推广计划的方法调低佣金比率。

③ 买家从淘宝客推广链接进入，此后15天内完成的购买均为有效购买，淘宝客可以从中得到由卖家支付的佣金。如果卖家退出淘宝客推广，在卖家退出前，用户点击过的推广链接对该用户在15天内继续有效，在点击后15天内拍下的商品仍计算佣金。

④ 如果实际交易金额减去邮费大于或等于拍下时的商品单价，则按实际交易金额减去邮费后再乘以佣金比率进行计算。

⑤ 如果实际交易金额减去邮费小于拍下时的商品单价，则按商品单价乘以佣金比率进行计算。

⑥ 如果买家通过淘宝客推广链接直接购买了商品，则按照该商品对应的佣金比率结算佣金。

⑦ 如果买家通过淘宝客推广链接购买了店铺内其他展示商品中的某件商品，卖家应按照该商品对应的佣金比率结算佣金给淘宝客。

⑧ 如果买家通过淘宝客推广链接购买了店铺内非展示商品中的某件商品，则按照店铺统一佣金比率结算佣金给淘宝客。

2）设置佣金比例，获得高效产品推广

对主推商品设置较高的佣金比率，要想吸引更多淘宝客来推广商品，主推商品的佣金比率一定不能太低，不然商品再好也可能会被淹没。在能接受的范围内，将更多的佣金回馈给淘宝客，这样才能带来更多成交量。

3）设置合理的店铺佣金比率

店铺佣金比率是除主推商品外其他商品统一的佣金比率。可以通过衡量店铺的利润情况，设定一个合理的店铺佣金比率。有吸引力的佣金对成交有很大的促进作用。

4）调整推广心态

即便因为现在支付给淘宝客更多佣金而减少了利润，但长远来看，淘宝客带来的绝不仅仅是一个买家，而是这个买家身后千千万万更多的买家。只有淘宝客和卖家相互合作，互相信赖，才能达到双赢的目的。

知识拓展　　　做好淘宝客推广的黄金法则

虽然淘宝客推广看起来简单，几步就能设置完成，但是如果想要更好地利用淘宝客来为店铺创造更高的效益，那么在推广过程中还要了解推广的法则。

调整好心态，定期及时优化，尽量给淘宝客以最大利益，不要因为支付给淘宝客佣金而觉得少赚了；而要看到，淘宝客带来的绝不仅仅是一个买家，而是更多的买家。推广是一项长期的工作，只有长期用心学习总结，吸取他人好的经验，找到最适合自己的推广方法才是最有效的。新手开始时可以将自己的宝贝佣金设置高些，自己的利润低点，这样才会引起淘宝客去宣传。当店铺慢慢地有销量了，自然就会提升流量。当每天都有销量时，可以适当地降低淘宝客佣金，让点利润给自己。

任务 8.2　怎样才能做好淘宝客推广

淘宝客是专为淘宝卖家提供淘宝网以外的流量和人力的工具，帮助卖家推广商品，成交后卖家才支付佣金报酬。淘宝客推广是一个有持久推广效果的方法，并且只有成交了才付费，这也是很多人为什么喜欢淘宝客推广的主要原因。

8.2.1　如何寻找淘宝客

淘宝客推广的方法有很多种，卖家做淘宝客推广要主动出击，吸引淘宝客做推广。

1. 在淘宝联盟吸引买家主动上门

目前有数十万的淘宝客活跃在各个推广领域，卖家与其盲目四处寻找，不如让淘宝客自己找上门。大部分淘宝客每天都会登录一个网站，那就是淘宝联盟。淘宝联盟是一个淘宝客挑选推广对象的站点，可以在淘宝联盟上选择所需推广的商家或商品。

2. 通过社区活动增加曝光率

淘宝联盟社区是淘宝客聚集交流的场所，可以尽情发挥，吸引淘宝客的关注。社区活动常见的方式有以下几种。

① 发布招募帖。这是最常见的形式，直接向淘宝客发布招募公告。如图8-2所示为在淘宝联盟社区发布的招募帖。

② 利用签名档。将签名档设置为店铺招募的宣传语，引导至自己的招募帖，并且积极参与社区中的讨论，热心回答会员的问题，在互动的同时也起到了宣传的作用。

③ 事件营销。社区宣传不一定是广告，有意地策划一些事件，短期内可以迅速积累大量的人气。

④ 主动出击。在社区中有许多乐于分享的淘宝客，这些人往往具有丰富的推广经

验，多关注一些经验分享帖的淘宝客，通过回复或站内信取得联系。

图8-2　在淘宝联盟社区发布的招募帖

⑤ 参与会员社区活动。小二或社区版主会不定期组织一些社区活动，如征文、访谈等活动，如图8-3所示。

图8-3　会员社区活动

3. 从数据中挖掘淘宝客

当很多人苦苦寻找新的淘宝客时，往往会忽略已经在推广的人群，他们可能推广量不大，也许是不经意中推广了自己的商品，但他们已经具备了淘宝客的推广能力，如果稍加引导便可以创造更多的推广量。可以通过"我的联盟"每日推广效果报表中的数据挖掘淘宝客，找出那些优质的推广者，然后与他们建立联系，进行更深入的合作。

4. SNS社会化媒体

SNS如微信、微博、抖音等活跃着众多的营销者，它们往往聚集了大量具有相同兴趣爱好的会员，如购物促销群、时尚群、亲子群等，具有非常精准的客户群，在淘宝客的推广中具有很高的转化率。同时，微博也是淘宝客非常活跃的场地，通过微博进行推广的淘宝客越来越多，微博推广如图8-4所示。

图8-4　微博推广

5. 导购类站点

随着淘宝客的兴起，越来越多的站点加入淘宝导购的行列，团购类、比价类网站如雨后春笋般不断涌出，如小红书、一淘网、返利网等，此类站点聚集了大量的购物人群，是卖家推广不错的选择，一淘网首页如图8-5所示。

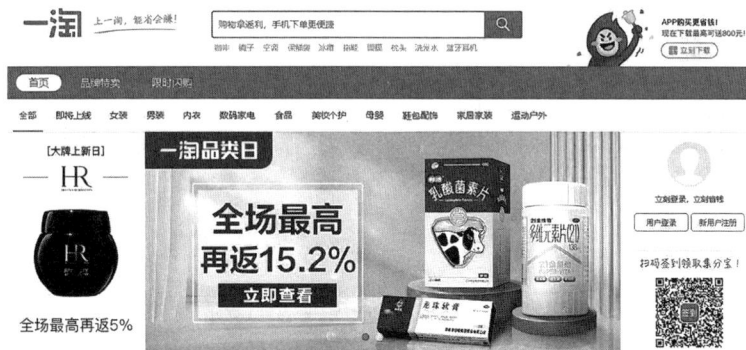

图8-5　一淘网首页

8.2.2　淘宝客推广商品的方法

淘宝客是一种可以先看到效果再付费的形式，但优质的淘宝客却不是那么容易寻找，因为优质的淘宝客需要的是能给自己带来更多收入、更好分成的淘宝卖家。做淘宝客的人成千上万，只要你的产品质量好，佣金比率设置得高，自然会有很多淘宝客为你的产品宣传推广。下面是吸引淘宝客推广商品的方法。

1. 主推最好的商品，打造爆款

不要推广那些滞销的产品。如果推广的产品一点销量都没有，即使设置更高的佣金也很难让人有兴趣推广。热销的宝贝自然比无人问津的宝贝更容易卖出，推广那些热销品不但可以吸引更多的淘宝客推广自己的店铺，更重要的是可以积累销量。

质量好又热卖的商品，有利于招到淘宝客，也有利于培养忠实的淘宝客。有不少淘宝客把商品推荐给身边的亲朋好友，如果产品质量过硬，可增强他们推广的信心。

在商品的销售中，集中力量重点打造几款高人气的主推宝贝，俗称"爆款"。利用其高人气的特性，带动店内其他商品的销售，即单品制胜。同理，在淘宝客中也存在同样的现象，通过几款拥有大量淘宝客关注的主推商品，带动店内其他商品推广量的上升。如图8-6所示为爆款商品。

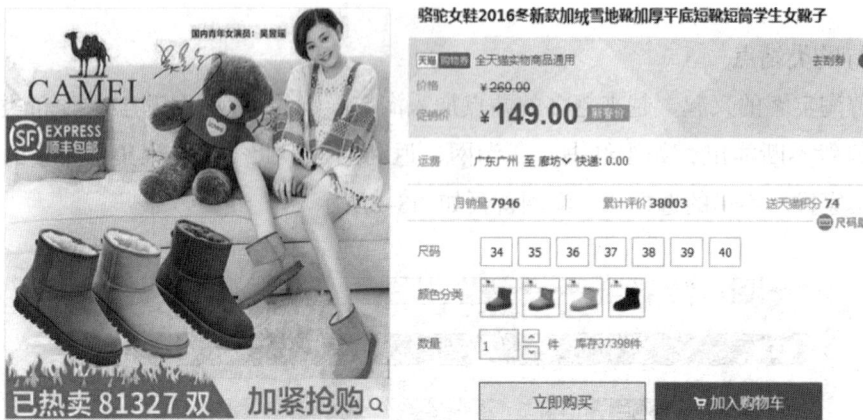

图8-6　爆款商品

2. 设置优秀的标题、简介

突出商品销售价值点。这件商品正在搞促销或者有赠品活动，这些最好能在标题和简介里面明确地体现出来，这样能在第一时间内吸引淘宝客的目光。

3. 额外奖励刺激

如果希望有更多优秀的淘宝客帮助推广商品，除提供高佣金之外，还可以对淘宝客进行推广激励。

4. 举办活动以吸引淘宝客的眼球

可以举办一些活动，比如对当月推广成绩在前三名的淘宝客给予奖励，以此吸引淘宝客。当然，发奖金时不要忘了宣传，可以写一个帖子宣传一下自己的店铺。

5. 设计美观的图片

淘宝客推广，大多数选择图片推广，如果图片模糊，推广的效果肯定差，而且有的站长对自己网站质量要求较高，不美观的商品图片会影响其站点的美观，从而肯定不会推广此商品。如图8-7所示为商品美观的图片。为了避免淘宝客拿你的图片给他人的店铺做推广，请在图片上最明显的位置写上店铺的地址、电话联络方式等。

图8-7　商品美观的图片

6. 注重商品描述

在互联网中，人与人不能面对面地交流，只能通过商品描述和图片解释商品，所以要十分注重对商品的描述和对商品图片的展示。淘宝客推广中销售最火爆的商品，都可以用客户的好评、交易记录等来说明该商品的优秀。而有的卖家虽然信誉高、货源充足，但是没有详细的商品描述，照片也很含糊，淘宝客一般不喜欢这样的商品，即使佣金再高也不会推广。

7. 硬广告加软广告的宣传

在硬广告中写上招募淘宝客，然后放在显眼的广告位上，或者是写软文进行推广，花一点心思写文章，既经济又实惠。

8. 某一单品佣金高设置，吸引人推广

有的卖家比如卖手机的，可能利润不是很高，可以把其中一款设置超高佣金，全站设置一个合理的佣金，比如全站3%佣金，某一款手机的佣金高达30%，就当赔本赚人气。

知识拓展　　　　**淘宝客推广商品的选择技巧**

把单价较低的商品进行淘宝客推广，要做好薄利多销的准备。众所周知，客户买东西，肯定要货比三家，价比三家。在选择主推宝贝的时候，应当选择一些单价较低的商品，同时低价位的商品也具有较高的利润率，可以为佣金比例的设定留有更大的灵活性。宝贝的价格最好设置在大众能普遍接受的范围内，这样可以获得更多的关注度。

实训任务 淘宝客推广实训

任务目标

能够为网店开通淘宝客推广，能够为网店创建通用计划和营销计划。

任务分析

淘宝客后台"自主推广"部分整合了商家可自主设置的经营产品，适用于不同的场景诉求，商家可在此模块下设置开通各个计划。通用计划全店宝贝都可以参与推广，仅支持类目佣金，推广方式操作简单粗放；营销计划针对单品设置佣金，并吸引全部淘宝客来推广，推广方式适合商品打爆、特定商品推广。相较通用计划仅支持类目佣金，营销计划可直接推广单品，自由设置推广佣金/时间（如果想针对主推品单独设置较高的佣金来吸引淘宝客进行推广，就可以设置营销计划）。

1. 通用计划

1）登录千牛卖家中心

单击"推广"｜"淘宝联盟"｜"通用计划"。

2）计划管理

如图8-8所示，在通用计划页面，可以查看计划数据、店铺类目及类目佣金比率、更改类目佣金率等。也可修改佣金比例，单击要修改的对应类目后面的佣金比例，在弹出佣金比例范围区间内修改即可，今日修改次日生效。修改佣金页面如图8-9所示。

图8-8 通用计划页面

图8-9 修改佣金页面

2. 营销计划

1）登录千牛卖家中心

单击"推广"｜"淘宝联盟"｜"营销计划"。

2）计划管理

（1）新建计划

进入首页，单击自主推广｜营销计划｜添加主推商品，如图8-10所示。

图8-10 营销计划创建

可勾选"可添加商品"（若商品在页面清单里找不到，可能商品不允许参与淘宝客推广），可输入商品名称或商品ID找到并确定商品，勾选"加入"，如图8-11所示。为主推商品设置佣金，如图8-12所示。

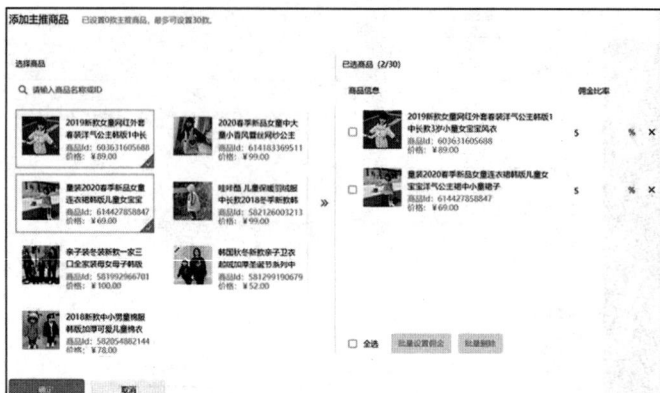

图8-11　添加主推商品

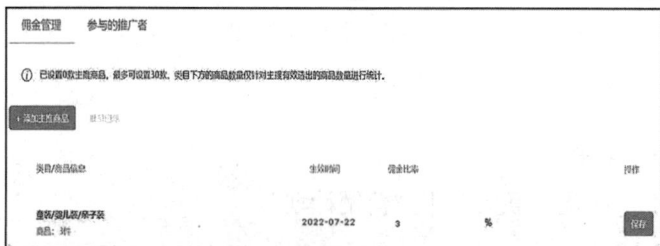

图8-12　为主推商品设置佣金

（2）修改计划

①佣金修改。

"默认"：默认佣金是系统自动抓取的当下生效的所有策略的最优的佣金和优惠券，目前不支持直接修改默认的佣金比率。

"日常"：日常策略可以直接编辑，如图8-13所示。当下生效的日常策略修改后，默认策略也会随之变化，修改成功第二天生效。

图8-13　修改计划

②删除计划。

"活动"：活动策略无法进行修改，只能等报名的活动结束。

"日常"：营销计划没有关闭功能。如果不想要设置，可以在营销计划把主推商品删除，如图8-14所示。当把日常策略都删除后，营销计划下的该宝贝就被成功删除了，删除第二天生效。

图8-14　删除主推商品

"活动"：活动策略无法删除，只能等报名的活动结束。

加入淘宝客是全店宝贝参与推广，即使删除营销计划策略，商品还是参与淘宝客推广的，只是以通用佣金的比率结算。

巩固 与 提高

一、单选题

1. 淘宝卖家参加淘宝客推广要求是（　　　　　）。

　　A. 卖家星级在一心以上　　　　　　B. 参加了客户保障计划

　　C. 卖家的店铺状态是正常的　　　　D. 以上说法都对

2. 淘宝客和直通车最大的区别是（　　　　　）。

　　A. 二者都是淘宝平台的一种推广模式

　　B. 前者是按成交计费，后者按点击付费

　　C. 能让卖家更好地获取流量取得订单

　　D. 能针对性地定向推送到指定的目标用户

3. 先成交后付费的是淘宝的（　　　　　）推广模式。

　　A. 论坛广告位　　　　　　　　　　B. 直通车

　　C. 淘宝客　　　　　　　　　　　　D. 钻石展位

4. 下面说法错误的是（　　　　　）。

　　A. 淘宝客推广是一种先成交后付费的推广模式

　　B. 淘宝客推广是专为淘宝卖家提供淘宝网以外的流量和人力，帮助推广商品，是卖家推广的新模式

　　C. 淘宝客推广精准到店铺和商品，直击用户需求

　　D. 淘宝客推广是一种先付费的推广模式

5. 淘宝网的评价计分是（　　　　　）。

    A. 1个好评计1分，中评不计分，差评扣1分

    B. 1个好评计1分，中评扣1分，差评扣2分

    C. 1个好评计2分，中评扣1分，差评零分

    D. 1个好评计1分，中评不扣分，差评不扣分

6. 以下不是淘宝客推广优势的是（　　　　　）。

    A. 最小成本　　　　　　　　　　　B. 省时

    C. 能获取免费流量　　　　　　　　D. 推广途径灵活多样

7. 店铺营销工具中，以下描述正确的是（　　　　　）。

    A. 搭配套餐是免费工具

    B. 限时打折工具，每个卖家每个月的总活动时间是60个小时（每次活动时间不能小于5个小时）

    C. 搭配套餐和满就送不能同时使用

    D. 淘宝客推广是一种先成交后付费的推广模式

8. 店铺的买家级别设置在（　　　　　）。

    A. 客户管理　　　　　　　　　　　B. 千牛工作平台

    C. 销售中的宝贝　　　　　　　　　D. 淘宝客

9. 淘宝的转化率计算正确的是（　　　　　）。

    A. 转化率=（产生购买行为的客户人数/所有到达店铺的访客人数）×100%

    B. 转化率=（点击次数/展示次数）×100%

    C. 转化率=（成交的总笔数/进店客户总数）×100%

    D. 转化率=（进店客户总数×成交率×单笔平均成交量）×100%

10. 淘宝客佣金指的是（　　　　　）。

    A. 刷单费　　　　　　　　　　　　B. 付给淘宝客的推广费

    C. 给淘宝的推广费　　　　　　　　D. 付给买家的优惠金额

二、简答题

1. 什么是淘宝客推广？

2. 淘宝客的优势有哪些？

3. 简述加入淘宝客推广的条件。

4. 如何选择淘宝客主推商品？

5. 怎样才能做好淘宝客推广？

参考答案

项目9

网店运营数据分析

知识框架

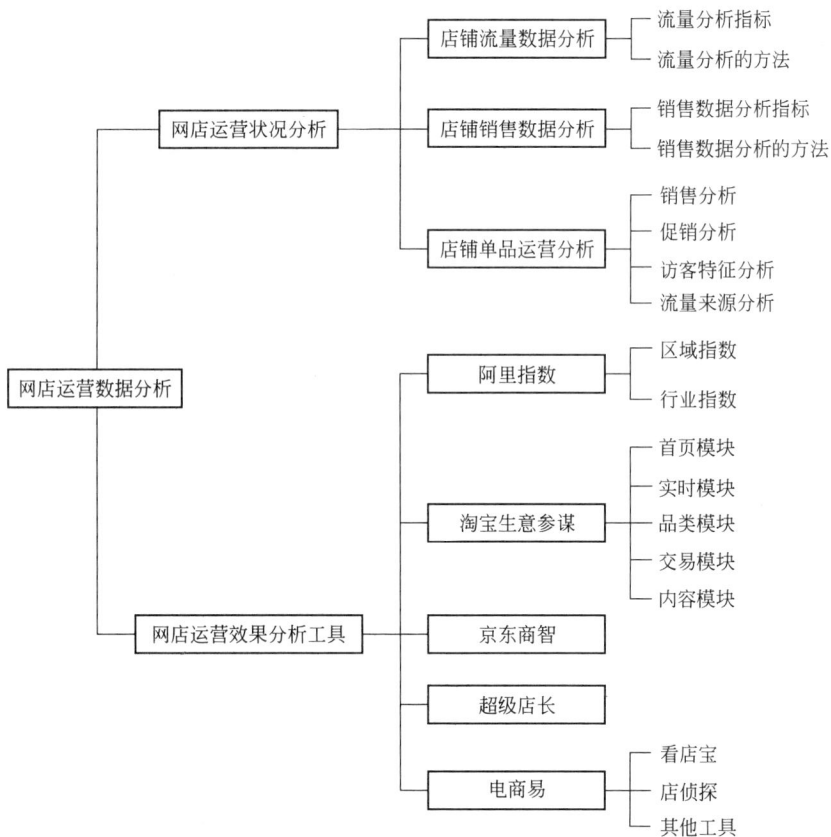

学习目标

理解网店运营中各个指标的含义及关系，掌握网店运营效果分析的常用工具及工具的应用范围。

思政目标

数据分析是进行运营推广最重要的基础前提，需要学生利用工具进行网店运营状况的数据分析，提升学生的工匠精神，使之成为实现中国复兴的复合型人才。

理论知识

任务9.1 网店运营状况分析

在网店运营过程中，卖家对数据的整理和分析与网店经营业务水平息息相关。数据能够反映网店运营过程中存在的问题，让卖家更好地进行运营效果评价与风险控制。

9.1.1 店铺流量数据分析

再好的商品、再低廉的价格，如果没有流量，也很难产生销量，所以流量是衡量网店运营状况的重要参考指标之一。从来源方面看，流量数据可分为站内流量和站外流量。随着媒体形式的不断丰富，站外流量的来源越来越多；从收费方面看，流量可分为免费流量和付费流量，付费流量有见效快、成本高的特点。

1. 流量分析指标

网店常用流量分析指标如表9-1所示。

表9-1 网店常用流量分析指标

指标名称	指标释义
浏览量（PV）	店铺各页面被查看的次数。一个用户多次点击或者刷新同一个页面被记为多次浏览，累加不去重
访客数（UV）	全店铺各页面的访问人数。在所选时间段内，同一访客多次访问同一个页面会进行去重计算
平均访问深度	访问深度指用户一次连续访问的店铺页面数。平均访问深度即用户平均每次连续浏览的店铺页面数

续表

指标名称	指标释义
商品点击率	用户浏览某店铺商品并点击进去的次数在商品被浏览次数中所占的比例
跳失率	用户通过相应的入口访问店铺，只访问了一个页面就离开的访问次数占该入口访问次数的比例
收藏量	用户访问店铺页面过程中添加收藏的总次数（包括店铺首页、分类页和商品页的收藏次数）
人均店内停留时间	在所有访客的访问过程中，平均每次连续访问店铺的停留时间
人均浏览量	浏览量/访客数，累计多天的人均浏览量为每天人均浏览量的日均值
支付转化率	统计时间内，支付转化率=支付买家数/访客数*100%，即来访客户转化为支付买家的比例
新访客	全新或7天前访问店铺或单品的访客
加购人数	统计时间内，访客将商品加入购物车的访客去重数
商品页收藏量	用户访问商品页且添加收藏的总次数
平均停留时长（秒）	访问店铺的所有访客总的停留时长/访客数，单位为秒；多天的人均停留时长为每天人均停留时长的日均值
页面停留时间	用户打开店铺最后一个页面的时间点减去打开本店第一页面的时间点

在表9-1这些流量指标中，卖家需要重点关注的指标有PV、UV、平均访问深度和页面停留时间。①PV、UV代表店铺及商品的受欢迎程度，所以二者数值越高，代表店铺及商品越受欢迎，店铺的知名度越高。②平均访问深度代表了店铺装修风格是否符合用户的喜好，该数值越大，说明店铺页面越受用户欢迎。③页面停留时间越长，下单的概率就越大。

2. 流量分析的方法

不同的平台有不同的分析方法与工具。以淘宝为例，最常用的流量分析方法是生意参谋里的流量模块，如图9-1所示。

图9-1 淘宝生意参谋里的流量模块

流量模块提供了全店的流量概况、实时访客数、访客特征，以及图文、短视频和直播的访客数。

在店铺来源模块中（见图9-2），店铺可以根据自己的需求，一次选取最多五项流量来源。以下几项是比较常用的选项：访客数、支付买家数、下单转化率、引导短视频访客数、引导商品访客数（尤其是进行直播后，这个数据可反映直播商品的转化率）。

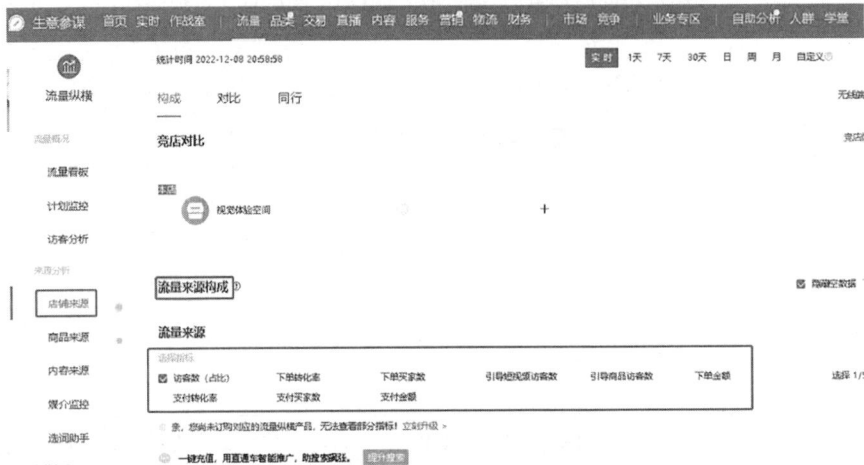

图9-2　淘宝生意参谋店铺来源模块

9.1.2　店铺销售数据分析

店铺销售数据直接影响着店铺的利润，卖家对店铺销售数据进行分析，可以及时地了解店铺的盈利情况，方便调整运营策略。

1. 销售数据分析指标

网店常用销售数据分析指标如表9-2所示。

表9-2　网店常用销售数据分析指标

指标名称	指标释义
拍下件数	商品被拍下的总件数
拍下笔数	商品被拍下的总次数（一次拍下多件商品，算拍下一笔）
拍下总金额	商品被拍下的总金额
成交用户数	成功拍下并完成支付宝付款的人数；所选时间段内同一用户发生多笔成交会进行去重计算

续表

指标名称	指标释义
成交回头客	曾在店铺发生过交易，再次发生交易的用户被称为成交回头客，在所选时间段内会进行去重计算
支付宝成交件数	通过支付宝付款的商品总件数
支付宝成交笔数	通过支付宝付款的交易总次数（一次交易多件商品，算成交一笔）
支付宝成交金额	通过支付宝付款金额
人均成交件数	平均每个用户购买的商品件数，即人均成交件数=支付宝成交件数/成交用户数
人均成交笔数	平均每个用户购买的交易次数，即人均成交笔数=支付宝成交笔数/成交用户数
当日拍下——付款笔数	当日拍下且当日通过支付宝付款的交易次数
当日拍下——付款件数	当日拍下且当日通过支付宝付款的商品件数
当日拍下——付款金额	当日拍下且当日通过支付宝付款的金额
客单价	统计时间内，客单价=成交金额/成交用户数，即平均每个成交用户的支付金额
客单价均值	指所选择的某个时间段客单价日数据的平均值。例如："月报"中，客单价均值=该月多天客单价之和/该月天数
支付率	支付宝成交笔数占拍下笔数的百分比，即支付率=（支付宝成交笔数/拍下笔数）×100%
成交回头率	成交回头客数占成交用户数的百分比，即成交回头率=成交回头客数/成交用户数×100%
全店成交转化率	全店成交转化率=成交用户数/访客数×100%。单日"全店成交转化率"指单日成交用户数占访客数的百分比
促销成交用户数	参与商品促销活动的成交用户数
宝贝页（促销）成交转化率	指参与商品促销活动的成交用户数占商品页访客数的百分比。按月、按周查看报表时，该指标是所选时间段内日数据的平均值
非促销成交用户数	未参与商品促销活动的成交用户数

2. 销售数据分析的方法

各平台的卖家可以从相对应的数据分析工具获取各项数据指标。以淘宝生意参谋为例，如图9-3所示，卖家可以从交易模块获得交易概况、交易构成和交易明细三组销售数据。卖家可以从交易概况版块了解店铺销售的整体情况。通过如图9-3所示的"交易漏斗"，商铺的下单转化率、支付转化率等数据一目了然。通过交易趋势图，可获取店铺与同行业的对比信息。如果支付金额或转化率等指标低于同行业，卖家就需要重新审视店铺的运营策略。

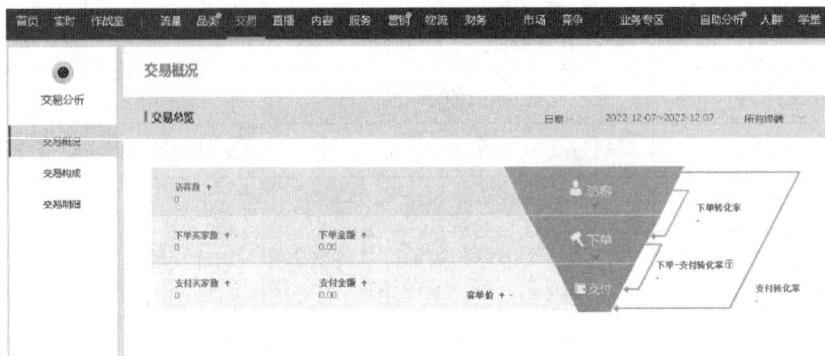

图9-3 淘宝生意参谋交易概况版块

如图9-4所示，淘宝生意参谋交易构成版块展示了PC端和无线端的相关销售信息。其中，支付金额占比是指该维度（类目、价格带）支付金额在全店支付金额中的占比。通过该指标可以判断哪些商品是爆款，哪些商品较为冷门。

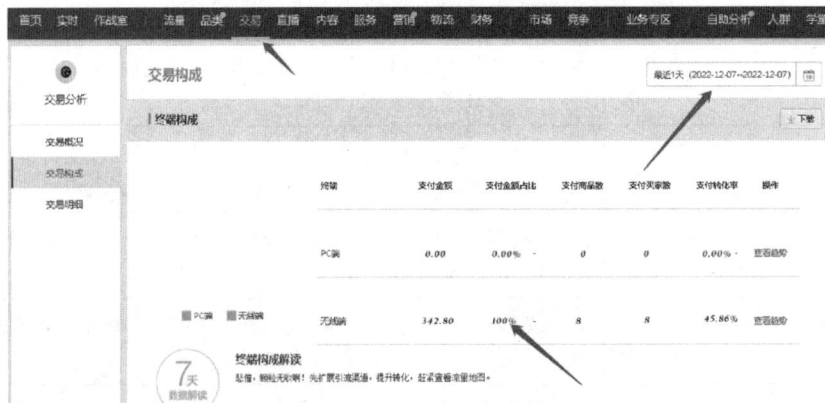

图9-4 淘宝生意参谋交易构成版块

在网店运营中，销售额=访客数×全店成交转化率×客单价。由此可见，客单价是影响网店盈利的重要因素之一。在流量相同的情况下，客单价越高，网店销售额就越高。因为客单价=成交金额/成交用户数，所以卖家可以通过提高每个买家的成交金额来提高客单价。具体来说，卖家可以采用以下方法来提高客单价。

（1）价格刺激

为商品设置一个具有吸引力的价格是提高客单价最直接也是最常见的方式。例如：全店第二件半价或买二送一；买家同时购买两件商品时，卖家就将价格较低的那件商品向买家返一半差价；买家同时购买三件商品时，价格最低的那件商品免费。买家买得越多，所能享受的折扣也就越大，这样就能吸引一部分买家一次性购买多件商品。

只要店铺内的单品比较多，品类比较丰富，采取这种方法就能够取得不错的效果，不仅能够提高店铺的客单价，还能让一款商品带动店铺内其他商品的销量。

（2）设置搭配套餐

卖家从专业的角度为买家提供搭配购买建议，并在商品详情页中告诉买家同时购买配套商品会更好、更合算。例如：销售女装的店铺，可以将上衣和裤子搭配在一起销售，这样既可以帮助买家免去搭配服装的烦恼，提升买家的购物体验，又可以提高店铺的客单价。

（3）增加商品附加值

卖家可以在店铺中设置一些购买满多少金额享受额外服务的活动，以增加商品的附加值。例如：销售电器的店铺，针对一些安装比较麻烦的电器，卖家可以为买家提供满一定金额可上门免费安装的服务，这样既让买家省去了再另外找人安装的麻烦，又提升了买家的购物体验。

（4）客服人员主动推荐

客服人员在提高客单价中发挥着非常大的作用。如果客服人员准确地掌握了商品之间的关系，就能为买家做全方位的推荐。例如：对于一个销售母婴商品的店铺来说，可能很多买家都是新手妈妈，在购物时她们可能想到什么就买什么，但有些需要购买的东西也许当时她们根本就想不起来。此时，如果客服人员能够主动地为买家推荐一些值得她们购买的商品，可能买家就会多买一些。

但是，客服人员不能盲目地向买家推荐，而要做到精准推荐。有些客服人员只要有买家进店咨询，就千篇一律地推荐同一件商品，这样做不但不能提高客单价，还会引起买家的反感，这种为了推销而推销的行为其实是画蛇添足的。要想做好主动推荐，客服人员在推荐时一定要先分析买家心理，准确地掌握买家的需求。

9.1.3 店铺单品运营分析

如果把店铺比喻成一个健康的人，那么单品就是构成人体组织的细胞。判断这个"人"是否健康，看"细胞"的运行是否健康即可。卖家可以通过分析店铺内各个单品的销售效果来判断店铺的运营状况。

一般来说，单品分析包括销售分析、促销分析、访客特征分析、流量来源分析等内容，如表9-3所示。

表9-3　单品分析的内容

分析内容	说　　明
销售分析	掌握单品销售变化趋势，有针对性地制定单品营销策略，进而提高单品成交转化率
促销分析	帮助卖家量化搭配商品的销售效果，增加店铺的引流渠道，进而提高客单价
访客特征分析	了解访客的潜在需求，从而更好地为买家提供符合其需求的商品
流量来源分析	分析商品的流量来源，了解商品的引流效果

在淘宝生意参谋里，单品运营分析一般使用品类模块。品类模块提供核心指标监控数据。其中，商品访客数、商品微详情访客数、商品收藏加购数、支付转化率是常用的宏观监控指标，如图9-5所示。

图9-5　淘宝生意参谋中的品类版块

在"标题优化"版块中，主要为卖家提供四个关键信息：一是判断标题能否带来自然流量；二是判断标题中的哪个关键词能引流；三是所选关键词排名是高还是低；四是标签流量/词条的判断与选择。卖家的商品和哪个关键词更加匹配，在投放直通车的时候，就从中挑选点击量和转化率比较高的词。

在"销售分析"版块中，可以根据卖家的需求选取多个指标数据，分析访客的潜在需求，从而提高转化率。

在"客群洞察"版块中，卖家可依据24小时趋势图判断商品上下架的最佳时机。根据地域前五位指数推算出访客所在的省份。淘气值主要反映访客在淘宝的活跃程度：淘气值越高，用户越活跃，客单价就可能越高。

"商品诊断"为品类模块中较为重要的版块。无线端从描述区页面高度、图片查看、页面打开时长三个维度诊断，并提供相应的解决建议。如需修改，直接点击右侧的"修改商品手机描述"即可，如图9-6所示。

图9-6　淘宝生意参谋中的"商品诊断"版块

　　单品运营分析一是有助于合理设定单品的生命周期。卖家依据事先制定好的整体目标来安排每种单品的上架情况，如款式和相应的库存量、每个月的上架时间等。单品的数据分析结果帮助卖家将自己的单品与同行的同类单品情况进行比对，以此来制定出个性化单品策略，为单品设定更加合理的生命周期。二是有助于完善运营过程。例如：卖家要将上升阶段的单品和店铺爆款单品放在首页黄金位置，如果还没有明显的提升，可以考虑调整单品视觉效果，对单品的详情页进行优化，同时卖家在每个环节都要做好主要数据的跟踪，记录好这些数据的实时变化情况，从中发现问题并加以解决。

　　单品数据分析有助于制订促清计划。卖家可以根据单品的生命周期和数据情况来制订促清计划，避免对一些处于生命周期下半期的产品进行过量的补货，避免出现库存积压的情况，以免压缩利润空间；而对于一些处于上升阶段的单品情况，要及时补货，以免造成利润流失。

任务9.2　网店运营效果分析工具

9.2.1　阿里指数

　　阿里指数是阿里巴巴出品的基于大数据研究的社会化数据展示平台，媒体、市场研究员及其他希望了解阿里巴巴大数据的人可以从这里获取以阿里电商数据为核心的分析报告及相关地区与市场信息。基于阿里巴巴大数据，我们面向媒体、机构和社会大众提供地域和行业角度指数化的数据分析、数字新闻说明、社会热点专题发现，作为市场及行业研究的参考、社会热点的了解。

阿里指数分为区域指数、行业指数、数字新闻、专题观察等模块，下面重点介绍区域指数和行业指数。

1. 区域指数

区域指数从地区角度解读交易发展、贸易往来、商品概况、人群特征。通过区域指数可以了解一个地方的交易概况，发现它与其他地区之间贸易往来的热度及热门交易类目，找到当地人群关注的商品类目或者关键词，探索交易的人群特征。

2. 行业指数

行业指数包括淘系部分二级类目下的商品交易数据、搜索词数据和人群数据，从行业的角度来解读交易发展、地区发展、商品概况、人群特征等信息。借助行业指数，卖家可以了解一个行业的现状，获悉它在特定地区的发展态势，发现热门商品，知晓行业下各卖家及买家的群体概况。阿里指数行业子目录数据如图9-7所示。

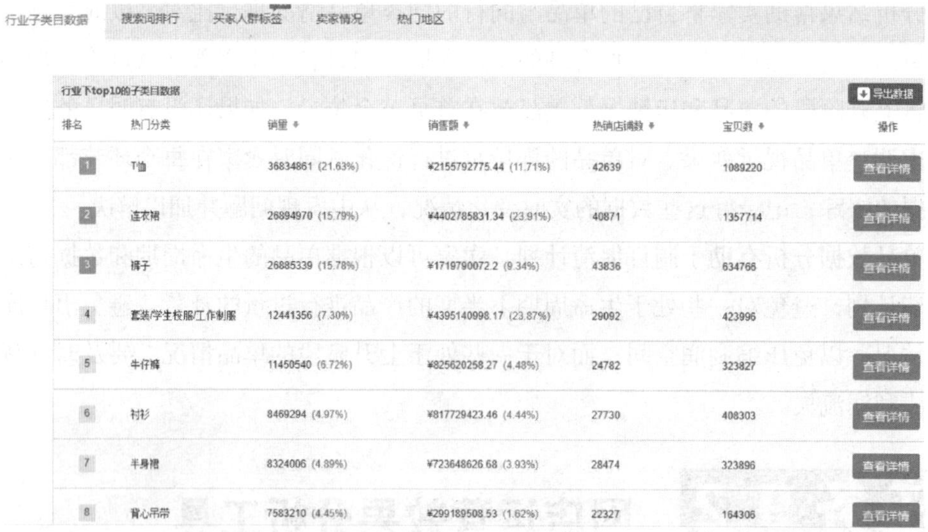
行业子类目数据　搜索词排行　买家人群标签　卖家情况　热门地区

行业下top10的子类目数据　导出数据

排名	热门分类	销量	销售额	热销店铺数	宝贝数	操作
1	T恤	36834861 (21.63%)	¥2155792775.44 (11.71%)	42639	1089220	查看详情
2	连衣裙	26894970 (15.79%)	¥4402785831.34 (23.91%)	40871	1357714	查看详情
3	裤子	26885339 (15.78%)	¥1719790072.2 (9.34%)	43836	634766	查看详情
4	套装/学生校服/工作制服	12441356 (7.30%)	¥4395140998.17 (23.87%)	29092	423996	查看详情
5	牛仔裤	11450540 (6.72%)	¥825620258.27 (4.48%)	24782	323827	查看详情
6	衬衫	8469294 (4.97%)	¥817729423.46 (4.44%)	27730	408303	查看详情
7	半身裙	8324006 (4.89%)	¥723648626.68 (3.93%)	28474	323896	查看详情
8	背心吊带	7583210 (4.45%)	¥299189508.53 (1.62%)	22327	164306	查看详情

图9-7　阿里指数行业子目录数据

9.2.2　淘宝生意参谋

淘宝生意参谋平台是阿里巴巴推出的首个统一的官方数据产品门户，是淘宝店铺最常见的数据分析工具之一，为卖家提供数据披露、分析、诊断、建议、优化与预测一站式数据服务。商家可以通过生意参谋了解网店目前的经营情况，以及付费的来源分析和装修分析，并且可以按照小时、天、周、月，或者网店首页、商品页、分类页，记录网店的流量、销售、转化、推广及装修效果等数据。生意参谋有7个主要模块，下面介绍其中5个重要的整体指标模块。

1. 首页模块

首页模块为卖家提供常见功能模块聚合入口，全面展示店铺经营全链路的各项核心数据，包括店铺实时数据、商品实时排行、店铺行业排名、店铺经营概况、流量分析、商品分析、交易分析、服务分析、营销分析和市场行情。淘宝生意参谋首页模块如图9-8所示。

图9-8　淘宝生意参谋首页模块

2. 实时模块

提供店铺实时流量交易数据、实时地域分布、流量来源分布、实时热门商品排行榜、实时催付榜单、实时客户访问等功能，还有超炫的实时数据大屏模式。洞悉实时数据，抢占生意先机。生意参谋实时模块如图9-9所示。

图9-9　生意参谋实时模块

3. 品类模块

品类罗盘是一款专为零售卖家量身打造的品类经营分析的工具，如图9-10所示。品类罗盘通过构建商品和品类的360度全景洞察档案，帮助商家沉淀商品和品类经营的分析方法，并结合商品和品类的典型经营场景，提供场景化、定制化的智能数据解决方案，帮助商家落地商品和品类的精细化运营策略。

图9-10　生意参谋的品类模块

4. 交易模块

交易分析主要提供交易概况、交易构成和交易明细三个功能，如图9-11所示，可从网店整体到不同粒度细分网店交易情况，以帮助卖家及时发现网店的问题。

图9-11　生意参谋的交易模块

5. 内容模块

内容模块主要针对开展内容营销的店铺，包括头条号、淘直播、抖音、微淘等。通过整体概况、商品分析、行业榜单等版块，卖家可了解什么样的内容和渠道能够吸引买家及刺激购买。生意参谋的内容模块如图9-12所示。

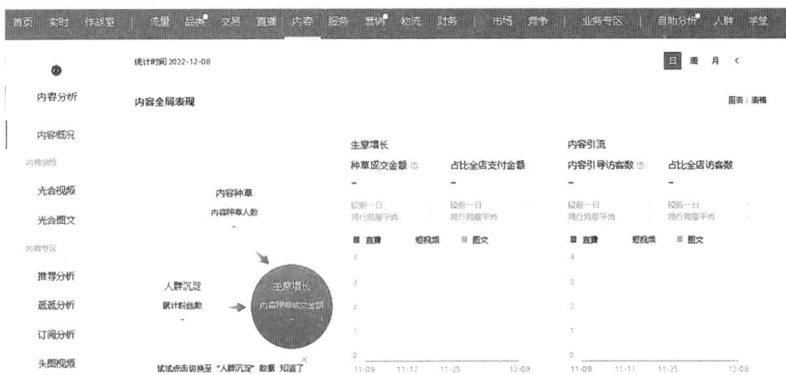

图9-12　生意参谋的内容模块

9.2.3　京东商智

京东商智是京东提供给商家的店铺效果分析体系。其功能模块与生意参谋接近，但主要是面对京东体系店铺，分为基础版、标准版、高级版、热力图、搜索分析、购物车营销、客户营销、竞争分析等多个模块，开通相应功能也需要缴纳一定的费用。京东商智首页如图9-13所示。

图9-13　京东商智首页

9.2.4 超级店长

超级店长是一款面向淘宝、京东、微店等多个平台的第三方工具系统，需要付费使用，它具备店铺效果分析的店铺数据概况、关键词分析、流量分析、商品分析、竞品动态等全方位的分析功能，另外还提供无线引流、活动营销、安全预警、提效工具等一系列的功能和服务。超级店长功能介绍如图9-14所示。

图9-14　超级店长功能介绍

9.2.5 电商易

电商易是一家电商系统工具提供商，其旗下主要有看店宝、店侦探、小旺神、旺参谋、店数据等一系列相关电商应用分析工具，其中多数高级功能也需要商家付费才能开通。

1. 看店宝

看店宝是一款主要面向网络零售平台的数据分析工具，通过分析淘宝、天猫商品的公开页面信息，为卖家提供搜索分析、标题优化、宝贝分析、店铺分析、淘宝店铺排行榜、淘宝搜索排行榜等数据信息。看店宝的基本功能和浏览器插件都是永久免费使用的，强化型功能是收费使用的。看店宝主要功能包括以下方面。

（1）搜索分析功能

搜索分析功能可以展示相关关键词在淘宝、直通车移动端和网页端排名前40页的商品概况，让卖家迅速掌握关键词对应商品在 SEO 和直通车方面的竞争情况及商品销量、价格等指标。看店宝搜索分析功能展示如图9-15所示。

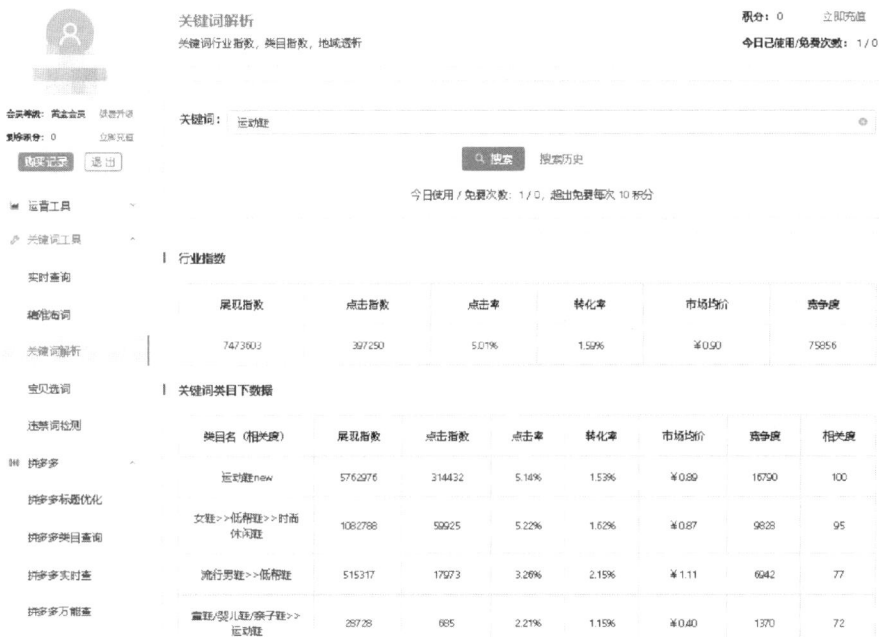

图9-15　看店宝搜索分析功能展示

（2）标题分析功能

标题分析功能可以帮助商家迅速掌握下拉框选词、组合词、标题等关键词及标题打分情况，为卖家关键词挖掘和标题优化提供了快捷的工具。

（3）宝贝分析功能

宝贝分析功能可以帮助商家迅速分析淘系某单品的销量、上下架、评价、同款宝贝、SKU 分析等多个维度的指标，帮助卖家迅速掌握竞品情况。

（4）店铺分析功能

店铺分析功能可以帮助卖家进行店铺经营分析、全店宝贝分析、上新查询、计算降权、指数还原等功能，使其迅速掌握竞店全方位信息。

2. 店侦探

店侦探通过使用数据分析技术对各个店铺、商品的相关销售数据进行深度挖掘，帮助卖家掌握竞店的销售数据、引流手段、广告投放、活动推广、买家购买行为等信息，帮助卖家深度了解行业数据，是卖家用来进行竞品店铺监控的有力工具，为卖家制定营销策略提供可靠、持续的数据支持。店侦探功能展示如图9-16所示。

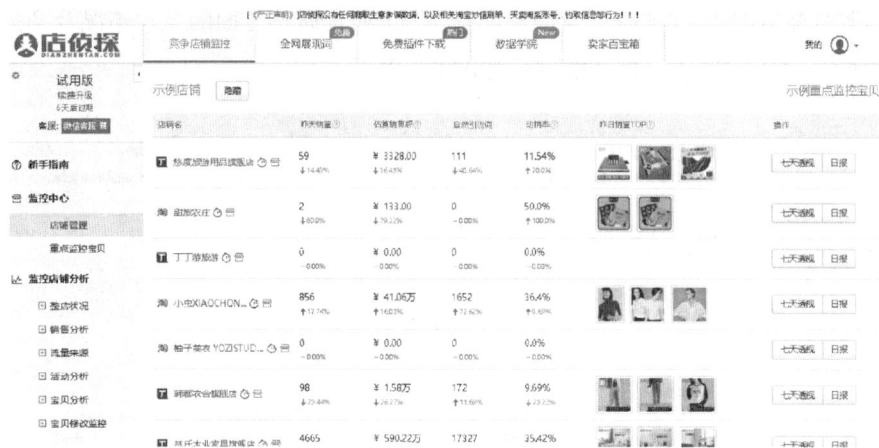

图9-16 店侦探功能展示

3. 其他工具

电商易还有小旺神、旺参谋、店数据等一系列的插件工具，卖家通过这些工具可以还原生意参谋的指数指标等功能，可以查看淘系服务市场或者京东服务市场，还可以查看各大电商平台目标店铺动态。

实训任务 使用生意参谋分析网店数据实训

实训目标

掌握淘宝店铺数据分析工具生意参谋的使用；能够使用生意参谋分析网店流量、访客特征等。

实训分析

生意参谋提供淘宝中最全面的基础数据，非常适合中小卖家使用。当然，对数据分析要求更高的卖家，可以付费购买官方的数据分析软件，以获得更多的店铺数据。

对于淘宝商家而言，经营网店就是经营数据，不能实时了解和掌握数据，网店很难取得成功。商家的数据分析能力直接影响网店的经营效果；商家的数据分析能力越强，把握市场动向的能力就越强。在实际执行过程中，商家需要每天对各个指标的完成情况进行数据监控及持续跟进，来确保销售额目标的完成率；同时，商家还要对市场中的竞争对手进行跟踪与监控，以调整运营策略。因此，商家应分析网店流量数据、网店访客特征等。

根据所学数据分析知识，使用生意参谋分析自己网店的流量数据及访客特征，并将对应数据填入表9-4和表9-5中。

表9-4　网店流量数据

访客数	跳出率	支付转化率	流量来源（占比）

表9-5　网店访客特征

地域分布	性别	行为分析	消费层级	新老客（占比）

巩固 与 提高

一、单选题

1. 已知某淘宝网店当日通过搜索获得的UV为50，通过直通车获得的UV为80，一共成交了26笔交易。下列说法正确的是（　　　　）。

　　A. 网店当日的转化率为20%　　　　　　B. 网店当日一共获得了80个UV

　　C. 网店当日的PV为130　　　　　　　　D. 网店当日的跳出率为 10%

2. 以下选项中和店铺动态评分关系最大的是（　　　　）。

　　A. 页面设计　　　　　　　　　　　　　B. 品类规划

　　C. 售后关怀　　　　　　　　　　　　　D. 商品图片

3. 淘宝店转化率的计算方法为（　　　　）。

　　A. 转化率=（产生购买行为的访客人数/所有到达网店的访客人数）×100%

　　B. 转化率=（点击次数/展现次数）×100%

　　C. 转化率=（成交的总笔数/进店买家总数）×100%

　　D. 转化率=进店买家总数×成交率×单笔平均成交率×100%

4.（　　　　　　）属于买家自主访问流量。

A. 通过淘宝搜索进店的流量

B. 买家从自己的购物车、收藏夹进店的流量

C. 通过直通车进店流量

D. 从淘宝网首页进店的流量

5. 在淘宝数据中，UV的含义是（　　　　　）。

　　A. 页面浏览数　　　　　　　　　　B. 独立访客数

　　C. 关键词被搜索次数　　　　　　　D. 用户一次访问店铺的页面数

6. 淘宝DSR以（　　　　）为一个评分周期。

　　A. 一年　　　　　　　　　　　　　B. 90天

　　C. 半年　　　　　　　　　　　　　D. 30天

二、多选题

1. 下面属于平台内数据分析工具的有（　　　　　）。

　　A. 速卖通生意参谋　　　　　　　　B. 淘宝生意参谋

　　C. 百度指数　　　　　　　　　　　D. 谷歌趋势

2. 淘宝DSR动态评分包括（　　　　）三大要素。

　　A. 描述相符　　　　　　　　　　　B. 卖家服务态度

　　C. 物流服务　　　　　　　　　　　D. 回应速度

3. 单品运营分析主要包括（　　　　）。

　　A. 销售分析　　　　　　　　　　　B. 促销分析

　　C. 访客特征分析　　　　　　　　　D. 流量来源分析

三、判断题

1. 下单转化率、收藏人数、支付转化率都是网店常用的销量分析指标。　　（　　　）

2. PV、UV代表店铺及商品的受欢迎程度，因此这些数据越高，代表店铺及商品越受欢迎，店铺的知名度越高。　　　　　　　　　　　　　　　　　（　　　）

四、简答题

1. 网店卖家最应关注的网店运营数据有哪些？

2. 生意参谋的主要功能有哪些？

3. 通过生意参谋查看网店数据，总结网店存在的问题并参考系统建议进行解决，写出网店数据分析报告。

参考答案

附录A 模拟试卷

A.1 模拟试卷（A）

班级＿＿＿＿＿学号＿＿＿＿＿姓名＿＿＿＿＿成绩＿＿＿＿＿

一、单选题（每小题1分，共计30分）

1. 线上货源是（　　　　）。

　　A. 吃进库存或清仓产品，厂家直接进货

　　B. 厂家直接进货，网络平台进货

　　C. 网络平台进货，网络代理货源

　　D. 购进外贸产品或OEM产品

2. 优质商品的属性一般具备两个特质：一是属性填写真实有效，二是（　　　　）。

　　A. 属性的填写尽量完整　　　　　　B. 属性的填写尽量简洁

　　C. 属性的填写尽量与商品高度匹配　　D. 属性的填写尽量与商品高度匹配

3. 天猫店铺中以自有品牌或由商标权人提供独占授权的品牌入驻天猫开设的店铺是（　　　　）。

　　A. 专营店　　　　　　　　　　B. 专卖店

　　C. 旗舰店　　　　　　　　　　D. 企业店

4. 下列关于商品描述质量的说法，不正确的是（　　　　）。

　　A. 商品描述质量主要包括标题和详情页的描述质量

　　B. 商品描述完整准确可以提高商品描述质量

　　C. 商品描述会影响商品排名和店铺信誉

　　D. 平台倾向于能够提供详情页与主图清晰美观的卖家

5. 以下不属于作弊处罚项目的是（　　　　）。

　　A. 提高价格　　　　　　　　　B. 重复铺货

　　C. SKU作弊　　　　　　　　　D. 重复开店

6. 关于商品人气的相关描述不正确的是（　　　　　）。

 A. 商品人气是指商品的交易转化能力

 B. 曝光量的提高一定可以提高商品人气

 C. 商品人气表现好，说明该商品符合大多数买家需求

 D. 商品人气的影响指标主要有曝光量、点击率、转化率、加购人数、收藏人数、销量等

7. 以下不属于店铺DSR评分因素的是（　　　　　）。

 A. 店铺动销率   B. 品质退款率

 C. 纠纷退款率   D. 退货退款自主完结时长

8. 以下关键词中属于属性词的是（　　　　）。

 A. 针织裙   B. 2020年新款

 C. 蕾丝   D. 正品

9. 以下对"核心词"的相关描述不正确的是（　　　　）。

 A. 核心词是指与商品有紧密联系的、能精准表达商品的关键词

 B. 核心词是标题的重要组成要素

 C. 标题中的其他相关关键词往往可以围绕核心词延伸出来

 D. 一般核心词字数较少，多为行业内的短词、热词和大词，搜索量和词的数量都非常多

10. 以下不属于标题制作误区的是（　　　　）。

 A. 直接复制爆款标题   B. 根据生意参谋提示撰写标题

 C. 堆砌关键词   D. 盗用知名品牌词

11. 以下关于商品标题的作用描述错误的是（　　　　）。

 A. 明确告诉潜在买家商品的定位是什么

 B. 明确告诉潜在买家网店卖的是什么

 C. 告诉搜索引擎网店卖的商品是什么

 D. 影响商品自然搜索结果排名

12. 频繁优化商品标题关键词，可能会导致搜索降权，因此标题优化频率最好是至少（　　　　）天以上进行一次优化。

 A. 7   B. 10

 C. 15   D. 3

13. 图片的优化可以大大提升用户的搜索体验，以下关于图片优化的内容描述不正确的是（　　　　）。

A. 图片的相关性至关重要

B. 图片要求真实，不出现模糊、变形

C. 详情页内的图片风格要统一，构图要整齐划一，中规中矩

D. 图片应该能够准确地将诉求点表达出来

14. 下列关于商品属性优化的说法，正确的是（　　　　　）。

A. 属性中的词语不参与关键词的匹配，也不影响商品的排名

B. 填写系统属性时，无须将所有属性项目填写完整

C. 填写自定义属性会提高人群覆盖的精准度，减少流量来源

D. 无论系统属性还是自定义属性，都应该准确填写

15. 详情页文案优化不包括（　　　　　）。

A. 文案不应该空洞　　　　　　　　　　B. 文案应简洁简练

C. 考虑客户的需求　　　　　　　　　　D. 详情页应多使用文字

16. 某直通车账户对推广计划设置上午折扣为80%，访问过该店铺的用户溢价20%，则上午9时，当浏览过店铺商品的用户搜索某关键词，该关键词出价1.5元，系统实际出价为（　　　　　）元。

A. 1.2　　　　　　　　　　　　　　　　B. 1.5

C. 1.44　　　　　　　　　　　　　　　　D. 1.6

17. 以下说法正确的是（　　　　　）。

A. SEO与SEM的关系为负相关

B. SEO是网店唯一获取平台免费流量的重要手段

C. 搜索相关性包括类目的相关性和主图的相关性

D. 关键词可分为核心词、属性词、营销词等

18. 类目选择的方法包括（　　　　　）。

A. 宝贝发布入口　　　　　　　　　　　B. 平台数据分析工具

C. 第三方插件　　　　　　　　　　　　D. 以上都是

19. 京东的店铺类型是（　　　　　）。

A. 企业店、个人店、专卖店　　　　　　B. 企业店、专卖店、专营店

C. 旗舰店、专卖店、专营店　　　　　　D. 旗舰店、个人店、专卖店

20. 宝贝每次被点击时，买家愿意支付的最高金额称为（　　　　　）。

A. 标准出价　　　　　　　　　　　　　B. 主动出价

C. 最高出价　　　　　　　　　　　　　D. 默认出价

21. 针对国内网络零售市场，京东提供了（　　　　　）类入驻平台。

A. 3   B. 4

C. 5   D. 6

22. 以下关于淘宝直通车的描述不正确的是（   ）。

    A. 淘宝直通车是为专职淘宝网店经营者量身定制的

    B. 按点击付费

    C. 网店经营者可以用直通车进行单品推广，不能进行店铺推广

    D. 包含搜索关键词推广和非搜索定向推广等不同的推广方式

23. 下列关于精准匹配的描述，不正确的是（   ）。

    A. 定位精准

    B. 网店推广预算受到限制的时候可以有效控制花费

    C. 提高商品展现的机会

    D. 部分关键词出价过高时，设置精准匹配，可以让"贵"的词只"抓"精准客户

24. 当进行推广计划地域设置的时候，设置了只有江苏IP消费者才有机会看到推广商品，以下能看到推广信息的是（   ）。

    A. 江苏人在北京居住   B. 江苏附近省市

    C. 坐高铁路过江苏   D. 北京人在江苏居住

25. 推广账户预算的设置方式不包括（   ）。

    A. 日预算   B. 周预算

    C. 月预算   D. 不限定预算

26. 关于网店的动态评分描述不正确的是（   ）。

    A. 店铺评分也称DSR动态评分

    B. 每项店铺评分取连续六个月内所有买家给予评分的算术平均值

    C. 动态分飘红代表三项优于同行平均

    D. 动态分飘绿代表三项优于同行平均

27. 不设任何定向条件而进行的广告投放会导致成本高效果而未必会提升的投放方式，被称为（   ）。

    A. 精准投放   B. 局部投放

    C. 盲目通投   D. 特定人群投放

28. 以下不属于店铺评分指标的是（   ）。

    A. 物流服务   B. 商品数量

    C. 描述相符   D. 服务态度

29. 电商营销活动多种多样，从促销活动的范围来看，分为店铺促销活动和

（　　　　　）。

  A. 淘宝促销活动   B. 平台促销活动

  C. 亚马逊促销活动   D. 速卖通促销活动

30. 针对上午下单的订单，建议催付时间选在（　　　　　）。

  A. 当日17点前   B. 当日22点前

  C. 次日10点后   D. 当日12点前

二、多选题（每小题2分，共计40分）

1 以下关于商品发布技巧的叙述，正确的有（　　　　　）。

  A. 最好将几件商品同时发布   B. 将有特点的商品排在网店推荐位上

  C. 选择在黄金时段内上架   D. 商品主图应尽量色调统一

  E. 商品详情描述要细致

2. 下列关于不同电商平台的退换货规则说法，正确的有（　　　　　）。

  A. 淘宝7天无理由退换货时间是以签收日第二天零时起计算时间

  B. 速卖通平台买卖双方达成退款协议后，买方应在10天内完成退货并填写发货通知

  C. 速卖通平台买卖双方达成退款协议，买家在10天内填写发货通知，30天内卖家未确认收货且卖家未提出纠纷的，速卖通根据退款协议执行

  D. 亚马逊平台除部分特殊商品外，送达时间起30日内提供全款退货的服务

3. SEO的搜索排名影响因素主要有（　　　　　）。

  A. 商品描述质量   B. 商品权重

  C. 相关性   D. 卖家服务质量

4. 以下属于常见的作弊行为的有（　　　　　）。

  A. 类目错放   B. 属性错选

  C. 重复铺货   D. SKU作弊

5. 优惠券的类型包括（　　　　　）。

  A. 领取型优惠券   B. 定向发放型优惠券

  C. 金币兑换型优惠券   D. 秒抢优惠券

6. 目前行业内并没有对关键词的类别划分形成统一标准，但在主流搜索引擎中常见的关键词类型一般有（　　　　　）。

  A. 核心词   B. 品牌词

  C. 属性词   D. 营销词

7. 常见的标题制作误区有（　　　　　）。

A. 直接复制爆款标题　　　　　　B. 直接按自身想法写标题

C. 盗用其他品牌词　　　　　　　D. 堆砌关键词

8. 商品标题一般由（　　　　　）等组成。

A. 核心词　　　　　　　　　　　B. 品牌词

C. 属性词　　　　　　　　　　　D. 营销词

9. 优质商品属性所具备的特质有（　　　　　）。

A. 真实有效　　　　　　　　　　B. 尽量完整

C. 适当夸张　　　　　　　　　　D. 与标题无关

10. 以下属于商品属性优化策略的有（　　　　　）。

A. 系统属性优化　　　　　　　　B. 商品主图优化

C. 自定义属性优化　　　　　　　D. 主图视频优化

11. 下列关于淘宝DSR评分方法说法，正确的有（　　　　　）。

A. 交易成功后15天内，买家自愿对卖家进行店铺评分

B. 每个自然月，相同买、卖家之间交易，卖家店铺评分仅计取一次

C. 买家完成店铺评分后，系统会自动代卖家给买家一个好评

D. 店铺动态评分低于同行平均值会变绿，高于同行平均值会变红

12. 质量分的影响因素包括（　　　　　）。

A. 广告撰写质量和关键词与广告的相关性

B. 网店的质量情况

C. 买家的体验反馈情况

D. 账户的历史表现

13. 关于广告排序的说法不正确的有（　　　　　）。

A. 搜索结果页的推广商品按照一定的规则排序

B. 展现依据是排序结果

C. 排序主要由关键词的质量分决定

D. 排序主要由关键词出价决定

14. 推广组关键词细分的作用有（　　　　　）。

A. 推广组分得越细，关键词对应越精准

B. 推广组逻辑清晰能够减少重复，便于后期管理和评估

C. 便于商户撰写更相关的创意，有利于创意中嵌入关键词

D. 细分推广组不利于在搜索结果页呈现用户需求点，不利于提高点击率

15. SEM展现量是指推广信息在搜索结果页展现的次数，影响展现量的因素有

（　　　　　　）。

  A. 关键词方面　　　　　　　　　　B. 账户方面

  C. 商品方面　　　　　　　　　　　　D. 详情页方面

16. 销售数据分析的作用主要包括（　　　　　　）。

  A. 有助于正确、快速地做出市场决策

  B. 有助于及时了解营销计划的执行效果

  C. 有助于提高网店营销系统运行的效率

  D. 有助于完成用户画像

17. 生意参谋的首页模块可以展示（　　　　　　）等核心数据。

  A. 实时指标　　　　　　　　　　　　B. 流量分析

  C. 搜索词排行　　　　　　　　　　　D. 转化分析

18. 报名聚划算的产品必须经过两道关卡，其中小二审核的主要指标包括（　　　　　　）。

  A. 销量　　　　　　　　　　　　　　B. 评价

  C. 转化　　　　　　　　　　　　　　D. 营销手法

19. 预估点击率排名影响因素有（　　　　　　）。

  A. 创意历史点击率　　　　　　　　　B. 创意相关性

  C. 落地页相关性　　　　　　　　　　D. 账户的历史表现

20. 人群画像分析主要是从（　　　　　　）方面入手。

  A. 属性　　　　　　　　　　　　　　B. 时间

  C. 质量　　　　　　　　　　　　　　D. 来源

三、判断题（每小题1分，共计15分）

1. 网店获客成本指网店获取新的客户所产生的费用，由营销总费用加销售总费用除以获取新客数计算所得。　　　　　　　　　　　　　　　　　　　　　　　　　（　　）

2. 商品产出是指搜索某关键词所对应的商品单位曝光产出，即该搜索关键词所对应的单位曝光量下商品所能成交的金额。　　　　　　　　　　　　　　　　　　　（　　）

3. 宝贝标题只给搜索引擎看。　　　　　　　　　　　　　　　　　　　　　（　　）

4. 商品标题的优劣关系到商品的搜索权重，影响商品的自然搜索流量、网店的活跃程度。　　　　　　　　　　　　　　　　　　　　　　　　　　　　　　　　　（　　）

5. 从SEO的角度，属性中的词语能够参与到关键词匹配中，影响商品的排名。

                        （　　）

6. 相关性主要是指推广词与创意、网店推广目标之间的相关性。　　　　　（　　）

7. 电商平台搜索引擎的下拉框是一种非常简便、快速的找词方法。　　　　（　　）

8. 由于搜索广告是付费的，所以电子商务法要求在搜索结果页面中要通过显著标明广告标识与自然搜索结果分开，使消费者能够辨明其为广告。 （ ）

9. 长尾效应是指那些原来不受到重视的销量小但种类多的产品或服务由于总量巨大，累积起来的总收益超过主流产品的现象。 （ ）

10. 标题空格会不会影响到搜索结果，主要在于我们在空格的时候会不会引起分词混乱。 （ ）

11. 关键词精准匹配能够有效控制花费，提升商品展现机会。 （ ）

12. 淘宝直通车中，推广计划分为店铺推广计划和宝贝推广计划两种类型。 （ ）

13. 目前官方后台支持的优惠券面额分为3、5、10、20、30、50、100元等。（ ）

14. 长尾词是指那些搜索量相对较少，但是能展示宝贝特色的词。 （ ）

15. 包邮、特价、正品、活动促销等都属于营销关键词。 （ ）

四、简答题（共计15分）

1. 标题撰写中哪些词不能使用?（7分）

2. 搜索引擎优化包括对哪些方面的优化?（8分）

参考答案

A.2   模拟试卷（B）

班级_____学号_____姓名_____成绩_____

一、单选题（每小题1分，共计30分）

1. 一个淘宝会员最多可以绑定（　　　　　）支付宝账户。

    A. 1个　　　　　　　　　　　　　B. 2个

    C. 3个　　　　　　　　　　　　　D. 不限

2. 所谓商品标题，本质上是如何描述一个商品，或者说标题描述和客户需求保持一致，标题撰写有很多技巧，以下不属于标题撰写技巧的是（　　　　　）。

    A. 核心词排序　　　　　　　　　　B. 挖掘关键词

    C. 建立词库　　　　　　　　　　　D. 标题组合公式

3. 营销促销活动的本质是（　　　　　）。

    A. 免单　　　　　　　　　　　　　B. 秒杀

    C. 折扣　　　　　　　　　　　　　D. 销售

4. 下列不符合参加天天特卖活动基本条件的是（　　　　　）。

    A. 开店时间90天及以上　　　　　　B. 卖家信用等级三钻及以上

    C. 加入7天无理由退换货　　　　　　D. 加入7天无理由退货承诺

5. 一个身份证可以创建（　　　　　）个淘宝店铺。

    A. 1　　　　　　　　　　　　　　B. 2

    C. 3　　　　　　　　　　　　　　D. 4

6. （　　　　　）是通过买家人传人的形式快速给店铺带来新流量的。

    A. 定向发放型优惠券　　　　　　　B. 聚人气优惠券

    C. 金币兑换型优惠券　　　　　　　D. 秒抢优惠券

7. 下列属于淘宝平台活动的是（　　　　　）。

    A. 俄罗斯团购爆品团　　　　　　　B. 黑色星期五

    C. 网购星期一　　　　　　　　　　D. 试用

8. 以下关键词中，属于属性词的是（　　　　　）。

    A. 连衣裙　　　　　　　　　　　　B. 2024年新款

    C. 纯棉　　　　　　　　　　　　　D. 包邮

9. 针对京东自营供应商的自营零售平台，店铺类型为（　　　　　）。

    A. 旗舰店　　　　　　　　　　　　B. 专营店

C. 专卖店   D. 京东自营店

10. 以下选项中，属于线上货源的是（   ）。

     A. 厂家直接进货   B. 吃进库存或清仓产品

     C. 阿里巴巴进货，网络代理货源   D. 购进外贸产品或OEM产品

11. 下列关于商品描述质量的说法，正确的是（   ）。

     A. 商品描述质量主要包括标题和详情页的描述质量

     B. 商品描述完整、准确对提高商品描述质量没有影响

     C. 商品描述不会影响商品排名和店铺信誉

     D. 平台倾向于能够提供详情页与主图清晰美观的卖家

12. 以下属于作弊处罚项目的是（   ）。

     A. 提高价格   B. 重复铺货

     C. 满减促销   D. 买一送一

13. 支付宝实名认证包括（   ）。

     A. 个人认证、商家认证   B. 个人认证、企业认证

     C. 商家认证、企业认证   D. 企业认证、店铺认证

14. 商品上下架时间原理，是指商品在上架后需要选择（   ）的重复下架和上架周期。

     A. 7天   B. 14天

     C. 7天或14天   D. 7天和14天

15. 售后商品咨询问题类型一般分为与商品有关的问题和（   ）。

     A. 与物流有关的问题   B. 与平台有关的问题

     C. 与支付有关的问题   D. 与卖家有关的问题

16. 标题属性词一般是指（   ）。

     A. 商品的参数   B. 商品的属性

     C. 商品的类目   D. 商品的修饰词

17. 参加拼团活动的拼团工具使用门槛是（   ）。

     A. 日均至少有2笔订单   B. 连续30天至少有2笔订单

     C. 信用等级达标商家   D. 店铺综合评分4.6分以上

18. 下列不属于订单催付客观原因的是（   ）。

     A. 新手首次购物   B. 对价格有异议

     C. 忘记密码   D. 支付宝余额不足

19. 推广工具中，按照成交付费的工具是（   ）。

A. 直通车   B. 淘宝客

C. 微淘   D. 钻石展位

20. 下列属于售后关怀话术的是（   ）。

     A. 亲，你的快递已到达，晒图有奖励！五星评价+产品晒图+拼截图给客服，即获得5元奖励！有任何情况可联系客服，祝您生活愉快

     B. 亲爱的会员*先生/女人，祝您生日快乐，幸福安康！感谢有你，一路同行，常回店看看

     C. 亲爱的会员*先生/女士，预祝中秋节快乐，人月团圆！现送上200减50优惠券，7天有效，前500名还有赠品哦，先到先得

     D. 亲爱的会员*先生/女士，现在我们店铺有活动，请进店选择合适的产品

21. 优惠券的精髓主要有两点：一个是面额，另外一个是（   ）。

     A. 门槛   B. 总数量

     C. 限购张数   D. 优惠方式

22. 国内平台支付环节遇到的问题，通常由（   ）、客户因素、支付手段因素组成。

     A. 平台因素   B. 卖家因素

     C. 第三方因素   D. 不可抗力因素

23. 下列属于订单催付工具的是（   ）。

     A. 客服工具   B. 短信

     C. 电话   D. 以上都是

24. 根据活动目的不同，活动款可以划分为（   ）。

     A. 冲销量款、流量款、品牌款   B. 清库存款、冲销量款、品牌款

     C. 清库存款、当前款、培育款   D. 清库存款、利润款、形象款

25. 淘宝网的店铺类型是（   ）。

     A. 个人店铺和企业店铺   B. 旗舰店和专营店

     C. 个人店铺和专卖店铺   D. 企业店铺和旗舰店

26. 网店客服能够利用网络为客户提供解答和售后等服务，因此网店客服首先需要了解和熟知平台交易的流程与规则，并遵守行业规范。下面不属网店客服掌握的平台规则的是（   ）。

     A. 平台的交易规则   B. 店铺活动规则

     C. 店铺运营规则   D. 店铺的产品规则

27. 如果只有一个核心关键词，通常把核心关键词放在标题的（   ）位置。

A. 开头   B. 中间

C. 结尾   D. 都可以

28. 类目选择的方法包括（   ）。

    A. 官方宝贝发布入口   B. 平台数据分析工具

    C. 第三方插件   D. 以上都是

29. 淘宝网店详情描述区域的宽度应为（   ）像素。

    A. 720   B. 740

    C. 750   D. 790

30. 淘宝活动包括淘宝平台活动和（   ）。

    A. 第三方活动   B. 店铺活动

    C. 抢购活动   D. 天天特价

二、多选题（每小题2分，共计40分）

1. 以下属于常见的淘宝平台活动的有（   ）。

    A. 淘金币   B. 天天特价

    C. 聚划算   D. 购优惠

2. 淘宝DSR动态评分包括（   ）三大要素。

    A. 描述相符DSR   B. 卖家服务态度DSR

    C. 发货速度DSR   D. 回应速度DSR

3. 在网站中搜索词拆解比较简单，在对搜索词拆解之后，一般会出现完全匹配、部分匹配、分词匹配和同义词匹配等情况，以下描述不正确的有（   ）。

    A. 完全匹配，即网站中完整地出现了搜索词，并且关键词的位置也相同

    B. 部分匹配，即对搜索词拆解后，网站关键词中只出现了部分搜索词

    C. 分词匹配，即将搜索词作为两个独立的词组分别出现在标题中的相同位置

    D. 同义词匹配，即用同义词对搜索词进行替换后的网站推荐

4. 关于店铺服务指标的相关描述错误的有（   ）。

    A. 品质退款是指买家因商品质量问题发起的退款

    B. 纠纷退款率高往往意味着平台介入处理退款的次数多

    C. 退货退款自主完结时间长，往往意味着店铺在处理售中和售后问题上效率较低

    D. 品质退款率高在一定程度上意味着店铺的服务能力和服务水平存在问题

5. 关于商品标题优化的描述不正确的有（   ）。

    A. 商品标题优化是关键词的组合优化

B. 爆款标题应该选择的是行业内的热词、短词

C. 日常销售款标题优化时应尽可能包含多的属性相关词

D. 新品和滞销品的流量获取能力低于爆款商品，在选择关键词时要尽量去选择属性热词，提高展现量

6. SEO一般包括（ 　　　　 ）。

  A. 优化网店标题

  B. 优化商品类目

  C. 优化商品详情页

  C. 优化商品的上下架时间

7. 以下属于关键词常见挖掘方法的有（ 　　　　 ）。

  A. 搜索下拉框

  B. 生意参谋

  C. 直通车选词助手

  D. 百度关键词规划师

8. 以下属于商品标题优化策略的有（ 　　　　 ）。

  A. 爆款商品优化策略

  B. 日常销售商品优化策略

  C. 新品/滞销品优化策略

  D. 违规商品优化策略

9. 以下关于商品文本内容优化说法正确的有（ 　　　　 ）。

  A. 文本内容不应该空洞，要能够传递商品和店铺的信息

  B. 文本内容应该考虑买家需求，针对商品卖点打造创意

  C. 文本内容简洁简练

  D. 文本内容要真实

10. 下列关于SEM、SEO的描述正确的有（ 　　　　 ）。

  A. SEM可以指导SEO的关键词策略

  B. 自然搜索结果排名的SEO推广效果有限

  C. SEO工作需要较长的时间才能看到成效

  D. SEM可以通过竞价的方式快速获得流量

11. 千牛卖家工作台来源去向——关键词效果分析主要为卖家提供（ 　　　　 ）。

  A. 标题是否能带来自然流量

  B. 标题的哪个关键词能引流

  C. 判断所选关键词排名的高低

  D. 标签流量/词条的判断与选择

12. 以下属于常见的淘宝平台活动的有（ 　　　　 ）。

  A. 淘金币

  B. 天天特价

  C. 聚划算

  D. 购优惠

13. 下列属于单品运营分析内容的有（ 　　　　 ）。

  A. 销售分析

  B. 促销分析

  C. 访客特征分析

  D. 流量来源分析

14. 搜索推广的推广计划类型可以分为（　　　　　　）。

    A. 智能推广　　　　　　　　　　　B. 批量推广

    C. 标准推广　　　　　　　　　　　D. 品牌推广

15. 标题撰写中不能使用的词有（　　　　　　）。

    A. 极限词　　　　　　　　　　　　B. 营销词

    C. 别人的品牌词　　　　　　　　　D. 属性词

16. Review评分的方法有（　　　　　　）。

    A. 有无VP标志　　　　　　　　　　B. 留评时间

    C. 点赞数　　　　　　　　　　　　D. 点击次数

17. 销售数据分析的作用主要包括（　　　　　　）。

    A. 有助于正确、快速地做出市场决策

    B. 有助于及时了解营销计划的执行效果

    C. 有助于提高网店营销系统运行的效果

    D. 有助于完成用户画像

18. 报名聚划算的产品必须经过两道关卡，其中小二审核的主要指标包括（　　　　　）。

    A. 销量　　　　　　　　　　　　　B. 评价

    C. 转化率　　　　　　　　　　　　D. 营销手法

19. 以下属于商品上下架技巧的有（　　　　　　）。

    A. 选择最小上下架周期　　　　　　B. 确定最佳上架时间

    C. 商品分批上架　　　　　　　　　D. 同类商品细分

20. 网店的商品详情页是一个展示（　　　　　）的页面。一个优秀的商品详情描述页面能够激发消费者的购买欲望，卖家应充分利用好商品详情描述，做好页面设计和优化。

    A. 商品功能　　　　　　　　　　　B. 商品参数

    C. 商品特点　　　　　　　　　　　D. 商品卖点

三、判断题（每小题1分，共计15分）

1. 商品的主图可以是长方形的，也可以是圆角矩形的。　　　　　　　　（　　　）

2. 显瘦、舒适、包邮、活动促销等都属于营销关键词。　　　　　　　　（　　　）

3. 目前官方后台支持的优惠券面额分为1、5、10、20、40、60和100元等。（　　　）

4. 淘宝平台的直通车属于免费流量。　　　　　　　　　　　　　　　　（　　　）

5. 一张身份证只能注册一家淘宝网店。　　　　　　　　　　　　　　　（　　　）

6. 无用的关键词主要指跟商品相关度弱、搜索量低、点击率和转化率过低的关键

词。 （　　）

7. 在没有学会SEO之前，可以直接复制爆款的标题。 （　　）

8. 卖家服务质量包括店铺DSR评分（描述相符、服务态度、物流发货）、品质退款率、纠纷退款率等。 （　　）

9. SEO是指通过研究搜索引擎排名规则，获取更多付费流量。 （　　）

10. 商品标题的优劣不会影响商品的搜索权重和自然搜索流量。 （　　）

11. 当顾客对客服的话语和服务不满意时，客服需要及时地向顾客道歉，不管问题出在哪一方。 （　　）

12. 淘气值主要反映访客在淘宝的活跃程度，买家淘气值越高，用户越活跃。（　　）

13. 越接近下架时间的商品，排名越有可能靠前。 （　　）

14. 淘宝平台标题栏允许最多输入60个字符，即30个汉字。 （　　）

15. 通常情况下，周末人们都比较闲，逛淘宝的人会比较多，所以商品上下架安排在周六周日比较多一点，周一到周五安排得则比较少。 （　　）

四、简答题（共计15分）

1. 提升店铺动态评分的策略有哪些？（7分）

2. 影响搜索引擎自然搜索排名的因素有哪些？（8分）

参考答案

参考文献

［1］宋卫. 网店运营实务. 北京：人民邮电出版社，2023.

［2］宋俊骥. 网店运营实务. 北京：人民邮电出版社，2022.

［3］北京鸿科经纬科技有限公司. 网店运营基础. 北京：高等教育出版社，2022.

［4］北京鸿科经纬科技有限公司. 网店推广. 北京：高等教育出版社，2022.

［5］白东蕊. 网店运营与推广. 北京：人民邮电出版社，2021.

［6］王利锋. 网店运营与实务. 北京：人民邮电出版社，2020.

［7］胡泽萍. 网店运营与推广. 北京：北京交通大学出版社，2018.

［8］全国电子商务运营竞赛组委会，北京博导前程信息技术股份有限公司. 网店运营实务. 北京：中央广播电视大学出版社，2016.

［9］朱志辉，董丽雅. 网店经营与管理. 北京：化学工业出版社，2011.

［10］陈益才. 网店包装有绝招. 北京：机械工业出版社，2010.